O Baronato de Shoah
A Máquina do Mundo

José Roberto Vieira

1ª edição

Editora Draco

São Paulo
2014

José Roberto Vieira

Nascido em 1982 no estado de São Paulo, formou-se Bacharel em Letras pela Universidade Presbiteriana Mackenzie com Licenciatura em Português-Inglês. Viveu em Toronto, no Canadá, onde estudou literatura, psicologia, cabala, cultura hebraica e ocultismo. Suas principais obras são publicadas pela Editora Draco: a série *steampunk* O Baronato de Shoah, cujo primeiro romance foi publicado em 2011, *O Baronato de Shoah – A Canção do Silêncio*, e depois os contos em e-book *Seolferwulf* (2012), *O Monge* (2011), *Mais forte que a água* (2013), *As filhas do amanhã* (2013) e *As três faces do mal* (2013). Facebook.com/joserobertovieiraautor

Edição: Erick Santos Cardoso
Produção editorial: Janaina Chervezan
Edição: Eduardo Kasse
Revisão: Ana Lúcia Merege e Mayara Francisco
Projeto gráfico e arte: Ericksama
Ilustração de capa: Roberto Jun

Dados Internacionais de Catalogação na Publicação (CIP)
Ana Lúcia Merege 4667/CRB7

V 667

Vieira, José Roberto, 1982 -
O Baronato de Shoah : A Máquina do Mundo / José Roberto Vieira. –
São Paulo : Draco, 2014.

ISBN 978-85-8243-032-3

1. Ficção brasileira I. Título.

CDD-869.93

Índices para catálogo sistemático:
1. Ficção : Literatura brasileira 869.93

1ª edição, 2014

Editora Draco
R. César Beccaria, 27 - casa 1
Jd. da Glória - São Paulo - SP
CEP 01547-060
draco@editoradraco.com
www.editoradraco.com
www.facebook.com/editoradraco
twitter: @editoradraco

...onismus totius Cabalæ summam continens, inserendus est tom: II classi IV qæ est de cabala Hebræorum, et explicatur á fol: 289 usq; ad fine

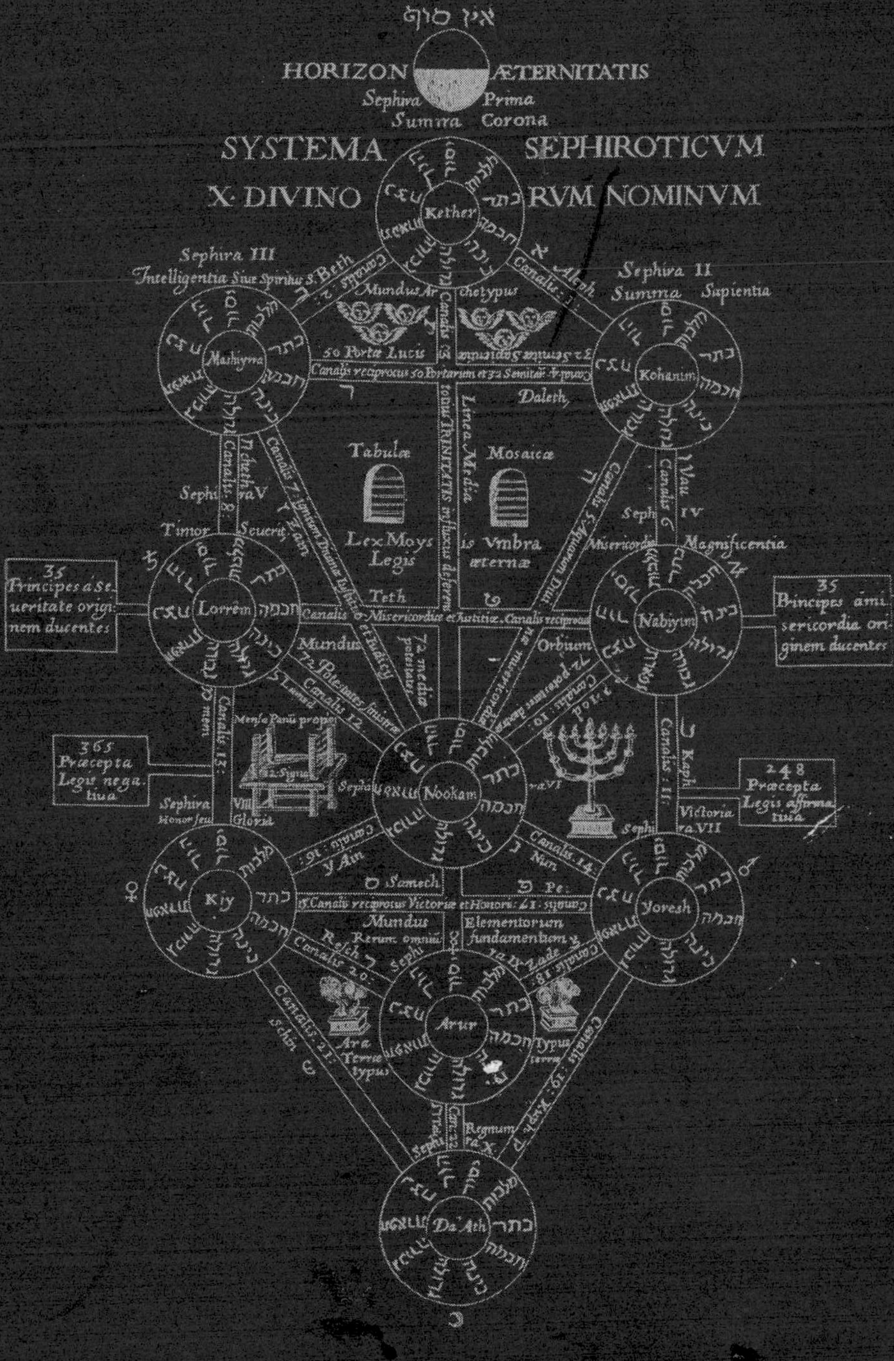

Sumário

Empreendia uma jornada entre a capa e a obra...
...e no meio do caminho tinha um prefácio

Não sei em quanto você os odeiam, mas estes preâmbulos malditos são, essencialmente, críticas que, no mais das vezes, adulam o autor enquanto vendem ao leitor um livro que ele fatalmente já comprou. Então que tal fazermos diferente?

Em minha jornada literária pelo gênero, desde a fundação do Conselho SteamPunk, tive a grata surpresa de encontrar pelo mundo farta modalidade de tipos, estilos e naturezas dentro da literatura SteamPunk. Desde o glamour do SteamPunk Nostálgico até a severidade do SteamPunk Distópico identificamos sobretudo que o SteamPunk é ficção científica do Século XIX produzida nos dias de hoje e que, no entanto, esta definição - como quase toda definição - é frágil diante da nefasta criatividade de autores insensíveis a nossa necessidade de rotular e lavrar em pedra os conceitos acerca do mundo e das coisas.

Há autores cujo produto da criatividade não pode ser facilmente categorizado, classificado e catalogado por se tratar de algo tão fundamentalmente fabuloso, extravagante e fantástico que passa a ganhar uma natureza fugidia e, se me permitem o excesso intencional de sinônimos: quimérica.

SteamPunk Quimérico é como denomino obras tão profusas em signos multi-culturais e sem compromisso direto com a cronologia formal, guardando mais cumplicidade isto sim com o ludismo e com a necessidade do leitor em se divertir com o que está lendo.

Despido das amarras da história e imerso em um ambiente tão firmemente alicerçado no anacronismo e na liberdade criativa, *O Baronato de Shoah*, já desde *A Canção do Silêncio*, nos fazia peregrinar por um universo original, minucioso e extraordinário.

Em *A Máquina do Mundo*, o autor eleva ainda mais as expectativas do leitor já nos primeiros capítulos, capturando o ethos do primeiro volume, mas dando ao universo de *O Baronato de Shoah* uma dimensão assaz extraordinária.

Através de uma sequência majestosa de cenas, o autor revisita personagens memoráveis em circunstâncias limite que servem de sustentáculo para uma narrativa envolvente e cheia de ação e drama.

Seja em espetáculos narrativos épicos como o da tentativa dos *bnei shoah* em extinguir um incêndio descomunal a bordo de um aeronavio e salvar centenas de *ggoyim*; ou na profundidade dramatúrgica da epifania de Kadriatus, ao sentir, levando a mão ao peito, a última engrenagem de seu grifo por baixo das vestes; é através do fascínio, pelo vasto universo que o autor descortina diante do leitor, que se constrói a cumplicidade lúdica tão própria da literatura fantástica de José Roberto Vieira.

José Roberto Vieira, neste novo volume, se consagra definitivamente como um exímio Construtor de Mundos, um arquiteto de universos ficcionais cuja habilidade em conceber, concatenar e encadear arcos de estória complexos e singulares justifica não só o regresso do leitor aos domínios fabulosos por ele engendrados, mas até mesmo a leitura de mais um preâmbulo maldito que acaba mais servindo de obstáculo entre o leitor e a obra do que algo que uma estória tão monumental realmente precise para que se justifique sua leitura.

Bruno Accioly

Nota do autor

O Baronato de Shoah sempre foi pensado como um universo em expansão. Mais do que uma série de quatro ou cinco livros que contam a história da Canção do Silêncio, ele serviria de base para a criação de um universo onde, mais tarde, surgiriam outros povos, outras culturas e outros livros.

A ideia original era a de escrever um livro único para cada um dos nove reinos, tornando o universo expandido de *O Baronato de Shoah* algo único e empolgante, mas é difícil fazer isso quando cada reino apresenta possibilidades infinitas de aventuras e histórias para os leitores.

Em um primeiro momento a cultura de Nordara é apresentada segundo o ponto de vista dos *ggoyim* e dos *bnei shoah*, os humanos e senhores do Quinto Império, a maior das nações. Mas, conforme os livros se desenvolvem e os demais povos aparecem na história é que se percebe o quanto os humanos podem ser preconceituosos e seus conceitos estão errados a respeito dos seres mágicos que os cercam.

Um belo exemplo deste preconceito são as informações acerca dos *khans* em *A Canção do Silêncio*. Ali eles são descritos como uma raça de homens-lobo selvagens, bárbaros e que louvam aos Titãs, os grandes deuses do passado. Já em *A Máquina do Mundo* sua cultura é apresentada de forma diferente, com respeito à família, às tradições e aos seus criadores. Eles não acreditam que Shoah é o messias libertador e isso os coloca em conflito com o Quinto Império. Uma fórmula simples, mas tão real quanto em nosso mundo.

Ler *O Baronato de Shoah* depois de sua publicação me ajudou a formular melhor as ideias, eliminar contradições e certos "buracos" na trama. Como autor, é importante sempre pensar naquilo que está na minha mente e na melhor forma de transmitir isto para o leitor, deixá-lo à vontade, mas sempre curioso para desvendar os mistérios de Nordara.

O Baronato de Shoah – A Máquina do mundo, foi um desafio para mim. Seus últimos capítulos foram alterados diversas vezes até que cada personagem enfrentasse o dilema certo para sua vida. Essas alterações nem sempre estavam de acordo com o meu gosto, ou com o que eu queria para esses personagens, mas há certos momentos na escrita que o autor perde o controle sobre a história e se deixa levar por seus personagens.

Por último, mas não menos importante: se você já leu O Baronato de Shoah – A Canção do Silêncio, sabe que pode confiar pouco nas realidades que lhe são apresentadas e que, assim como os *bnei shoah*, você talvez não esteja sendo apresentado à verdade e ao que realmente aconteceu nos últimos dois séculos do Quinto Império. Não se prenda aos conceitos que lhe são apresentados, não tome nada como verdade absoluta, não se deixe levar mesmo pelo mais simpático dos personagens. Se você fizer isso, será muito mais difícil reunir os pedaços da sua mente quando toda a verdade for revelada.

Atenciosamente,

José Roberto Vieira

Thyzar, Tereza, mãe...
você me ensinou a ser homem,
guerreiro, escritor, Sehn

O Baronato de Shoah

A Máquina do Mundo

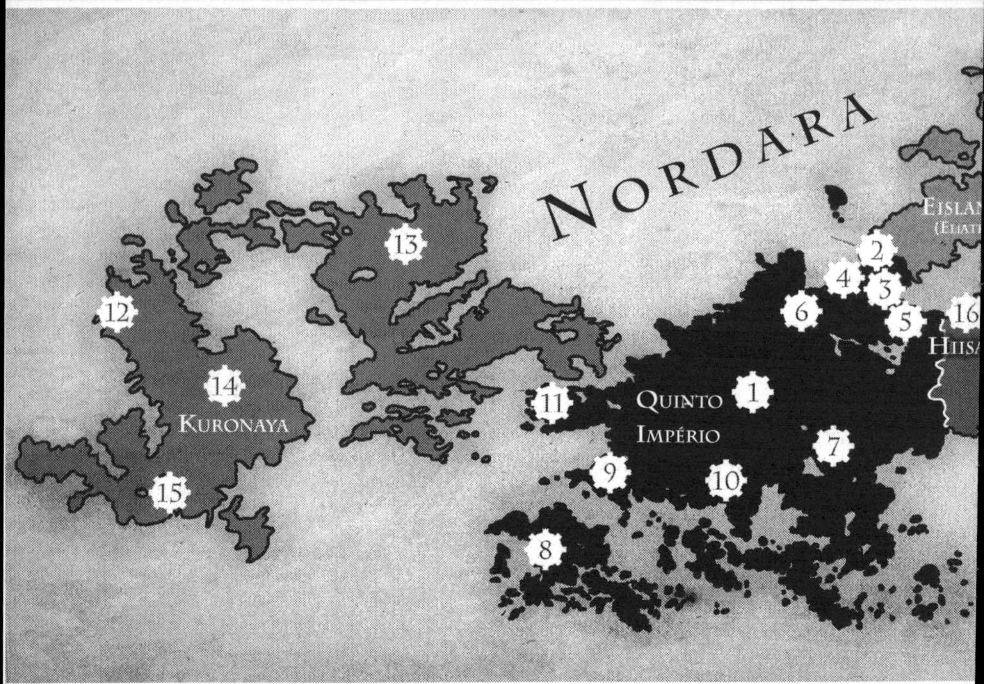

NORDARA

QUINTO IMPÉRIO

1 Farhan
2 Cenóbio de Ahator
3 Tosten
4 Latig
5 Dubliner
6 Desdalain
7 Mianeh
8 Kierkgarrd
9 Wexford
10 Velha Roldana
11 Susanowo

KURONAYA

12 Izanagi
13 Amaterasu
14 Niigata
15 Koshinetsu

HIISARLIK

16 Lakhesys
17 Íllion
18 Klotho
19 Çanakalle

LATAKIA

20 Dartmoor
21 Feldspar
22 Sienbalth
23 Verenna
24 Eth Doran
25 Medrawt

ULAN BATOR

26 Forte Condado
27 Vale dos Ecos
28 Darhan Ull

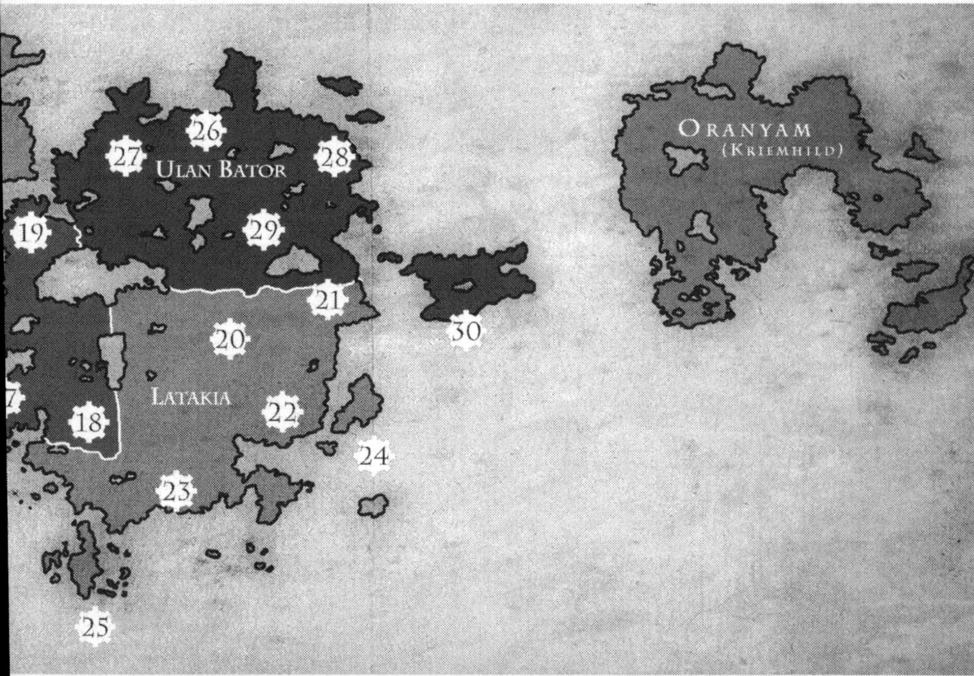

ORANYAM (KRIEMHILD)

Oranyam, ou Kriemhild, é o continente mais afastado de Nordara. Pouco se sabe sobre seu povo, os yorubas e sua cultura, exceto que seus reinos são divididos entre heróis-regentes que são capazes de incorporar os espíritos antigos, conhecidos como Orixás. Eles também manipulam um tipo diferente de magia ritualística e dividem suas terras com um número incontável de criaturas mágicas, como os *kuru'pir* e os *caapora*.

1 – Zarah זָרָה

Trago, por ilusão, meu ser comigo.

Fernando Pessoa, *Ele Mesmo*

Tríade

A cidade de Latig despontava no horizonte. A linha do trem que a ligava ao Baronato de Shoah fora abandonada após o ataque da Medusa meses antes, quando Edgar Crow, a Fênix Morta, iniciara seus ataques contra o Quinto Império. Uma camada de limo e musgo se espalhava por cima dela enquanto a mata crescia dentro da estação de trem em ruínas.

O vento frio soprava camadas de gelo e neve que se espalhavam pelos telhados e asfalto. Os carros se multiplicavam mal estacionados, batidos contra muros ou capotados. Estátuas dos cidadãos se protegendo e fugindo surgiam aqui e ali, como um museu desordenado.

Mesmo àquela distância do centro da cidade, o trio via uma nuvem de cinzas rodopiando ao vento matinal. O *choref* terminaria em breve, levando consigo o branco sobre as montanhas e as águas geladas dos oceanos, e daria lugar ao *aviv*, a estação da vida e do renascimento. As primeiras flores frutificariam, os bichos sairiam das tocas, o degelo limparia as estradas e os aeronavios cruzariam com facilidade os percursos entre montanhas.

– O inverno devia ter acabado há uma semana – Cohen, o primeiro cavaleiro, bocejou passando pelo arco de entrada. Contornou sem incômodo uma gigantesca pedra que lhe atrapalhava o caminho. Roupa carmesim, camisa escura, calças justas com joelheiras de bronze, cinturão largo com três facas, banjo nas costas. Montava um *ferd*, cavalo mecânico, de bronze.

– Devia – disse o líder, desinteressado. Era mais velho, careca, o rosto tomado por uma longa barba trançada. Seu cavalo era maior que os outros, com placas negras e crina dourada. O único de seis patas, fazia um barulho horrível contra o chão de pedra.

– O que aconteceu aqui? – perguntou o primeiro cavaleiro. Sempre que a franja preta caía na frente dos olhos azulados, soprava-a pelo canto da boca. Bochechas avermelhadas pelo frio, esfregava as mãos ou brincava com a nuvem que se formava quando falava.

– *Kabalah* – o líder respondeu, taciturno. De soslaio, verificava as esquinas próximas. Não portava armas, as mãos abriam e fechavam no arreio.

– O que estamos procurando, Abaris? – Cohen sorriu. Um jogo de paciência estabelecido entre os dois. Escutou o líder bufar antes de responder.

– Pistas, Cohen – Abaris não esperou a brincadeira continuar e ordenou ao terceiro:

– Ryszard, verifique.

Parou o cavalo com os jovens ao seu lado, Cohen baforando em frente ao rosto. O irmão mais novo tomava a dianteira.

– Sim, senhor – disse o terceiro, Ryszard, loiro, olhos castanho-esverdeados. Baioneta a tiracolo, a boca da arma pouco maior e mais grossa que o cano, uma luneta de prata na alça de mira, o guarda-ato espesso, gatilho duplo. A soleira e a coronha de madeira, engorduradas contra o frio.

– Namer? – Ryszard falou para a quarta figura, um tigre negro com olhos rubis e asas de morcego. A criatura rosnou ao escutar o dono. Afastou-se e arremeteu, pousando em cima de uma casa. Farejou, prosseguiu quieto.

Incomodados com o trotar das montarias, apearam.

– Prosseguimos? – indagou Cohen, a mão esquerda roçando no banjo.

– Espere, trovador – Ryszard tocou a própria testa com o indicador e o dedo médio da mão direita. A fera alada se movia em cima do telhado, farejando; às vezes erguia a cabeça e as orelhas se eriçavam.

Pelas ruas de Latig espalhavam-se corpos petrificados dos moradores, rostos contorcidos em dor, medo e desespero. Lágrimas avolumavam bochechas rachadas e estátuas de soldados estavam em posição de ataque ao lado de cidadãos em fuga. Cohen virou o rosto ao se deparar com uma criança abraçando as próprias pernas.

– Sempre a maldita *Kabalah* – comentou.

– Quieto, Cohen – ralhou Abaris. Dessa vez funcionou.

– Tem um cachorro num dos carros abandonados na praça central e um grupo de soldados convencionais vasculhando a estação de trem. Estão isolando a cidade, precisamos ser rápidos – explicou Ryszard depois de um tempo.

– Fiquem atentos. Não se perca, Ryszard – ordenou Abaris. A um sinal seu, os cavalos mecânicos voltaram para a neve.

Acompanharam o muro de um prédio cinza. Havia postes metálicos espalhados pela cidade, no alto deles lábaros triangulares com bordado em formato de balança. Era o símbolo dos *nookam*, os juízes da *Kabalah*.

Namer esgueirou-se pelo arame farpado, abriu as asas e caiu no pátio interno. Ryszard captou as sensações, sem encontrar nada lá dentro. Abaris comentou que aquela era a sede do Ministério Público, mas não era o que procuravam. Continuaram, vislumbrando o rastro de destruição deixado pelos monstros.

– Meio óbvio, um livro com a Árvore da Vida – falou Cohen, referindo-se ao Símbolo dos Juízes, ao virarem mais uma esquina.

– Preferia o quê? – indagou Ryszard.

– Um par de algemas – Cohen brincou, mas o irmão não entendeu a referência. Ergueu as sobrancelhas e explicou, impaciente:

– Algemas, lei, milícia. Hã? O que, afinal, estamos procurando?

Cohen se irritou, percebendo que o irmão ainda não entendia. Dedilhava o banjo, repetindo as mesmas três notas para tirar Abaris do sério, mas de nada adiantou. O veterano se concentrava na busca.

– Uma criança que teve contato direto com a *Kabalah* – respondeu o líder.

– Acho que encontrei – Ryszard interrompeu. Namer parara em frente a uma casa de três andares. O primeiro era uma mercearia, os dois acima serviam de moradia para a família. O tigre negro voltou e se deitou ao lado do mestre.

– Casa Firth. Bem original – Cohen leu, ensaiando uma música triste e lenta.

– Isso é a marcha fúnebre, trovador? – Ryszard franziu o cenho, rindo. Acariciou o tigre, que ronronou.

– Não – mentiu Cohen. Tirou um molho de chaves do bolso, testou uma por uma na porta trancada, enquanto cantava baixinho para a maçaneta.

– Você precisa mesmo fazer isso? – indagou Ryszard.

– Abre mais fácil se tratar com carinho – Cohen sorriu quando a fechadura estalou. Entrou primeiro, voltando a tocar o banjo. Ryszard olhou para si mesmo, uma discreta aura dourada o cobria.

– Feitiço? – perguntou.

– Só para garantir. Vai que alguém atira na gente – explicou Cohen.

Vazava *Nepl*, a Névoa, dos candelabros. Uma torneira aberta inundara os fundos da mercearia, criando uma poça de lodo e gelo que se espalhou pelo estabelecimento. Conforme andavam, os invasores deixavam pegadas atrás de si. Mercadorias espalhadas no chão dificultavam sua passagem, prateleiras tombadas impediam o acesso ao depósito. Nos fundos, uma mesa servia de escudo para as estátuas de um senhor calvo e uma mulher de meia-idade.

– Eles nem tiveram chance – lamentou Ryszard, forçando caminho para a escada ao andar superior.

– Como se a *Kabalah* se importasse com isso. A guerra deles está acima do povo livre e de qualquer outra raça. Procurem a filha desse casal – disse Abaris. A verdade é que sempre procurara uma alma específica, mas não avisara aos pupilos. O importante agora era recriar o ambiente onde Sehn e Minerva se uniram.

– Um acidente que mudou os rumos desta guerra – murmurou o veterano.

Cohen achou uma garrafa de vinho, que enfiou na mochila. Restavam poucas coisas de valor – o dinheiro do caixa na gaveta, algumas moedas em cima do balcão. Amassou tudo no bolso e seguiu o irmão pela escadaria.

O andar de cima era modesto, apesar dos quadros de boa qualidade. Interessou-se por um deles, um vale entre as montanhas de Hellyah, mas não teria como levá-lo.

– Bonito, né? – comentou com Abaris, que o ignorou.

O quarto principal era grande, o teto alto, a lareira larga, o armário velho, a cama espaçosa. Cohen deitou nela, espalhou-se e quase cochilou. Ouviu Ryszard chamando. Espreguiçou-se e foi até eles.

Havia outro quarto, menor e com uma bandeira militar na porta, mas estava trancado. Cohen pensou em abri-lo, mas Abaris anunciou que encontrara seu alvo.

Cortinas de renda que mal tapavam as janelas e a escrivaninha cheia de lápis, canetas-tinteiro e cadernos. A cama desarrumada e, em cima dela, o corpo petrificado da menina segurando uma foto.

– Finalmente – murmurou Abaris. Inclinou-se para ver melhor. A foto mostrava a frente da mercearia, o casal de idosos, a menina e, ao lado deles, um rapaz de uniforme militar azul.

– Bernard Firth, comandante convencional do Quinto Império. O *ggoyim* que escondeu Tesla Wadencliff e Edgar Crow quando eles começaram seus ataques contra a *Kabalah*. Um sujeito medíocre que não merece nosso respeito – Abaris indicou o soldado. Voltou sua atenção para a menina. A petrificação mudara seus traços, mas imaginou que fosse bonita. Soprou seu rosto, que se desfez em cinzas.

Agarrou um punhado de pó, acenou para os jovens. Eles se afastaram enquanto fazia um círculo ao redor da cama. Ryszard ficou perto da janela. Cohen trancou a porta, nervoso. Seria a primeira vez que o veria invocar os mortos. Geralmente o veterano reservava um espaço para seus rituais, mas não havia tempo para isso.

– *Datu Bintung at jelong* – o líder pronunciou. O pó rodopiou e se espalhou no chão, os irmãos engoliram a respiração, mas nada aconteceu.

– Esperava mais – Cohen tentou brincar, mas um leve temor na voz o traiu.

– Onde está a alma dela? – Abaris ignorou o moreno. Falava consigo mesmo.

– O que você acha que aconteceu, necromante? – Ryszard puxou a cortina de renda, aumentando a luminosidade no quarto. O tigre se moveu, inquieto.

– É impossível resistir a um chamado destes, a não ser que esteja fora da Eternidade – explicou Abaris. Tinha a testa franzida e os movimentos eram cautelosos, como se esperasse um efeito tardio do ritual.

– E se ela já ressuscitou? – emendou Cohen.

– Almas demoram muito tempo para se purificar. Só se passaram dois meses desde o ataque. – Sisudo, Abaris deixava claro seu descontentamento por não trazer a alma da criança.

– Errou a mão, hein, necromante? – brincou Cohen. Abaris deu uma encarada tão séria que o rapaz virou o rosto.

– O que faremos agora? Perdemos tempo aqui – interrompeu Ryszard. Até ele se irritara com as piadas do irmão mais velho. Sentiu Namer indo para os fundos da casa.

– Nós não perdemos tempo, só mudamos o alvo. Que tal a gente entrevistar outro Firth? – Cohen tirou a foto das mãos do mestre. Bateu nela com a ponta dos dedos, estalando a língua.

– Essa foi a primeira coisa útil que você falou desde que chegamos aqui – Abaris olhou da foto para o pupilo.

Cicatriz

O incêndio se espalhava pela cidade em labaredas intensas e corredores verdes, laranjas e azuis, mas o tom principal era o vermelho. O ar fora substituído por uma nuvem de fuligem espessa e pesada, que descia pouco depois das explosões, impedindo os fugitivos de respirarem. O chão estava quente ao ponto de derreter a sola dos sapatos.

Prédios menores eram engolidos pelo fogo, os maiores resistiam, mas suas paredes trincavam, exibindo as estruturas. O incêndio começara em uma fábrica abandonada, próxima à cidade, mas se espalhara como uma serpente, envolvendo a floresta também.

– Precisamos refrescar a floresta ou essa gente vai cozinhar – Sehn gritou, apontando para a multidão que corria para a ponte, a única rota de saída que sobrara. Era uma saída desesperada, pois não demoraria até o fogo cercá-los.

– Se houvesse água no fosso, nós poderíamos salvá-los. – Phoynikes parou ao seu lado, a camada de fuligem criara uma máscara negra em seu rosto.

– Nós não temos tanta sorte – Sehn devolveu, enquanto o aeronavio circundava a cidade para obter um panorama da área. Ao fundo, escutou Maya dando instruções aos fugitivos.

– Vai para lá! – Era difícil enxergar através da fumaça, mas a ruiva estava disposta a qualquer coisa para salvar os *ggoyim*.

– Temos que pensar em algo rápido, Sehn. O fogo se espalhou e a fumaça vai sufocá-los – Dante alertou, a testa pingando suor. Mais labaredas lamberam o casco do Beatrix. Bolas de fogo subiam ao seu redor, explodindo tão próximas que eles sentiam a onda de calor.

– Me dê um minuto para pensar – Sehn correu pelo convés e acenou para Kadriatus e Diren, que ajudavam os primeiros fugitivos na entrada da floresta.

O coração de Sehn veio à boca quando um prédio enorme desabou, soterrando um grupo de pessoas. Maya veio falar com ele, notando sua expressão de terror:

– Não há mais o que fazer por eles, Sehn.

Dava para notar que ela também estava afetada, mas não podiam esquecer os vivos. Sehn virou-se para ela:

– Tem que haver um jeito, Maya, sempre há. Eu só preciso ver a situação de outro ângulo – interrompeu-se, apoiou na amurada e forçou a vista até encontrar os canos do prédio. Por sorte, o desabamento fizera com que a estrutura se revelasse, e ele pôde ter um vislumbre de seu interior.

– Um rio, toda cidade é formada perto de rios. Me ajude a encontrar, rápido! Phoynikes, venha!

Os três caçaram sinais de um rio, mas não os encontraram.

– Não dá para ver nada daqui – Phoynikes tossiu, recuou.

– Então vamos para o outro lado. Dante, passe pela fábrica – Sehn ordenou.

– Espero que você aguente, garota. – Dante impulsionou o barco, passando pelo meio do fogaréu. Um dos motores foi atingido por uma bola de fogo, que subiu e explodiu perto do convés. Por pouco, as chamas não pegaram as velas. Estavam quase sufocando quando saíram do outro lado.

O vento soprava na direção contrária, por isso aquele lado estava menos afetado. O rio estava atrás da fábrica, correndo forte e impedindo que o incêndio se espalhasse para aquele lado. A luz do sol o banhava, fazendo-o brilhar, mesmo que no meio da fuligem.

– É uma chance, precisamos arriscar. Beatrix ainda pode se desmontar? – Sehn perguntou.

– Só algumas partes, temos carga extra, lembra? – Dante respondeu.

Sehn notou que Maya olhava curiosa, mas estava concentrado demais para dar explicações. Falou para Dante:

– Use as velas para pegar a água, depois a atire no caminho para a ponte. Precisamos mantê-lo para os fugitivos.

Dante seguiu as ordens, puxou uma alavanca ao seu lado e o aeronavio perdeu velocidade, quase parando. As velas soltaram e formaram uma espécie de concha embaixo do casco. O aeronavio desceu, captando toda água que podia. Tentaram voltar pelo mesmo caminho, mas o fogo subiu de novo, desequilibrando o Beatrix. No susto, Dante liberou a água antes do tempo, arrefecendo o incêndio.

– Droga! – exclamou, girando o timão para voltar ao rio. O estibordo da amurada ficara preto e um dos motores passou a estalar.

– Tudo bem, Dante, pelo menos o caminho está mais livre. Dessa vez passe um pouco mais a bombordo. Lembre-se, nosso objetivo é a estrada e a floresta. Depois cuidamos da cidade – Sehn explicou.

Da segunda vez, Dante seguiu o plano, mas notou que o fogo subia em sua direção no último instante. Em uma manobra arriscada, virou o aeronavio mais ainda, passando quase fora da cidade e perdendo uma parte da água. O suor escorreu por cima da sobrancelha e fez seu olho arder, mesmo assim ele guiou para a estrada e despejou o que sobrara.

A água evaporou em uma nuvem quente, mas deu caminho para os fugitivos. Maya e Phoynikes gritaram para que se afastassem, de modo que a cascata não os ferisse. Sehn estava mais aliviado agora, vendo que uma multidão se reunia para fugir pelo caminho criado por eles.

– Conseguimos. – Apoiou-se na balaustrada, respirou fundo e limpou o rosto. Olhou para a esposa, que lhe lançou um beijo contente.

Repetiram a ação quatro vezes, até que a estrada virasse um lodaçal. Depois se concentraram em molhar o entorno da fábrica para o incêndio não se espalhar. As chamas menores foram se apagando, o calor desaparecendo e, quase seis horas depois, o incêndio terminou.

– Derrubar um Titã é mais fácil – Kadriatus cumprimentou quando pousaram.

– Quantos mortos? – Sehn perguntou. Não estava com muito humor para brincadeiras, ainda que viessem do membro mais sério da *sheyvet*.

– Cinquenta mortos, setenta feridos – contabilizou Kadriatus. Em seguida, perguntou:

– Vamos ficar?

Os sobreviventes à vista de Sehn estavam cobertos de fuligem, mas havia algo em suas expressões, um ressentimento, que era quase raiva. Sehn pensou que era pelo incêndio, mas, aos poucos, notou que os olhares se concentravam em sua *sheyvet*.

– Sehn, nós vamos ficar? Você sabe que é arriscado – Kadriatus falando de novo. Maya os observava com curiosidade, porque o guardião baixara o tom de voz no segundo comentário.

– Essa gente precisa de ajuda – protestou a garota. Sehn deixou scapar um suspiro. Conhecia-a o suficiente para saber que ela queria ficar até a cidade estar totalmente a salvo. Mas havia um segredo no Beatrix que ele manteve apenas com Kadriatus e Dante.

– Nós vamos embora – Sehn decretou, com a voz tão séria e firme que o grupo não discordou. Passaram por uma linha de tratores velhos com um "F" estilizado em suas laterais. Olhando atentamente, Sehn percebeu que era o mesmo nas chaminés da fábrica incendiada.

– Não sabia que os Fletcher tinham fábricas no interior – Maya comentou ao ver o símbolo. Sehn pousou a mão humana nas costas da esposa, conduzindo-a para bordo.

– Malditos *bnei shoah* – Sehn ouviu a voz de um menino falando ao longe. Teve um pressentimento ruim, que permaneceu mesmo depois de a cidade sumir de vista e o calor ser apenas uma lembrança.

A neve caía. Vinha do céu como uma lágrima, passava pelas árvores, batia nas folhas e se quebrava no chão. Depois disso, as botas dos soldados a amassavam, juntando-a com a neve que caíra antes.

Erinjhar[1] tinha a impressão que os flocos de neve eram lágrimas dos Deuses. Um tormento branco e incessante pelo sofrimento dos mortais, repetido para cada lobo que perecera em batalha, para cada criança que não veria seus pais e para cada casal de amantes que nunca mais veriam um ao outro. Às vezes, ouvia o som dos flocos de neve batendo contra o chão e imaginava aquilo como um pedido de socorro.

Quando divisou o círculo de casas de madeira com telhados de palha, relaxou. Pouco antes do amanhecer, a neve parara e a temperatura

1 Todo "Jh" lê-se como "rr"

mudara, dando espaço para um calor gostoso penetrar entre as camadas de pele de urso que usava para se proteger.

Uma cantoria alegre surgiu entre as fileiras de soldados que o acompanhavam. Druidas abençoavam os céus e a neve por terem retornado em segurança. Os xamãs, logo atrás, incentivavam a liturgia, aumentando-a até se tornar um som grave e potente, que contagiava o exército. Afinal, depois de anos vivendo entre paredes de escudos, era bom voltar para casa e descansar.

– Vai nevar de novo daqui a pouco – comentou olhando para Dedrick, um dos poucos amigos no exército, que seguia em um garanhão negro de pelugem espessa.

– O tempo anda maluco faz uns três meses, hein? – o homenzarrão ruivo aumentou o tom de voz para ser ouvido. Apesar do cansaço, acenava e sorria para os companheiros da cavalaria.

– Desde que o Quinto Império parou de atacar – Erinjhar respondeu.

Dedrick recuou o cavalo e chamou o amigo, deixando a fileira da cavalaria se adiantar.

– Fiquei sabendo de traições internas na *Kabalah*. Talvez isso acabe com a guerra e dê espaço para negociações – falou Dedrick quando Erinjhar o alcançou. Tirou o capuz e bateu a neve que o cobria.

– Duvido, criamos mágoas grandes demais entre *khans* e o povo de Shoah. O mais certo é qualquer reunião terminar em um banho de sangue ou discussões – Erinjhar não se permitiu muitas esperanças.

– Ainda que haja uma chance de recuperar Mälaren sem mais lutas – Dedrick suspirou, por conhecer o suficiente de seu povo para entender o ceticismo do amigo.

– Estou cansado dos jogos de poder de gente que se acha melhor. Não deveríamos ser todos iguais, como *Järvenden* ensinou? – A revolta de Erinjhar era tão comum que Dedrick não precisava concordar abertamente.

– Os *jhars* sabem o que fazem – Dedrick comentou sem muita convicção em suas palavras. Erinjhar deu-lhe um olhar rancoroso, que traduzia a vontade dos *khans* perante seus líderes.

– Eles não sabem, essa é a questão. Os *jhars* são escolhidos em tempos de crise para guiar o povo, mas, depois, perdem esse direito. O problema é que nos acostumamos a deixá-los no poder. Agora eles mesmos não sabem o que fazer, mas também não querem abandonar suas posições porque gostaram das regalias. A lei é clara, Dedrick, "os khans foram feitos à imagem e semelhança de Järvenden. Somos todos iguais" – Erinjhar sentenciou.

– Todos são iguais, mas uns são mais iguais do que os outros – Dedrick devolveu com uma velha citação, algo que o amigo não via havia anos.

– Odeio comodismo – Erinjhar concluiu.

– No fundo nós dois sabemos que isso é o melhor para Eisland, não? Ou você consegue dormir tranquilo sabendo que uma parte das terras de seu povo é dominada por uma gente que quer matar seus Deuses e irmãos? – Dedrick acariciava o cavalo, acompanhando as fileiras a pé.

– Alguém já se pronunciou a respeito? – Erinjhar indagou.

– Eleniak, Kharvel, Ulfgar e Ragnar – Dedrick respondeu, coçando a testa.

– Qual Ragnar? – Erinjhar perguntou. A coceira do amigo era um sinal de que escondia alguma coisa. Aprendera a ler seus movimentos e o conhecia melhor do que a esposa.

– Ragnar, Arauto do Vapor – Dedrick respondeu.

Erinjhar pensou no nome. Ragnar, o Arauto do Vapor, recebera a alcunha porque fora o primeiro *jhar* a aprender a usar a tecnologia a vapor. Era uma tecnologia antiga, que o Quinto Império abandonara quando descobrira a *Nepl*, uma substância mágica que refinavam nas montanhas de Hellyah.

O *Ed*, vapor, era mais fraco que a *Nepl* e o *Shemém*, diesel; eram esses os combustíveis mais usados no continente. Precisava-se de motores que funcionassem por caldeiras alimentadas por carvão ou água, que os *khans* tinham de sobra em suas terras. Eisland não estava disposta a usar combustíveis mágicos porque os *khans* testemunharam por anos as aberrações que a *Nepl* criara e a destruição que o *Shemém* perpetrava. Preferiam sacrificar um pouco de seu conforto a prejudicar a natureza.

– E o outro Ragnar? – Erinjhar se arriscou a perguntar, sabendo do desconforto de Dedrick em falar do pai.

– Ragnar, Corvo Branco, permanece escondido no norte – Dedrick fechou o punho em volta do arreio. Erinjhar podia sentir a raiva do amigo, que certamente recebeu mais uma carta pedindo que retornasse para casa e se protegesse.

– Um dia eu vou marchar com meu exército e derrubar aqueles muros para fazer o velho covarde lutar, nem que seja com uma colher de pau – Erinjhar ouvira o amigo sentenciar diversas vezes, sem levá-lo a sério.

As comunidades dos *khans* eram chamadas *pakke*, ou matilhas. Os homens-lobo eram nômades que vagavam por Eisland em casas com pernas que podiam levá-los a qualquer ponto do reino. Nenhuma das *pakke*, exceto a do Corvo Branco, possuía muros porque ninguém conseguira construir muros que andassem junto com as casas. Ao estabelecer-se em um local por mais de dez anos, Ragnar Corvo Branco quebrara uma tradição muito antiga de sua raça, iniciando discussões acerca do valor do nomadismo e se ele ainda era útil com a invenção do vapor.

– Os piores inimigos e os melhores amigos sempre voltam – ele nunca esquecera o comentário. Pensando em Dedrick, fixou o olhar na espada às suas costas, uma espadasserra, a arma mais mortífera dos monges-guerreiros da *Kabalah*, a elite do Quinto Império. Dedrick a tomara como espólio ao derrotar o antigo dono e pedira para um druida alterar seu motor e fazê-lo funcionar com magia ao invés de *Nepl*.

– Nos observam como se fossemos estranhos – Dedrick falou.

– Dois anos fora de casa mudaram a gente – Erinjhar devolveu, contando as estrepes pelo campo e os vigias entre as casas que se expandiam em círculo.

– Dessa vez, foi mais difícil achar Helhein, não é? Eles estão se mudando com mais frequência, foram quinze vezes nos últimos três meses – Dedrick comentou, apontando para uma família que consertava as pernas de sua casa.

– Culpa dos centauros. Fiquei sabendo que eles encurralaram duas *pakke* mês passado. Os desgraçados ficaram mais atrevidos agora que seus motores a *Shemém* estão funcionando direito na neve – Erinjhar respondeu enquanto viravam uma esquina e passavam por baixo de duas casas que se levantaram para encontrar seus donos.

– Nos encontramos à noite? – Dedrick perguntou.

– Você tem aonde ir? – Erinjhar franziu o cenho. Dedrick morava com ele e jamais construíra uma casa em Helhein.

– Um velho amigo está aqui. Como ele vai embora cedo, queria aproveitar a chance. Onde nos encontramos? – Dedrick parou.

– Naquela taverna no fim da rua – Erinjhar respondeu, cobrindo-se com o capuz.

Dedrick cofiou a barba e foi embora, afastando-se por uma das ruas principais. Desapareceu rápido em meio às casas ambulantes, lobos e soldados que encontravam suas casas ou elas os encontravam.

Erinjhar teve de desviar duas vezes para não ser pisoteado, quase discutiu com os donos das casas, mas estava com pressa e sabia que não fora de propósito. O burburinho evoluía enquanto rixas, amizades e romances eram reatados. Uma pontada de ciúme o invadiu ao perceber que não havia ninguém para recebê-lo.

Só notou que chegara à casa do pai quando esbarrou num tambor, derramando um pouco de água. Por sorte, seus reflexos rápidos o ajudaram a segurar, antes de derramar mais. A casa era igual às outras; teto de palha com paredes de pedra, janela quadrada e pernas de madeira. Lareira ao leste e porta simples de madeira. A tradição fazia os *khans* virarem as casas para o norte, simbolizando suas terras de origem. O leste significava o mistério e a dúvida, assim como a iluminação da mente.

– Pai? – chamou. Bateu na porta e, sem resposta, entrou.

Por dentro, a casa era simples. Cômodo único, cama protegida por um dossel, cozinha a oeste, mesa quadrada com três cadeiras, uma estante com poucos livros, pratos de madeira, copos de cerâmica e alguns enfeites de osso. Erinjhar reconheceu alguns de seus velhos brinquedos de infância, pegou um lobinho nas mãos e ficou brincando com ele entre os dedos enquanto circulava.

– Ferreiro, você está aí? – chamou mais uma vez. Saiu, deu a volta para chegar ao jardim e se deparou com as flores mortas pelo começo do inverno. Apesar da casa móvel, Eldfell comprara um encantamento de um druida que lhe permitia mover seu jardim, de modo que ele crescia atrás da casa depois de dois dias no mesmo lugar. Pagara uma fortuna por aquilo, mas o motivo era justo.

No meio do jardim havia uma grande pedra negra. As inscrições nela formavam um arco na parte superior, terminando no símbolo de duas espadas ao lado da cabeça estilizada de um lobo. Elas diziam:

Klatre over kjølen overfor,
med et hjerte av stål iskrem
er dampen fra havet og hans død
kommer maidens du fornøyd med
din vilje Alle må dø en dag

– Acima da quilha virada. Escale, com um coração de aço. Gelado é o vapor do oceano. Sua morte está chegando. Satisfaça sua vontade. Todos devem morrer um dia – ao escutar a voz do pai lendo as runas, Erinjhar girou nos calcanhares.

– Todos devemos morrer um dia. – Abraçou-o, notando os fios brancos da cabeleira do pai. Ficaram em silêncio por um tempo, aproveitando cada instante para matar a saudade.

Eldfell era largo e forte para a idade. Cabelos que cascateavam em tranças cinzentas até o meio das costas, barba também trançada, porte orgulhoso.

– Você não cresceu muito, mas ganhou músculos – o pai riu. Seus olhos eram cor de mostarda, ferozes e incisivos. Mesmo assim, quando ria, era simpático.

– É a comida do exército. Deve ser ração de cavalo – pelo que Erinjhar se lembrava, aquela era sua primeira piada em meses. Tirou a espada das costas, depositando-a em cima da mesa. Puxou-a, revelando a lâmina negra. O cabo tinha a forma de uma cabeça de lobo, cujos olhos eram dois rubis que pertenceram à armadura da mãe.

– Vejo que ela não o decepcionou – comentou Eldfell. Pendurou o bule na lareira e analisou as ranhuras na espada. A lâmina parecia absorver a luz ao seu redor, a linha de sangue estava intacta, mas, perto da base, havia um desgaste excessivo.

– Ela salvou minha vida diversas vezes, e ainda aprendi um truque novo, quer ver?

Erinjhar estava empolgado. Pegou a espada do pai antes que ele a entregasse, jogou-a pela janela e recuou ainda mais para dentro da casa, parando ao lado da lareira.

– Ficou louco? – Eldfell estranhou.

– *Afkast* – Erinjhar ordenou com a mão esticada.

O ruído do vento acompanhou a espada, que voltou com tanta força que Erinjhar moveu o corpo para não se ferir.

– Como você descobriu isso? – Eldfell roubou a arma do filho, passando as mãos em cada centímetro dela enquanto ouvia a explicação.

– Foi por acaso, um inimigo me desarmou e tentei pegá-la – um sorriso brotou no canto da boca de Erinjhar, mas sumiu rápido.

– Aconteceu alguma coisa, não foi? Você está triste e cabisbaixo. Sempre foi um garoto introvertido, mas você mudou, Erin. O que houve? – Eldfell apoiou a mão no ombro do filho, preocupado com a mudança repentina de humor.

– Nada, pai. É só saudade – Erinjhar mentiu, num sorriso pouco convincente. Sabia que o pai aceitara para não pressioná-lo. Discutiriam quando houvesse tempo.

O dia seguiu tranquilo, Erinjhar ajudou o pai nos afazeres domésticos e, antes da noite chegar, levaram um carregamento de armas para uma casamata.

– Não quer ficar para conversar com seus amigos? – Eldfell ofereceu, vendo a receptividade dos soldados rasos com Erinjhar.

– Combinei de me encontrar com Dedrick à noite. É bem provável que esse pessoal apareça por lá depois – Erinjhar respondeu, cobrindo a carroça com um manto grosso. Ameaçava nevar e ele não queria que a madeira estragasse.

– Você volta para casa? – Eldfell perguntou, subindo na carroça, que fez um barulho horrível quando se moveu.

– Tarde, mas volto – quando Erinjhar respondeu, decidiu que era hora de explicar o porquê de estar tão silencioso desde que chegara. O pai ia longe, mas, antes de gritar o nome dele, uivos chamaram sua atenção.

Uma alcateia vinda da floresta percorreu a *pakke*, iniciando um trote cadenciado pouco antes de pararem em frente a Erinjhar. Ao notar o primeiro dos lobos, levou a mão onde a espada deveria estar, mas deixou-a em casa, sem saber se ela voaria tamanha distância.

– Wienjhar – murmurou.

O primeiro lobo olhou em sua direção. Suas patas se transformaram em mãos, os pelos em cabelo, os olhos cinzentos ficaram iguais, o focinho deu lugar a um rosto transpassado por duas cicatrizes que começavam na testa e terminavam pouco abaixo das bochechas, uma de suas orelhas não tinha ponta. Assim como os outros, estava nu, mas o frio não o incomodava.

– Erinjhar – Wienjhar, o recém-chegado, respondeu, levando uma das mãos ao rosto.

Duas mulheres que estavam com ele acenaram para uma carroça, que parou ao seu lado. Serviçais desceram e lhes entregaram túnicas longas, que eles prenderam com cintos de couro. Uma das mulheres rosnou para Erinjhar, que não respondeu à provocação.

– Traidor desgraçado – Erinjhar murmurou e levou a mão ao peito, onde a cicatriz latejou. Mesmo quando os vinte seguidores de Wienjhar sumiram, continuou em estado de alerta e com o sangue pulsando nas veias.

Prystaj

O Lago Prystaj era um dos pontos turísticos mais famosos do Quinto Império. Um lago de água-doce de seiscentos metros de diâmetro e profundidade incalculável. Na cidade praiana, que recebia o mesmo nome, havia centenas de hotéis à beira-mar, de onde os turistas podiam contemplá-lo.

De manhã, o sol batia no lago e o transformava em um círculo azul-claro no meio do oceano esverdeado, mas o sol atingia apenas seus sessenta primeiros metros, assim como as equipes de nadadores que faziam incursões na região. Depois dessa profundidade, a água se transformava em uma massa negra impossível de divisar e insegura mesmo para o melhor nadador.

Se o problema na última cidade era o fogo, em Prystaj era a água. Um terremoto atingira a costa de Prystaj e o mar avançara em ondas gigantescas, varrendo o que estava pela frente. Milhares de pessoas estavam desaparecidas e os habitantes cavavam havia mais de três dias em busca de parentes e amigos.

– Nada de Império, ainda? – Kadriatus indagou, ajudando Sehn a escavar os escombros de uma casa.

O líder balançou a cabeça em negativa, forçou um telhado, livrou parte do caminho para o grupo. Os moradores os seguiam, apesar dos cenhos franzidos e do silêncio sepulcral. Havia algo de errado naquela cidade também, mas Sehn não conseguia identificar o que era.

– Já perceberam que eles não falam com a gente? – Phoynikes entrou na conversa, segurou um pedaço da laje da casa, enquanto Sehn e Kadriatus passavam por baixo.

– Foi a mesma coisa na outra cidade – Kadriatus confirmou. Passaram pelo esqueleto de concreto, apenas as vigas mais fortes continuavam de pé. Ficaram por ali, enquanto os moradores iam para o outro lado da casa e verificavam o jardim.

– Tio, você tem alguma ideia do que está acontecendo? – Sehn perguntou a Phoynikes.

– Nunca vi o império se omitir desse jeito. Eu tentei me comunicar com Farhan na estação de rádio daqui, mas todas as transmissões desaparecem ao chegar em Tosten e Latig – Phoynikes puxou uma grande pedra, levou um susto ao se deparar com o rosto de uma mulher.

Ela estava fria e pálida, como todos os que encontraram. A cada hora, as chances de salvar alguém diminuíam e a única alternativa era enumerar os mortos e contar os desaparecidos.

– Já deveria ter anoitecido, são quase onze da noite e estamos na primavera – Kadriatus comentou, segurando um dos braços da mulher.

– Pensei que só eu tinha percebido isso, mas os dias estão mais longos – Sehn se abaixou para ver se o corpo ainda estava preso ao entulho, escutou um choro baixo. Mais que depressa, ergueu a grande pedra com o braço de dragão, revelando um bebê sobrevivente.

– Rápido, aqui! – gritou para a equipe de salvamento.

Phoynikes pegou a criança com cuidado e a envolveu em sua energia, precavendo-se, caso ela estivesse muito machucada.

– Ela vai ficar bem? – Kadriatus perguntou.

– Não estou sentindo ferimentos mais severos, o sacrifício da mãe a salvou. Será que encontraremos o pai? – Phoynikes entregou a criança para um dos voluntários, que respondeu:

– Esta não é a primeira criança órfã e não será a última. – E se afastou, levando o bebê consigo.

– Sujeito mal-educado – Kadriatus comentou.

– Deixa pra lá. Quantos mortos até agora? – Sehn olhava a praça principal da cidade. Havia fileiras intermináveis de sacos pretos, cada um deles com uma pessoa; cada pessoa, uma história. Sentiu um aperto no coração ao ver a área reservada às crianças.

– Três mil e oitocentos, mas vai para quatro mil – Kadriatus respondeu, uma lágrima de emoção descendo pela bochecha.

– De novo esses olhares – Sehn indicou os grupos de salvamento, nenhum deles se aproximava do trio, ninguém falava com a *Kabalah*. Mas os olhares permaneciam críticos, oblíquos e revoltados, como se tivessem algo a dizer, mas as palavras jamais saíssem.

– Olhares ressentidos e mágoas acumuladas, mas nós estamos ajudando essa gente – Kadriatus comentou, se lembrando dos Legisladores.

– A primeira vez que eu notei foi na outra cidade – disse Sehn. – Qual era o nome dela, mesmo? Aquela do incêndio?

– Kirias – Phoynikes respondeu.

Os três saíram do prédio, encaminhando-se para a praça, onde Maya e Dante ajudavam na enfermaria improvisada. Eles eram os únicos *bnei shoah*, o que era muito estranho em uma cidade daquele tamanho.

– Em Kirias, eles nos olharam do mesmo jeito, mesmo os salvando do incêndio. Parecia revolta, mas havia algo mais, entendem? – Sehn pegou uma garrafa de água e molhou o rosto, limpando a sujeira e se refrescando.

– Estou com uma sensação esquisita, Sehn. Acho que deveríamos ir para Farhan sem parar nestas cidades. Problemas todos temos e a *Kabalah* não está aqui para ajudar todo mundo – Phoynikes respondeu, sentando-se em uma cadeira velha, que rangeu sob seu peso.

– A *Kabalah* nem mora aqui! – escutaram um homem reclamar da porta da enfermaria. Era o mesmo sujeito que levara a criança momentos antes.

– Calma, senhor, não precisamos brigar – Sehn interveio, mas o sujeito continuou.

– A *Kabalah* nunca teve aqui. Cês cobram imposto e taxa, mas quando a gente precisa *cês* tão do outro lado do mundo matando e quebrando tudo. Isso aqui é culpa do seu rei negrigente –gritou, tão rápido que Sehn teve dificuldade em entender o que ele dizia.

– *Negligente*! E falar contra o Imperador é crime, amigo – Kadriatus corrigiu na mesma hora.

– Bela liberdade essa aí que cês garantem, menos contra ocês, né? – o homem avançou.

– Tem alguma reclamação, senhor? Podemos ir embora, se vocês não quiserem nossa ajuda – Sehn ralhou. Para sua surpresa, o homem respondeu.

– *Cês* pousaram proque quiseram, por nóis cês podem í embora agora mesmo. Tchau – o homem apontou a saída da enfermaria improvisada.

Diren chegou com mais uma caixa de água, Sehn indicou uma das mesas para o amigo e depois se dirigiu ao grupo.

– Canção do Silêncio, voltar para o aeronavio. É uma ordem – andou a passos duros, acompanhado por Phoynikes e Kadriatus. Logo os demais vinham em seu encalço.

– A gente não devia ir, Sehn. Eles estão tristes pelas perdas e descontaram nos primeiros que apareceram – Maya tocou seu braço de dragão.

– Maya, por favor, fica quieta – Sehn a agarrou e puxou para o aeronavio, ferindo sua pele com as escamas. Só quando levantaram voo é que ele percebeu o ferimento, mas não teve coragem de se desculpar.

– O padrão está se repetindo. Parece que cada cidade fora do Baronato de Shoah nos odeia mais que qualquer coisa – Kadriatus comentou, aproximando-se do casal. Percebeu o ferimento no braço da ruiva, mas não disse nada.

– Isto não é um padrão, Kad. Padrões não são patrocinados por empresas – Sehn engoliu em seco. De cima a linha de corpos era muito maior do que imaginava, parecia um mar preto ondulado.

– Do que você está falando? – Kadriatus perguntou. Antes que o amigo respondesse, Maya apontou para três aeronavios civis que se aproximavam pelo sul. Todos possuíam o mesmo “F” estilizado em suas velas principais.

– Das empresas Fletcher e de suas máquinas salvadoras – quando ela terminou a sentença, escutaram as ovações dos moradores de Prystaj.

Duelos

Dedrick atravessara o acampamento militar com um gosto amargo na boca. Não era a cerveja, muito menos a ressaca. Não bebera aquela noite, porque pela manhã presidiria um *sirkel*, um círculo de batalha pela honra. De acordo com as leis, ele precisava ser o primeiro a chegar e o último a sair, por isso mantinha a mente e o corpo puros. Aquele ritual sagrado era uma das mais antigas tradições de seu povo e uma das que mais detestava.

Havia poucos *sirkel* desde que a guerra contra o império começara. A maioria dos soldados que se envolvia em brigas preferia ignorar as ofensas e se distanciar. Afinal, havia um inimigo pior do outro lado da planície e era perda de tempo matar um irmão. Dedrick tentou convencer os envolvidos a esquecerem a discussão, mas eles se mostraram irredutíveis.

– Façamos o trabalho do inimigo, então – Erinjhar respondera. Havia um ano que estava no exército e possuía tantos amigos quanto um deserto possui árvores. Para completar, juntava dois inimigos poderosos à sua lista.

– Wienjhar e Wortenjhar Farn Thorn são nobres apenas de nome, Erin. Ignore-os e viva – Dedrick insistiu, mas desistiu quando o amigo deu de ombros e sorriu.

– Hora de ensinar a eles como *jhars* devem se comportar, não acha? – Erinjhar se mantinha calmo, como se soubesse o que estava para acontecer. Se fosse para apostar, Dedrick diria que ele realmente previa o futuro.

Os soldados chegavam aos poucos. Homens e mulheres da infantaria e da cavalaria, druidas e xamãs com seus amuletos e cajados, batedores com seus arcos; todos traziam os escudos com o símbolo de seus *jhars*. Havia lobos, serpentes, ursos, corujas, espadas e lanças pintadas em cores variadas. Dedrick reconhecera mais da metade e sabia que nenhum deles interferiria contra o *sirkel* porque Erinjhar era um soldado raso que desafiara um *jhar*.

Por outro lado, o *sirkel* atraiu uma multidão, que subia os barrancos para poder ver melhor. Lá ninguém trazia símbolos, Dedrick sabia que eram homens das mesmas *pakke* que testemunhariam o desafio, mas nenhum deles queria ser identificado caso o resultado fosse inesperado e desagradasse os *jhars*. O fuxico no acampamento dizia que os soldados rasos torciam por Erinjhar e o apoiavam em segredo. Pôde divisar uma bandeira negra com a cabeça de um lobo negro estampada, mas fingiu que não era nada.

– Só me faltava essa – murmurou. Se os *jhars* vissem os soldados rasos erguendo bandeiras para Erinjhar, o *sírkel* seria o menor de seus problemas.

Uma rebelião não tardaria a dominar o acampamento. Por isso, seria melhor que um dos *jhars* se pronunciasse a favor de Erinjhar, mostrando que nem todas as lideranças eram mesquinhas e corruptas como os Farn Thorn.

Os desafiantes surgiram depois que o círculo estava completo. As cem testemunhas olharam Wienjhar e Wortenjhar Farn Thorn abrirem passagem e se fazerem notar. Wienjhar, o mais velho, usava uma blusa branca de linho e calças pretas com botas curtas. Os cabelos castanhos estavam soltos e a barba por fazer. Os olhos verdes e ferinos encontraram Dedrick, em um desafio mudo e prepotente, que quase não respeitava sua autoridade como juiz.

– Aqui estou – ele falou, depositando três escudos circulares à sua frente, pintados com uma rosa vermelha – o símbolo de sua família.

– Olá, Wienjhar – Dedrick cumprimentou a contragosto. O círculo silenciou. A multidão crescera a tal ponto que já não era possível ver os lábaros do acampamento no final das vertentes.

O irmão mais novo, Wortenjhar, colocou mais três escudos junto com os primeiros. O mesmo símbolo estava pintado neles, a rosa vermelha. Wortenjhar era bem mais alto que o irmão e tão robusto quando Dedrick. Os braços lembravam pinheiros e a voz era um trovão. Ele não tinha barba e o cabelo descia em tranças presas por anéis de ferro.

– Estou aqui para defender minha honra – ele falou.

Dedrick sentiu um aperto no coração. Cada um daqueles anéis representava um homem famoso que Wortenjhar matara em batalha. Erinjhar mal tinha anéis para fechar a cota de malha.

O desafiado surgiu do mesmo lado da multidão. Demorou um tempo até que Dedrick o reconhecesse. Erinjhar forçou caminho e pediu desculpas, deixando os três escudos caírem no chão quando entrou no círculo.

Houve um murmúrio entre as testemunhas. Erinjhar era filho de um ferreiro que vivia em Helhein e sua única posse de valor era a espada negra que trazia nas costas. Os escudos eram velhos e pretos, mas havia um desenho neles, que a tinta de má qualidade não conseguira apagar.

– De quem são estes escudos? – Dedrick se sentiu na obrigação de perguntar.

– Eleniak Sadhart me emprestou o primeiro, o outro eu achei largado por aí, esse aqui de cima eu ganhei nas cartas ontem à noite – Erinjhar respondeu, empilhando os três escudos no meio do círculo. O primeiro dos escudos estava rachado, a fivela do segundo estava presa por um prego enferrujado e Dedrick desconfiava que a única coisa que mantinha o terceiro inteiro era a tinta preta.

– Não há como pagar esta ofensa? – O homenzarrão ruivo se virou para os irmãos Farn Thorn, na esperança que eles vissem o absurdo da situação. Desejava a seriedade, mas o nervosismo o traiu.

– Sangue – Wienjhar respondeu, simples e direto.

– Trouxeram seus escudos? – Dedrick prosseguiu, finalmente aceitando o papel de juiz.

– Nossos escudos são nossa vida. Trouxemos três escudos de nossa casa – Wienjhar replicou, apontando para os escudos com a rosa vermelha.

Houve um minuto de silêncio. Dedrick queria dar tempo aos participantes para se acalmarem e perceberem a besteira que cometiam. Nada funcionava. Balançou a cabeça, irritado com o sorrisinho no canto da boca de Wienjhar.

– Trouxe seu escudo? – virou-se para Erinjhar.

– Meus escudos são minha vida – Erinjhar riu, a piada ressoou pela multidão em um riso comum e disfarçado. Ficara evidente que Erinjhar pouco respeitava a autoridade dos Farn Thorn e do *sirkel*.

– Sabem das regras, irmãos. *Død* ou *nåde*. Morte ou misericórdia – Dedrick sentenciou. Queria lembrar o motivo da briga, mas não conseguia. Só lembrava que aceitara ser o juiz antes de saber quem eram as partes envolvidas e se arrependera, pois não podia voltar atrás em sua palavra. Afinal, jurar em voz alta era jurar para seus irmãos, antepassados e deuses.

– Comecem – Dedrick ordenou, engolindo em seco quando os irmãos ergueram os escudos e bateram as espadas. Avançaram com passos iguais, formando uma parede de escudos que impediria ataques frontais.

Dedrick viu Erinjhar ajoelhado de costas. O jovem terminara de rezar um pouco depois da luta começar. Amaldiçoou-se por não prestar atenção no amigo, uma presa fácil para os desafiantes. Surpreendeu-se quando Erinjhar se levantou, girando o corpo e jogando a espada por cima dos Farn Thorn.

Um silêncio surpreendente tomou o *sirkel*. A espada de Erinjhar caiu no chão, escorregando até bater nos pés de uma das testemunhas. O jovem de cabelos negros disparou rápido como uma flecha, percorrendo o espaço entre ele e os adversários em instantes.

– Guarda! – Dedrick escutou Wienjhar ordenar. Os irmãos se abaixaram atrás dos escudos, esperando a carga.

Ao invés de bater contra eles, Erinjhar se transformou em lobo. Sua velocidade aumentou, ele usou seus três escudos como apoio e saltou por cima dos irmãos. Como eles estavam abaixados, só perceberam tarde demais que não houve impacto. A calça de Erinjhar prendeu no rosto de Wortenjhar enquanto a camisa caía no braço de Wienjhar.

A multidão explodiu em alegria quando Erinjhar pousou atrás deles, nu e de volta à forma humana. Chutou Wortenjhar nas costas. O grandalhão se desequilibrou, enfiando o pé nos escudos de Erinjhar e caindo de bunda no chão.

Erinjhar já estava com a espada na mão, atacando o mais velho dos irmãos. A luta entre eles era algo feio e violento, golpes fortes que tentavam minar a resistência um do outro o mais rápido possível.

Wienjhar, contudo, não cedia terreno. A cada dois golpes que recebia, contra-atacava. O escudo começara a rachar, ele ignorava as lascas de madeira em seu rosto e buscava um jeito de furar Erinjhar. A camisa presa em seu braço limitara os movimentos e ele tentava arrancá-la, mas sempre que o fazia Erinjhar investia.

Wortenjhar tirou a calça do rosto e mancou até o irmão, cercando Erinjhar. Os ataques de ambos eram cadenciados, machucavam o jovem. Dedrick percebeu a crueldade, eles queriam humilhá-lo antes de terminar a luta. Se a estratégia inicial do amigo funcionou, estava na hora de mudá-la. O suor escorria de sua testa, empapando o peito. O cansaço o venceria antes da morte.

Wienjhar percebeu. Sorriu e avançou com uma estocada. Ao invés de se defender, Erinjhar avançou também, desviando o corpo no último instante. Ele sentiu a lâmina cortar uma parte de sua barriga, mas aguentou a dor e abraçou Wienjhar.

Dedrick viu a loucura do plano, mas era algo tão insano que talvez funcionasse. Erinjhar andou para trás, trazendo Wienjhar consigo. Ele só parou de forçar quando sentiu o escudo de Wortenjhar em suas costas.

O irmão mais novo era tão grande que tinha dificuldades em acertar um alvo muito próximo com a espada. Ele tentou duas vezes, ferindo Wienjhar nas costas. Também não podia atacar pelo lado porque o escudo do irmão protegia os dois.

Erinjhar se transformou em lobo mais uma vez. Estava tão bem preso que não caiu. Mordeu a orelha de Wienjhar, que recuou, soltando-o. Ele escapuliu por entre as pernas de Wortenjhar e voltou à forma humana.

Antes que o grandalhão se recuperasse do susto, Erinjhar chutou seu pé machucado, ajoelhando-o. Segurou a cabeça do caçula e torceu, faltando pouco para quebrar o pescoço.

– Desista ou eu mato seu irmão – Erinjhar arfou.

Dedrick avançara, empolgado com o resultado inesperado do *sirkel*.

– Pode acender a pira – Wienjhar esqueceu a dor na orelha e avançou.

Surpreso com a frieza do mais velho, Erinjhar chutou o grandalhão na nuca e o levou ao chão. Tentou avançar para pegar a espada, mas o golpe o atingiu de baixo para cima, abrindo um talho em seu peito e criando uma nuvem de sangue que pintou a neve de vermelho.

– Eu não te ofereço a misericórdia, soldado – Wienjhar falou, erguendo a espada para o golpe derradeiro.

O coração de Dedrick acelerou. Quis parar o *sirkel*, implorar para Wienjhar desistir e pedir ajuda as testemunhas, mas ele sabia que as leis não permitiriam. Erinjhar ia morrer e sabia disso, apesar de esticar a mão para a espada, jogada do outro lado do círculo.

Wienjhar desceu a espada, Dedrick virou o rosto, escutou Erinjhar gritando.

– *Afkast!* – o barulho de aço contra aço foi a única coisa ouvida no círculo.

– Trapaça! – Wienjhar se revoltou. Forçava a espada para baixo, mas ela não cedia.

– Não há leis no *sirkel*, Wienjhar! – Dedrick respondeu. Os olhos corriam pela espada negra de Erinjhar, em suas mãos, protegendo-o do golpe final. O juiz observou as testemunhas, todos eles ergueram a mão direita, em apoio ao desafiado.

Erinjhar aproveitou a distração, empurrando Wienjhar para trás. O inimigo se desequilibrou nos restos dos escudos pretos e caiu. As lascas rasgaram seu rosto e a dor o fez soltar a espada.

– Misericórdia? – Erinjhar perguntou, colocando a arma negra em seu pescoço.

– Nunca! – Wienjhar berrou.

– Não falei com você – Erinjhar olhou por cima do ombro.

– Poupe meu irmão – Wortenjhar se ajoelhava, oferecendo o escudo para o desafiado.

Wienjhar quis gritar, mas a única regra do *sirkel* era sagrada e ele havia aceitado os termos em voz alta, para que seus irmãos, seu desafiado, seus antepassados e seus deuses escutassem. Ignorá-las seria como ir contra todos eles e nem mesmo o primogênito dos Farn Thorn ousaria tamanha afronta.

Méritos

O Templo de Desdalain era uma das maiores construções do Quinto Império, ocupando boa parte da cidade e fazendo fronteira com o mar ao norte. As paredes que o circundavam traziam desenhos em alto relevo representando os *senoi*, o povo sonho, que habitara a região antes dos humanos. A sequência de imagens mostrava a evolução desde a Era dos Devaneios até a Era do Vapor, quando os Titãs passaram a reger seus impérios. Por fim, bem perto do portão principal, chegava-se à Era Vytoriana, o domínio humano.

Cada parte do muro era um bloco de trinta metros de comprimento, cheio de reentrâncias onde se poderiam apoiar armas de grosso calibre. No subsolo, trilhos que possibilitavam que o prédio rotacionasse e derrubasse escaladores. Do lado de dentro da estrutura, a floresta de concreto formada pelos sessenta e oito obeliscos brancos e o negro, que guardava o Titã *Desdalain*. Entre eles, havia torres de vigia equipadas com canhões e armadilhas.

O prédio principal se localizava nessa área, uma estrutura adornada com rosáceas e colunas de mármore, um labirinto de canos que conduzia a *Nepl* para seus motores. Na parte frontal, uma porta dupla para entrada do povo em festividades e as menores, laterais, usadas no dia a dia pelos *kohanim* e funcionários residentes. Defesas internas impediriam qualquer investida, armas surgiriam das paredes e disparariam contra invasores. Eficientes como soldados, estátuas autômatas de combate se espalhavam pelos salões e corredores. O quarto do barão se deslocava entre os andares ou se blindava com paredes grossas de metal. Se tudo falhasse, um feitiço criado pelos *yoresh* ligaria a vida do barão à do Titã. Havia uma forma de desativar as máquinas e o encanto, mas isso só podia ser feito de dentro do templo por um Ahsverus, um membro da família real.

Fora isso que Albert Barrow aprendera na academia militar. Porém, agora, em um quarto do templo, olhando o átrio, duvidava, sem entender como Edgar e Tesla mataram o barão Leikís. Impossível que dois garotos de dezessete anos houvessem derrotado metade de um exército e despertado um Titã, mesmo com o apoio dos Legisladores.

O quarto pertencia ao comandante Bernard Firth, o único oficial da alta patente na cidade após a morte e desaparecimento dos demais. Segundo informações, também ajudara no salvamento de civis, junto ao capitão Sardeck, superior de Albert.

Estouros indicaram as condecorações. Albert seria o último porque se tornara o mais famoso convencional da cidade, aquele que derrubara um Titã. Uma lenda, cujos feitos inspiravam os *ggoyim*. Os boatos sobre os convencionais salvarem Desdalain se espalhavam mais que a verdade sobre a *Kabalah* ser a responsável pela derrota dos Titãs. Junto ao rancor de Farhan não responder aos pedidos de ajuda e ao sumiço da elite militar, criavam-se os primeiros heróis do povo livre.

Em cima da cama, o uniforme novo com dragonas prateadas no ombro esquerdo e as três estrelas com brasão imperial no direito. Tinha medo de vestir aquilo, era um sujeito comum, gostava de beber e passear com os companheiros, deixando a verdadeira luta para os *bnei shoah*. Nem se lembrava do evento com o garoto Hawthorn, muito menos da garçonete.

– *Parabéns, rapaz* – disse alguém, fazendo com que se virasse. Bernard, o comandante, parara sob o batente. Alto, cabelos cinzentos e longos, olho direito castanho, o esquerdo uma prótese metálica. Uma cicatriz cruzava seu rosto da testa ao queixo. Um longo casaco azul com dragonas douradas o cobria até os joelhos.

– *Vi sua astúcia no campo de batalha, uma condecoração merecida* – apoiando-se na bengala, mancou até a cama.

– Comandante Bernard – Albert bateu continência.

No corredor, seu capitão, Sardeck, conversava com uma garota loira e baixa, que lhe entregou uma pasta marrom. Trocaram algumas palavras, ela sumiu de vista e o homem entrou. Deu uma última espichada no corredor, trancou a porta, abriu a pasta e a folheou.

– Descansar – disse o capitão ao tenente enquanto separava duas páginas.

– Obrigado – Albert relaxou, desconfiado. Observou o dono do quarto ir até a penteadeira, pegar uma caixa de couro vermelho na primeira gaveta, colocá-la ao lado do casaco na cama e abri-la. Estava cheia de relógios de bolso, uns de bronze, outros de prata, dois de ouro e um preto. A coleção deveria valer umas cem vezes seu soldo.

– *O que foi, herói?* – Bernard separou o relógio preto e o pesou segurando pela corrente, deixando a mão esquerda embaixo. Estalava a língua conforme o objeto se movia para a esquerda e a direita. Na tampa, havia a gravação de uma engrenagem com asas estilizadas.

– *Conhece o funcionamento de um relógio, Albert? Cada dente, cada mola tem sua função no mecanismo. Um pequeno exército mecânico que rege nossas vidas.* – Acenou para Sardeck, o capitão interveio.

– O povo diz que você foi mais corajoso que os *bnei shoah* e nós concordamos – ofereceu as duas folhas a Bernard, que, ao invés de pegá-las, indicou a cama e continuou pesando o relógio, sem estalar a língua.

– Quando nosso rabo está em perigo, atiramos melhor – Albert enfiou o dedo no colarinho da camisa e afrouxou.

– Na sua ficha constam vinte casos de abuso de poder, sete brigas de bar, um homicídio e aquela história mal resolvida dos Hawthorn – o capitão parou em frente à lareira e usou seu isqueiro para acendê-la, o odor de óleo se espalhou rápido.

– Assunto pendente, mas já cuidei dele – o tenente estalou o pescoço e massageou o ombro.

– Você sabia que aquele moleque ameaçou minha família por sua causa? – Sardeck replicou, irritado pela lembrança de Lukas em seu sofá, tão enlouquecido pela raiva que apontara uma arma para sua filha.

– Foi depois disso – Albert gaguejou, pescoço suando. Pouco adiantou o vento fresco da janela.

– Mentiroso – respondeu Sardeck, de cenho franzido. Fitaram-se por um instante, até Bernard interromper.

– *Para que o relógio seja preciso, cada peça deve ser eficaz. O povo livre precisa se unir contra os bnei shoah. Antinaturais, monstros criados pela ciência mesquinha e corrupta de nossos antepassados. Nós os fizemos, podemos desfazê-los. Vivemos com medo deles, de sua Kabalah, de seu poder. Está na hora de fundarmos nosso Império Livre, Albert. Para isso, precisamos de heróis* – Bernard parou de pesar o relógio e leu as folhas. Apontou a janela com a bengala, as comemorações prosseguiam.

– Com todo o perdão, chefe, somos livres. Um soldado faz o que quer, quando quer. A população só tem que obedecer e sair do caminho – o tenente respondeu. Coçou a orelha, aproximou-se mais da janela. Pelo canto de olho viu Sardeck jogar a pasta no fogo e fechar a portinhola da lareira. Em poucos instantes, as brasas viraram chamas. Cinzas escaparam pelas frestas, sujando o carpete.

– *Livres?Os bnei shoah controlam o governo, as riquezas e a política. Somos realmente livres, Albert? O Quinto Império mudou a história contando a versão deles dos fatos. Os kohanim dominam os ggoyim por meio da fé em Shoah* – o comandante bateu a bengala no chão, provocando um baque surdo no tapete. Esfregava o relógio, embaçando a tampa.

– Antes eram os Titãs – disparou Albert. O momento de sua condecoração se aproximava, já que os últimos nomes convencionais eram chamados.

– *Os Titãs deixaram de ser uma ameaça. Somos iguais a este relógio. Trabalhamos para manter o sistema, cada soldado fazendo sua parte, dando sua vida por um bem maior: a liberdade do nosso povo. Mas os* bnei shoah *destruíram isso, corromperam o sistema e se declararam reis. Nós queremos mostrar ao povo que, juntos, somos mais fortes. O mundo temerá aqueles que encontraram sua verdadeira liberdade. Sem reis, sem imperadores. Apenas o povo. A União.*

Albert coçou a orelha de novo, respondendo:

– Não é problema meu a Canção do Silêncio ter sumido no mundo e Farhan ter deixado a gente na mão. Tem que se virar no exército para conseguir alguma coisa. Eu já fiz minha parte, agora quero minha medalha.

Bernard colocou o relógio no bolso do casaco sobre a cama e se levantou.

– *Vi sua ficha, está longe de ser um ídolo. Mas precisamos de você. Alguém dentro do sistema, desta máquina do mundo. Uma peça fundamental, que mova as outras ao seu redor. Alguém que não se corrompa pelo poder, nem pela glória dos filhos de Shoah.* – Bernard ergueu o queixo, perdera a tranquilidade na voz, mas saiu quieto.

Albert percebeu que o odor de óleo vinha dele, não da lareira. Mesmo com o comandante fora do quarto, bateu continência. Estancou, sem saber o que fazer em seguida.

– Não desperdice esta chance, Albert. Metade do exército venderia a alma por ela – o conselho de Sardeck o despertou.

– Como é? – replicou ele, relaxado.

– Bernard trouxe um novo combustível para o exército convencional. Eu mesmo não acreditava em seu poder, mas, ao vê–lo em ação semana passada, entendi que a Era Vytoriana está acabando. O que teremos? Não sei, mas gostaria de chamar esta nova história de Era Livre.

– Que combustível é esse? – indagou Albert, um pouco mais interessado.

– Chamam-no de *Shemém.* Temos máquinas prontas para entrar em ação e ele gostaria que seus melhores homens as apresentassem ao povo – o sorriso de Sardeck mal cabia no rosto.

– Quem? – perguntou Albert.

Sardeck estranhou, sem saber se aquilo era cinismo ou estupidez. Bernard o prevenira que o subordinado não era dos mais inteligentes, por isso servia para seus planos.

– Nós, Albert. Seus escolhidos. Não por nascimento, como os *mashiyrra*, mas por mérito. O *Shemém* existe porque a *Nepl* não é mais o bastante.

– *Shemém*? – indagou Albert.

Sardeck teve certeza, era estupidez. Explicou:

– Veio de Hiisarlik. Um combustível líquido mais potente que a *Nepl.* E nem é a coisa mais importante, agora. Acredite.

– Se isso não é importante, nem dá para imaginar o que seria – o descaso de Albert tirou Sardeck do sério, que o agarrou pelo braço e resmungou.

– O comandante organizou uma força especial secreta, que ele chama de a União. Os melhores do exército convencional, gente que não está ligada à *Kabalah* nem aos Legisladores.

– Isso é traição – confuso, o tenente se desvencilhou. Teve a ligeira impressão de que o capitão também cheirava a óleo. Ignorou, ouvindo o plano.

– Seremos um partido político, como a Liga dos Mercadores e a Ordem dos Faroleiros. Vamos tomar o Parlamento com o voto da população, sem golpes de Estado, sem guerras. Política será a nossa arma e a *Kabalah* não sabe como reagir a ela. Uma chance para poucos, tenente. As votações deveriam ter começado mês passado em Farhan, mas não sabemos por que atrasaram – Sardeck tirou seu relógio preto do bolso, mostrando que fazia parte do grupo de escolhidos.

– A *Kabalah* tem poder de veto sobre a criação de partidos políticos, mas o pai de Bernard fundou os Legisladores e isso vai pesar contra seu grupinho. – Pela primeira vez, Albert pareceu esperto. Sardeck pegou as duas folhas que estavam em cima da cama e as separou, mostrando que havia um mapa em uma e, na outra, descrições.

– O pai de Bernard também investigava isso há anos. Uma fábrica secreta em Hellyah. Sabe o que era construído neste lugar maldito?

– Não – Albert respondeu, preocupado.

– A fábrica construía almas de *bnei shoah* – Sardeck parou de falar, esperando uma resposta de Albert. Como ela não veio, completou:

– Não vamos mais perder entes queridos para guerras inúteis ou em missões obrigatórias. Gente como você não vai mais enterrar o irmão pelos caprichos da elite.

– Vocês queimaram minha ficha, pra quê? – Albert bocejou, prestando mais atenção aos estouros que ao discurso do superior. Ligava para os prêmios e o novo salário, pouco se importava com a família que o adotara ou os planos de seus superiores. Colocou o casaco e arrumou a gola enquanto Sardeck encerrava.

– Um herói precisa de um passado melhor. Ninguém se lembra do caso Hawthorn e você saiu daquela situação como vítima. Colocamos a culpa no tal Lukas. Aproveite a fama e venha comigo. O marechal do ar quer seus melhores homens neste momento solene. A União precisa de você – pouco à vontade, Sardeck queria bater no tenente para fazê-lo entender a grandiosidade do plano. O problema é que justo aquele sujeito se tornara o ídolo dos oficiais e perdê-lo diminuiria o apoio do exército.

– Marechal do ar? – interessou-se Albert. Coberto por aquele casaco longo, não parecia mais um soldado comum. Nikolas morreria de inveja, se o visse.

– Bernard foi promovido também. Você achava que ele não aproveitaria? Uma revolução está para acontecer, mas prefiro chamá-la de Guerra da Sucessão – Sardeck guardou o relógio. Se aquilo não convencesse Albert, nada mais o faria.

– E você quer que eu seja o herói dessa revolução? – Albert, sem saber como se portar, andou até a janela. Pôde ver o pátio se enchendo, além dos muros do templo a multidão parecia esquecer os problemas que afligiam Desdalain, festejando cada anúncio pelo *kooperradio*. Alto-falantes pendurados em prédios, postes e até nas casas deixavam claro quem eram os salvadores. Intercaladas aos nomes, propagandas da União com a voz rouca, mas potente, de Bernard.

– *A União protege o cidadão!* – Bastou um curto tempo até que, distraídas, as pessoas repetissem o lema.

Seguiram pelo corredor, as paredes ainda queimadas, destroços no chão. Estátuas tombadas impediam a passagem para o quarto do barão. Canos deixavam escapar *Nepl*, e mecânicos arrumavam o sistema de engrenagens. Lábaros com o símbolo da família imperial espalhavam-se nas paredes, cornetas ressoavam e os poucos aeronavios faziam uma apresentação modesta.

Bernard sentava em uma grande cadeira de madeira envernizada e almofadas vermelhas. Atrás dele, uma bandeira negra com a engrenagem dourada fora desfraldada pelos militares, ocupando o espaço que pertencia ao brasão da *Kabalah*.

– Que é aquilo? – perguntou Albert.

– O símbolo da União – disse Sardeck.

– Quem controla as máquinas, controla o mundo – o tenente afirmou.

– O que você disse?

– Nada, só um ditado idiota que meu avô repetia por aí – Albert respondeu, cada vez mais interessado nas mudanças na cidade.

Assim que colocaram os pés na escada para o tablado, sentiram a vibração das palmas. Havia tanta gente ali que Albert recuou assustado. Era tanta gente que ficava difícil discernir rostos, que não passavam de borrões sorridentes acenando para ele. Entretanto, topara com as íris esmeralda da garota loira.

– Quem é?

– Lyona Jevons, tenente convencional, representante de Bernard em Hiisarlik. Gostaria de conhecê-la? – perguntou Sardeck, acenando para a garota. Ela sorriu, deixando-os ver o relógio preto que balançava na lateral da coxa.

– Quero – Albert notou que mais soldados do batalhão carregavam o objeto.

– Esteja conosco, Albert, você conhecerá Lyona e todas as garotas do Império. Ou, melhor dizendo, elas conhecerão você.

– De acordo, capitão – o frio passara, o corpo de Albert formigava, escutou Sardeck em meio às ovações.

– Major. O capitão aqui é você.

Os Escolhidos

Wienjhar guiou os companheiros pela casamata em silêncio. Rosto lacônico, andar ereto e braços duros tornavam-no desagradável aos próprios *khans*.

Ao seu lado, Wortenjhar. Alto, robusto como um touro, loiro, olhos azuis e profundos, combinando com o queixo quadrado e a boca grossa.

Pararam no meio do salão principal da casamata, próximos às quatro mesas de refeição. Àquela hora da noite, não deveria haver mais ninguém ali, porém uma mulher os aguardava perto da lareira. Um soldado com uma bandeja de ferro estava ao seu lado, mas a escuridão e o elmo que usava impediam que o grupo visse seu rosto.

– Wienjhar e Wortenjhar Farn Worth, Mãe Branca – Wienjhar ajoelhou. O grupo imitou.

– Meus filhos, sejam bem-vindos. – A Rainha Branca olhou para as sombras, acenou para o soldado deixá la a sós com o grupo.

– Viemos assim que o batedor nos chamou. O que podemos fazer, Mãe? – Wienjhar indagou sem se levantar. Não resistiu, encarou a rainha, procurando sinais que adiantassem o assunto, encontrou tristeza em sua expressão. O soldado deixou a bandeja em cima da mesa e se retirou pela porta dos fundos.

– Temi que a mensagem não chegasse a tempo, mas agradeço a *Järvenden* todas as noites por sua presença – ela respondeu.

– Peça e será feito, Mãe. – Wienjhar se encheu de orgulho. Quando ele se levantou, os aliados fizeram o mesmo, mantendo-a no meio da roda. Um movimento de proteção que os *khans* aprendiam desde crianças na presença da Rainha Branca. Abaixo dos deuses, ela era a figura mais importante de sua sociedade.

Delicada, frágil, considerada pequena demais para uma *khan*. Wienjhar calculara que ela pesava menos que sua armadura. Em uma rápida piada interna, imaginou-a casada com o irmão mais novo e quase riu. A Rainha Branca devia ser do tamanho do braço de Wortenjhar.

– Venham aqui – ela apontou a bandeja.

Wienjhar notou o mapa que o soldado deixou. Abriu-o, reconhecendo de imediato o local marcado com círculos de carvão.

– Ymerhein, o Jardim Branco. Planeja voltar para sua *pakke*, Mãe? – ele passou o mapa aos outros. Esperou a Rainha Branca se pronunciar.

Ela olhava por uma das janelas, quase perdida em seus pensamentos. Wienjhar repetiu a pergunta, ela se sobressaltou como se tivesse esquecido sua presença.

– Há dois meses, Eleniak Sadhart descobriu uma galeria ao sul que leva direto para o Baronato de Shoah. Porém, com os ataques do Quinto Império, ele não pôde coordenar uma investigação mais apurada e pediu por ajuda. Eu preciso de um grupo de alta confiança e experiência para mapear a região e nos guiar para o coração de nossos inimigos – ela explicou ao se recompor.

– Será uma honra, mãe – Wienjhar respondeu. O irmão deu-lhe um soco fraco no braço, um gesto de carinho entre eles, mas que quebraria o ombro de uma pessoa normal. Wienjhar podia ouvir os burburinhos de aprovação dos companheiros e sentiu uma empolgação quase infantil preenchendo-o.

– Há algo que vocês precisam saber antes de aceitarem a missão – a Rainha se afastou deles mais uma vez.

– O quê? – Wienjhar perguntou, os demais silenciaram.

– Nós vamos sacrificar alguns *khans* em prol de um bem maior, Wienjhar – ela disse.

– Não entendi – Wienjhar respondeu, ainda tranquilo.

– Nós vamos apresentar uma falsa profecia aos *jhars* que têm trazido problemas ao exército. Este grupo viajará para os Portões do Sussurro a mando de *Järvenden* em busca de uma chave para libertar novos Deuses. Esta artimanha vai atrair a atenção dos *khans* enquanto vocês concluem sua missão em segredo – quando a Rainha terminou, Wienjhar sorriu.

– Muito sábio, senhora. Se me permite, deveria enviar Erinjhar Farn Eldfell como batedor deste grupo, pois lutei com ele na guerra e sei que suas habilidades serão de grande valor – Wienjhar disse.

– Apenas por isso? – A Rainha devolveu.

– Não, Mãe. Ele também é um tolo supersticioso que acreditará em qualquer coisa que a senhora diga – Wienjhar tentou se aproximar da Rainha para confortá-la, percebendo que ela parecia abalada com a mentira. Entendia seu ponto, a Rainha Branca era considerada a mãe dos *khans* e amava-os como seus filhos legítimos.

– Ninguém além de vocês deve saber desta missão, entenderam? – Ela falou com tanta firmeza que Wienjhar parou no meio do caminho. – Posso acreditar em sua *pakke?*

Wienjhar segurou as mãos da rainha entre as suas e as beijou. Quase chorou de emoção quando ela sorriu em aprovação.

– Considere feito – pegou o mapa e conduziu seus guerreiros para fora. Não olhou para trás, nem demonstrou fraqueza. Seu único objetivo era a vitória.

A Rainha esperou na janela, vendo-os sair pelo arco leste, onde havia menos guardas. Em menos de cinco minutos, o grupo de Wienjhar desapareceu na floresta, emitindo um último e solitário uivo que diminuía conforme se afastavam.

– Se você não luta por sua liberdade, não é digno dela Abaris seguia os trilhos de Latig para chegar à outra cidade.

– Sei – Cohen concordou só para o velho ficar quieto. A bronca viera quando eles discutiram sobre o merecimento da *Kabalah* e a liberdade que eles deram aos *ggoyim* após a queda dos Titãs.

– Eles foram mais fortes, Cohen, por isso mereceram liderar o povo – Abaris insistiu no assunto. Cohen revirou os olhos e retrucou:

– Os *ggoyim* criaram os *bnei shoah*, o mínimo que esses *golens* deveriam ter feito era entregar o poder a seus criadores.

– Eles não são *golens*. Apenas homens santos podem criar tais criaturas e estes homens estão do nosso lado nessa guerra.

Abaris parou na orla da floresta. À sua frente, uma velha ponte ligava a cidade à estrada por cima de um rio. O velho percebeu que a ponte estava desativada havia meses, pois uma camada grossa de limo e pó a cobrira e a madeira se desfizera em vários pontos. Havia mais pessoas querendo atravessar. Uma delas tocou uma sineta e do outro lado do rio, por onde veio uma balsa em que eles subiram. A tríade guiou os cavalos e se afastou do grupo principal, ainda discutindo quando desceram da barca.

– Os *ggoyim* criaram os *bnei shoah* e só ficaram assistindo enquanto suas criações morriam. É natural que a *Kabalah* se sinta superior. Afinal, eles libertaram o mundo da tirania e são o mais poderoso dos exércitos do mundo. Eu acredito, Cohen, que nem todos os convencionais juntos seriam capazes de derrotá-los se os *bnei shoah* usassem todo o seu poder – Abaris terminou o raciocínio, guiando--os ao lado de uma fileira de tratores, que estavam tão velhos e destroçados quanto a ponte.

– O que você quer dizer com todo seu poder? A *Kabalah* já faz isso e eu nunca os achei tão poderosos, nem mesmo em Desdalain – Cohen baixou o tom de voz ao se vir cercado pela população da cidade. Era difícil saber quantas pessoas ali amavam o exército ou quantas o odiavam.

– O que aconteceu em Desdalain não foi nem metade do que os *bnei shoah* são capazes, Cohen. Além da Canção do Silêncio ser composta por jovens, eles tiveram de se conter, pois estavam em território civil. É por isso que temos de atacá-los em Farhan, para que seu senso de proteção aos *ggoyim* os obrigue a se conter – Abaris explicou, passando com os pupilos pela rua principal de Dubliner, larga e cheia de lojas. O barulho ficou mais intenso e o vozerio dos vendedores se misturou à buzina de carros.

Ryszard permanecia concentrado, visualizando a cidade de cima através dos olhos de Namer. O tigre alado voava para dar-lhes segurança, caso a milícia resolvesse cercá-los. Da última vez que foram interrogados por causa dos cavalos e das armas, disseram que eram soldados de Hissarlik.

– Ainda acho que eles não são páreo – Cohen vangloriou-se, desta vez mais para provocar do que para ter argumento na discussão.

– Se você acha que não, seja digno desta confiança, Cohen – Abaris encerrou a discussão. Estavam atrasados e em breve seus companheiros deveriam retornar ao trabalho. O necromante acelerou entre dois cabriolés, com tetos de um tecido vermelho e leve e com fios de ouro. Os motores traseiros estavam quentes, indicando que os veículos tinham acabado de parar.

– Milionários estúpidos – Abaris ouviu Cohen xingar e chutar o para-lama em forma de leão, quebrando a cabeça de ouro. Repreendeu o aprendiz com o olhar, balançou a cabeça e seguiu em frente.

Chegaram a um bar, onde dois meninos se ofereceram para tratar dos *ferd*. Eles tinham vasilhas de óleo lubrificante e esfregões. Abaris pediu que Ryszard os pagasse e dois maços gordos de dinheiros caíram nas mãos dos meninos, que se afastaram contentes a seus afazeres.

Quando entraram no bar, o som da rua foi substituído por música e risadas. Eles penduraram os mantos em ganchos nas paredes e atravessaram o salão sem falar com ninguém. Uma das garçonetes, uma menina ruiva e baixa, acenou para Abaris, que respondeu fechando a mão em punho, mas deixando mindinho e indicador erguidos.

Entraram na sala de funcionários, que, exceto por algumas mochilas e cadeiras, estava vazia. Eles seguiram para o outro lado, onde Cohen abriu a porta do porão. Abaris foi o primeiro a entrar, seguido por Cohen. Ryszard aguardou Namer aparecer por uma das janelas e guiou o animal, que se mostrou inquieto em um lugar apertado.

– Eu sei, amigo, mas é por pouco tempo – disse, enquanto desciam a escadaria escura.

Abaris estalou os dedos e os candelabros nas paredes acenderam. O teto do corredor era forrado com o mesmo tecido do cabriolé, um vermelho intenso com bordas douradas. Abaris discordava daquela ostentação, mas seus aliados pareciam se divertir, então ele permitia que Dubliner se entregasse a alguns luxos.

– Castellini? – escutou Cohen indagar.

– Eu já o adverti. A *Qliphoth* caminha nas sombras, mas o idiota insiste em exibir sua riqueza. Estamos aqui para nos livrar dele – Abaris explicou baixinho.

– Vai matá-lo? Precisa de ajuda? – Cohen apoiou a mão no ombro de Abaris.

– Sim e não, para ambas as perguntas. Vou removê-lo do caminho antes que faça alguma besteira. Preste atenção e aprenda, Cohen. Muitos *ggoyim* descobrirão quem somos e vocês deverão separar quem é digno de confiança e quem deve ser usado como uma marionete – Abaris chegou a uma segunda porta, onde o símbolo dos Legisladores, uma serpente devorando a própria cauda, começara a se apagar.

– Do jeito que você fala, dá a impressão de que não vai mais nos liderar – Cohen sorriu, mas de um jeito meio triste.

Abaris entendeu que o jovem se entristecera com a ideia de não tê-lo mais por perto. Corrigiu-se:

– Nem sempre estarei aqui para liderá-los, garoto. Vocês têm que ser capazes de andar com as próprias pernas – abriu a porta. O vozerio se espalhou pelo corredor e morreu quando eles entraram. As pessoas se espalhavam por um salão quase três vezes maior que o bar.

Abaris viu outros necromantes, homens que trabalhavam disfarçados no cemitério local. Outros eram limpadores de rua. Os artistas eram os mais numerosos. Meninos e meninas mais novos que Cohen, traziam seus instrumentos e trocavam experiências. Na sociedade *ggoyim*, eram meninos de rua ou batedores de carteira. A maioria conhecera a prisão uma ou duas vezes.

Não havia encantadores. O grupo se adiantara e seguira para Farhan, pois para eles era mais difícil se misturar à multidão, por sempre terem de andar com suas *almah* por perto. Ryszard possuía um tigre alado, que era até fácil de esconder se comparado com os elefantes ou rinocerontes de outros encantadores. Abaris ainda montava estratégias de como colocar esses aliados dentro dos muros da capital imperial, mas todas eram complicadas e demorariam anos.

– Irmãos, alegro-me de vê-los aqui reunidos – Abaris começou, sem dar-lhes tempo de reclamar do atraso. Aprendizes de padeiro, limpadores de rua, auxiliares de pintores, aprendizes de pedreiros. Nenhum deles rico, nem sequer pobre; estavam abaixo da linha da pobreza e eram miseráveis aos olhares do Quinto Império. Gente tão paupérrima que havia programas de apoio para tirá-los desta condição. Invisíveis para a sociedade, não importando se eram homens livres ou filhos de Shoah.

Ao mesmo tempo, eram as figuras mais poderosas de Nordara. A *Qliphoth* passara anos escondida entre os pobres e arquitetara um grande plano para derrubar a *Kabalah* no tempo certo. Segundo Abaris, este tempo chegara quando Edgar Crow e Tesla Wadencliff despertaram o primeiro Titã.

– Chegou a hora de a *Kabalah* morrer. Está na hora de matar uma ideia – Abaris começou, a agitação veio rápida com gritos de concordância.

– E o que faremos, necromante? – perguntou a garçonete que acenara no bar. Cohen se percebeu inclinando a cabeça para ver melhor suas coxas.

– Espalhem a palavra aos que querem ouvir. Clamem pelo sangue dos filhos de Shoah. Acreditem no que a *Qliphoth* nos prometeu. Cumpram o *Brit*, o Pacto que nossos avós fizeram quando os *bnei shoah* se ergueram como mutações, monstros não-naturais que devem ser destruídos a qualquer custo – as palavras de Abaris soaram fortes aos ouvidos de Cohen, mas ele percebeu que também estava ovacionando.

– Loucura, eles são muitos! – um garoto protestou. Outros concordaram, dividindo o grupo entre aqueles que os apoiavam e os que discordavam.

Ryszard interrompeu a bagunça erguendo uma das mãos e caminhando para o meio da sala. Pelo canto dos olhos viu os artistas incentivando-o. Sentiu falta dos encantadores e dos homens santos, mas sabia que em breve se reuniriam.

– Estivemos em Latig na semana passada, o resultado da irresponsabilidade dos *bnei shoah* era tamanho que ainda havia estátuas pelas ruas. Tanta gente morta que seríamos capazes de repovoar Desdalain apenas com vítimas. É mais do que hora de agir, agora que a *Kabalah* se dividiu – disse Cohen.

Abaris orgulhou-se do mais novo, ele era tímido demais para falar às multidões. Por sorte, Cohen emendou o discurso:

– Vocês viram isso aqui mesmo em Dubliner. O que aconteceu quando a *Kabalah* foi embora? Os ciclopes voltaram e dizimaram metade da população. Se não fosse por nós, a *Qliphoth*, Dubliner seria um amontoado de ossos e sangue. Levantem-se das sombras, irmãos. Chegou a hora.

– Obrigado – Ryszard enrubesceu ao sentir os olhares sobre

si. Cohen piscou em aprovação. O artista deu espaço para Abaris finalizar.

– Eu preciso de um espião antes de dar o primeiro passo. Alguém acostumado à alta classe *ggyoim* para entender o que é a União e se ela pode nos ajudar. Quem aqui é o mais orgulhoso de sua linhagem? – Abaris jogou a isca. Como previra, Castellini tomou a frente.

– Eu irei – o homem de cabelos pretos e olhos verdes parou à sua frente. Castellini era um *ggoyim* alto e robusto, usava cartola alta e uma bengala com desenhos de chamas. A maioria dos presentes não gostava dele, mas seu dinheiro comprava favores no Quinto Império e lhe rendera o posto de burgomestre em Dubliner após a morte de Raul, seu predecessor.

– Não posso permitir. Você já fez demais pela *Qliphoth*, burgomestre – Abaris abençoou-o e tentou recuar, mas Castellini agarrou seu braço.

– Permita-me provar meu valor, necromante. Eu tenho as habilidades perfeitas para me infiltrar no exército convencional e descobrir seus planos. Eles até enviaram convites à Liga dos Mercadores e a Ordem dos Faroleiros. A União planeja algo grandioso, que podemos utilizar ao nosso favor – Castellini apertou o braço de Abaris. Por um momento, o necromante pensou em se desvencilhar e matá-lo ali mesmo, mas o tolo era valioso demais para isso. Sorriu por dentro, não gostava de Castellini. O homem era arrogante e estúpido, mas tão fiel que não percebeu a manipulação.

– O mérito é seu – disse Abaris. Castellini abriu um sorriso que quase rasgava o rosto:

– Obrigado, necromante.

Abaris observou o escolhido afastar-se e sentar em uma das cadeiras. Olhou para o próprio braço, onde um fio de cabelo do burgomestre se enroscara na sua roupa. Removeu-o com a ponta das unhas e o guardou em uma bolsa, misturado às cinzas dos mortos, que sempre trazia consigo.

Antes de explicar o plano para os aliados, olhou para os pupilos e moveu os lábios em uma palavra que proferira antes e era conhecida pelos três.

– *Golem.*

VOTAÇÃO

O VENTO FRIO BAGUNÇOU os cabelos cinzentos de Diren, repuxando a pele do seu rosto e obrigando-o a semicerrar os olhos. Sentado na balaustrada, verificava os nós da corda amarrada na cintura. As montanhas passavam rápido, a Canção do Silêncio voava em alta velocidade com pressa para chegar a Farhan, os três últimos imprevistos os atrasaram em quase três semanas.

Nepl cobria as montanhas. Perolada e de aroma adocicado, misturava-se às árvores e corria junto aos rios como uma camada de leite vaporoso. Precisava ser refinada em grandes profundidades porque se desfazia rápido no calor da superfície. O Quinto Império investira em empresas que se instalavam na região, obtendo delas o combustível para seus veículos por um preço menor.

Pouco afetava seres humanos, mas seus efeitos sobre a natureza eram catastróficos e até mamíferos adquiriam habilidades incomuns. O problema maior estava na geografia do império, que sofria mutações repentinas e difíceis de reverter. A Canção do Silêncio acompanhou o trajeto por Desdalain, o mais seguro no império. Postos de reabastecimento para os aeronavios, templos com *mashiyrra* e *kohanim* para atender emergências e baterias antiaéreas espalhadas entre as montanhas faziam parte do apoio militar.

O Beatrix surgiu entre as montanhas, espantando as cabras para as cavernas. Era normal a caça por suas patas, couro, chifres ou leite, que valiam muito nos mercados. Como quaisquer animais em contato prolongado com a *Nepl*, mudaram de aparência ao longo dos anos. Seus chifres ocos expeliam Névoa, os olhos eram vidro escuro, a pelugem mais densa e as patas de bronze.

Diren, porém, não estava atrás delas quando saltou da barcalma amarrado a uma corda. Buscava um *pará*, um bovino de carne extremamente saborosa que poderia alimentar a *sheyvet* durante a viagem até Farhan. O *arur* precisava ser rápido, pois os *pará*, ao se sentirem ameaçados, ficavam invisíveis. A vítima estava longe, entre cabras. Diren viu-a bater as patas no solo e ruminar. A visão aguçada captou o ar tremulando ao redor dos pelos. Só ia ter uma chance e, se errasse, ficariam sem comida.

Com a palma da mão vermelha e suada, os dedos estalaram quando deixou a machete voar, perfurando o pescoço do alvo. O *pará* tombou e suas cores voltaram ao normal. Cabras que ainda estavam perto correram balindo. Agora vinha a pior parte, pegar o corpo. Assoviou, uma rede caiu do aeronavio e balançou a metros do chão, quase pegando uma cabra no percurso. Pouco antes de chegar ao *pará*, Diren forçou a corda para baixo, prendendo o alvo. Com um segundo assovio, foi içado de volta para o convés.

Começou um jogo sozinho, adivinhando a causa dos danos ao aeronavio e reimaginando a luta contra os Titãs. Apesar de mal entender como funcionava a alma de Beatrix, imaginava se ela não poderia se consertar. Furos no casco, hélices quebradas, cordas rompidas, balaústres partidos, a amurada rachada e o timão pela metade. Tomava cuidado para não pisar em uma tábua danificada. A tranca do porão sumira e a âncora travara no meio da descida. O convés era uma armadilha para os próprios aeronautas.

Assim que se arrumou, viu Phoynikes e Dante discutindo adiante. Os veteranos falavam baixo, mas gesticulavam muito. Para sua surpresa, Dante agarrou o braço do *kohanim* e silvou algo que ele não gostou. Nem se deram ao trabalho de disfarçar a briga na presença do *arur*.

– Vocês correm riscos desnecessários – Phoynikes trincou os dentes.

– Não há risco, há esforço para um fim – Dante retrucou.

– *Hatzbaá* – o *kohanim* passou por Diren sem cumprimentá-lo. Dante chutou o *pará*, desfazendo a rede, largou o animal ali mesmo e se dirigiu para a cabine de comando.

Diren tentou se lembrar do significado, mas nada lhe veio à

mente. Sempre tivera muita dificuldade em decorar cada termo militar que lhe era apresentado. Bufou, ia ter que fazer tudo sozinho.

O quarto de Sehn e Maya ficava no fim do corredor, perto da sala de reuniões e da cabine de comando. O segundo maior do aeronavio, cheirava a madeira antiga e rangia enquanto a barcalma voava. Mobília composta de um armário duplo, cama, baú, uma mesa redonda com duas cadeiras. Móveis simples e sem adornos, diferente dos batentes e rodapés, com detalhes florais. Completavam a decoração a espada obsidiana jogada atrás da porta e, no apoio, em uma das paredes, a espada-arco e o manto púrpura do *sepher*.

Sobre a mesa, a espadasserra desmontada. Fios do cabo soltos, difusor aberto, engrenagens dispostas por tamanho, de modo que Sehn só precisasse recolocá-las em ordem crescente. Com uma pinça, retirava os dentes laminados, colocando-os em uma caixa de metal. A correia ficou lisa em um dos lados, perdendo o ar ameaçador. A parte superior da arma, de bronze e cheia de hachuras, imersa em óleo para lubrificar. O cheiro se sobrepunha ao da madeira, obrigando-os a abrir a janela e a porta, esfriando o quarto.

Para realizar a tarefa complicada usava um mishkafáin; óculos reforçados, cor ouro escuro, com lentes redondas e protetores para as têmporas. Nas laterais, o discreto símbolo da *sheyvet* e fivelas de couro.

– Por que você está fazendo isso? – Maya perguntou. Em suas mãos, a caixa de ferramentas. Usava um mishkafáin bordô, menor e delicado, com arabescos de flores brancas e pretas. Presente de Kadriatus. Havia uma caixa de vinhos embaixo da cama, presente de Dante; os de Diren e Nadja estavam no porão, mas o casal não tivera tempo de abri-los.

– Chega de machucar quem eu jurei proteger – um estalo indicava as peças soltando. A voz do *mashiyrra* entristecia a ruiva.

– Pare de se culpar pelas decisões dos outros – ela retrucou. Em algum lugar de sua consciência sentia pena de Edgar e Tesla, porém se irritava mais com a autocomiseração do marido.

– Não é culpa, Maya. Eu podia ter feito de outro jeito. Ajudado Tesla e Edgar, talvez, ao invés de atacá-los – ele respirou fundo, puxando os dentes da correia.

– Se fizesse isso, talvez Edgar fosse corrompido antes e seu treinamento seria insuficiente para derrotá-lo. Vocês nem chegaram a terminar os quatro anos de *Kabalah* e enfrentaram um inimigo que derrubou soldados mais experientes. Pense nisso ao invés de se culpar. Mais gente inocente teria morrido se não interferisse – Maya subira o tom, obrigou-se a baixá-lo.

– Mesmo colocando em risco a vida de meus irmãos? – ele perguntou, e aproveitou ela não ter sabido o que responder.

– A fábrica... eu a destruí. Foi a coisa certa a fazer naquela hora – Sehn tentava convencer a si mesmo, sem sucesso. Verificou o encaixe na arma, precisaria de boas ferramentas para arrumá-lo. Jogou a peça no lixo, controlou a raiva. Pensava de novo na fábrica e nas consequências de sua decisão.

– Rompi o Ciclo da Eternidade, posso ter condenado a *Kabalah* a algo pior que a morte. Tive medo do que Tesla faria se controlasse as almas – ele murmurou.

– Perfeitamente, meu amor. Já decidiram o que fazer com estas informações? – a ruiva perguntou, sorrindo.

– Ainda não. Meu tio teme uma reação perigosa pelos *bnei shoah* mais conservadores, sem contar os *kohanim* e os *kiy*, que têm sérias dificuldades em aceitar mudanças nas tradições. Mas ele insiste para falarmos com os *yezirah*, os líderes da *Kabalah* – disse Sehn. Era mais que óbvio seu mal-estar pela mentira, mas a opção colocava suas vidas em risco.

– Os *ggoyim* também vão trazer problemas, a maioria deles se negaria a obedecer a uma raça que criaram. Seria como se curvarem aos autômatos ou a seus carros – comentou Maya.

– Eu sei o que está pensando. Também estou preocupado com o que vai acontecer daqui para frente com os *bnei shoah*. Principalmente por isso não quero ser o algoz do meu povo – Sehn levou o indicador à boca, assim que percebeu o corte em uma das falanges.

– Sabe, se aquela menina que te acompanhava levou os *bnei shoah* para a Eternidade, como você contou, não deveria se preocupar. Talvez as almas deles façam parte do Ciclo da Vida e ressurjam naturalmente – a esperança de Maya contagiava Sehn.

– Por Shoah, eu havia me esquecido disso! – O mais óbvio lhe passara em branco, ele sorriu pela primeira vez desde o casamento.

– Então, por que se preocupar? – Maya beijou-o. Pegou um dos dentes da serra e ficou brincando com ele entre os dedos.

– Mesmo assim, Minerva era só uma criança. Dificilmente conseguiria ajudar todos os *bnei shoah* numa tarefa tão árdua – Sehn parou de mexer na espada por um instante, gotas de suor escorriam na testa e na nuca. Limpou-se com uma toalha, aprumou as costas.

– Confie neles, Sehn. Deixe a responsabilidade pesar nos ombros dos outros de vez em quando – ela sorriu de novo, aquilo sempre desarmava seu pessimismo. Percebendo a vitória, aproveitou para perguntar:

– E quanto às outras espadas? Vai fazer o mesmo?

Maya deu uma chave de boca a Sehn, que a usou para desparafusar uma parte da correia onde ela encurvava. Achava a espadaserra linda, mas a obsidiana a arrebatara.

– Estou pensando em um jeito de fazer isso, não pretendo usar a espada de Edgar em batalha. Quanto à *Cherev*, a espada-arco, planejo esquecê-la naquele apoio. – Sehn colocou os parafusos em uma caixa menor para não rolarem.

Você devia cuidar melhor do presente de seu pai. Maya pensou. Achou melhor não discutir e comentou:

– Meu irmão precisa de ajuda. – Recolheu a caixa, brincou com a tampa e os parafusos e respirou fundo, os ombros caídos. Sentia ter abandonado Lukas à própria sorte. Só restava rezar para encontrá-lo novamente.

– Eu sei – respondeu Sehn, levantando.

Maya viu o marido abrir uma gaveta da mesa e pegar um objeto prateado semelhante a um relógio, com as mesmas doze marcas, mas letras ao invés de números. *Nepl* espiralava embaixo do vidro. Maya reconheceu as iniciais dos membros da Canção do Silêncio, além dos nomes de Tesla, Edgar, ela mesma e Lukas.

– Nadja inventou isso, um *tourbillon.* Indicou quando eu morri, por isso eles me acharam em Latig. Quando Edgar e Tesla foram derrotados, ele também indicou, assim como naquele ataque de fogo que você sofreu, lembra? – Sehn perguntou.

– Em partes – a ruiva mexeu no objeto, pouco entendia da tecnologia da *Kabalah.*

– Nadja foi esperta, colocou o seu nome e de seu irmão aí, mesmo vocês não fazendo parte da *sheyvet.*

Sehn empurrou a cadeira para perto de Maya. Abraçou-a,

tomando cuidado para os espinhos do braço dracônico não a machucarem.

– Faz uma semana que Lukas piscou. Acordei pensando que deveríamos voltar, mas quando ia sair do quarto ele parou – disse, depois beijou a esposa no rosto e apoiou a testa em seu ombro. Fascinada com o *tourbillon*, Maya não respondia.

– Agora que você faz parte da *Kabalah* vai ter que aprender a deixar algumas coisas para trás por um bem maior – esperava que ela entendesse melhor a situação após a luta em Desdalain.

– A *Kabalah* é hipócrita, não me peça para esquecer minha família quando vingou a sua – ela retrucou, a voz embargada com a possibilidade de abandonar Lukas ou de ele estar mesmo morto.

– Sim, mas assuntos familiares que se cruzaram com a missão. Um dia, amor, vou ter que escolher entre um bando de desconhecidos e aquilo que mais amo. Entre você e a *Kabalah,* um filho ou um soldado.

– O que escolheria?

A garganta de Sehn se fechou ao ouvir a pergunta. Apesar do treinamento militar, nada o preparara para aquela conversa. Perante o desconforto, Maya baixou a guarda.

– Você ainda vai me ensinar, né? – Mesmo com os mishkafáin, seus olhos verdes se destacavam. Empurrou a caixa de parafusos para baixo da cama com o tornozelo.

– Com certeza – Sehn respondeu, jogando uma toalha sobre a mesa.

– Eu podia ficar com a espada negra – ela aproveitou. Sehn ergueu as sobrancelhas. Pensou em negar, mas a garota provara ser uma ótima lutadora.

– Me prometa que se sentir algo estranho vai devolvê-la na mesma hora – cedeu, enquanto a esposa agarrava seu pescoço e o enchia de beijos.

– Tá bom! – Ela o soltou, pegou a espada negra e ensaiou alguns movimentos. Sehn franziu o cenho, caíra em uma armadilha. Seu porte era ótimo, flexibilidade e firmeza aliadas à graça. Confirmava as suspeitas: às vezes ele chegava no quarto e o equipamento estava fora de lugar. Sorriu com a própria ingenuidade.

– E sobre as chamas de Edgar, alguma lembrança? – O *mashiyrra* perguntou aproximando-se da janela.

– Nada, acordei em casa, meus pais e futuros sogros ao redor. A família esperando o casamento. Deu até vontade de ter morrido – Maya o abraçou pelas costas, suas mãos se fecharam uma sobre a outra. Apoiou o queixo em seu ombro, a mão humana dele apertou seus dedos, devagar, mas firmes. A mão dracônica hesitante, temendo feri-la. Foi Maya quem a apertou primeiro, mostrando que não tinha medo.

– Ouvi a voz dele antes de desmaiar. Ele disse... *of simches* – ela tremeu, algo que não fazia havia meses.

– Uma bênção que os familiares e amigos dão aos *bnei shoah* no casamento – Sehn explicou. Também escutara Edgar no momento derradeiro. Olhou por cima do ombro sem se virar e sussurrou:

– Edgar e Tesla ainda são perigosos.

– Ué, mas vocês não os derrotaram? – a voz dela saiu mais temerosa do que gostaria. Ia se afastar, mas ele continuava segurando suas mãos. Partilhava do medo pelos antigos adversários.

– Sim, mas tem algo que você precisa saber antes de chegarmos a Farhan – ele se virou, subiu os *mishkafáin* para a testa. Os óculos disfarçavam a preocupação em seu rosto, só agora Maya notara o cenho franzido do companheiro.

– Que foi? – a voz dela sumindo.

Sehn aquietou. Pousou os olhos sobre as espadas mais uma vez, encontrando força nelas. Maya era sua esposa e lutava melhor que um convencional, mas conhecer aquele segredo poderia abalar sua confiança como *lorrêm* honorária.

As velas tremularam, brincando com suas sombras, o cheiro de óleo persistia sobre a madeira. Os sentidos de *urur*, mais aguçados, separavam o ranger do navio e do óleo no balde. Hadjakkis tomou coragem.

– Nós não matamos Edgar Crow e Tesla Wadencliff. Nós os salvamos.

Sombra de Inverno

A viagem fora longa e cansativa, mas as *valkyrias* permaneciam com sua fé inabalável. Eram doze mulheres, algumas com cabelos cor de ouro, outras prata, poucas cor de fogo e uma única com cabelos negros, porém ela era a líder.

– Helhein cresceu nos últimos anos, não acha? – Estrela Negra comentou com a loira ao seu lado.

– Sob a benção de *Järvenden* – a garota respondeu, fazendo pose. Estrela Negra prestou atenção naqueles olhos díspares, um azul, outro verde, sorriu. A seriedade de Sombra de Inverno era excessiva desde criança. Talvez, se tivesse sido menos dura com ela em seus anos de treinamento, hoje a protegida fosse diferente. Porém, pensando bem, o Deus-Lobo as ensinava a aceitar cada criatura como era e amá-la por sua força e dedicação à matilha.

– Trouxe suas armas, filha? – Estrela Negra perguntou. Pousou a mão no ombro de Sombra de Inverno, para tranquilizá-la.

– Sim, mãe. O Arco, a maça, a espada, a foice e broquel. – O efeito foi inverso, Sombra de Inverno enrijeceu e se pôs a andar quase em marcha.

– Você não precisa ser perfeita sempre, criança. Lembre-se, as *valkyrias* estão aqui para proteger os lobos e amá-los. Às vezes, precisamos dar espaço para que se aproximem e se identifiquem conosco – Estrela Negra apontou para as demais, que conversavam e riam, trocando experiências da vida.

– Elas não me chamam para conversar. Estão sempre em turma e falam pouco comigo. – Sombra de Inverno disse.

– Ou, talvez, tenha sido você que ergueu muros altos demais e intransponíveis para elas – Estrela Negra respondeu.

As duas pararam, trocaram olhares. Estrela Negra podia ver a raiva da loira. Aprendera a ler os sentimentos da filha desde que a adotara. Não seria sua primeira explosão raivosa.

– *Järvenden* nos fez para sermos fortes. Se elas não conseguem passar este muro é porque não merecem ser minhas amigas – Sombra de Inverno virou as costas para a mãe e desceu em alta velocidade, passando entre as colegas e jogando o capuz sobre a cabeça.

– Está tudo bem, senhora? Devemos buscá-la? – uma das *valkyrias* loiras se aproximou, acompanhada pelas ruivas.

– Deixem-na. Sombra de Inverno precisa aprender a lidar consigo mesma antes de aprender a lidar com os outros. Ela até pode ser a mais feroz deste grupo, mas a matilha é mais forte que o lobo solitário – Estrela Negra abraçou as duas que falavam com ela e desceu na mesma direção que a filha.

M.E.C.A.S.

SARDECK TERMINARA DE POLIR o capacete que lhe fora entregue, mas ainda não o considerava limpo. Uma peça arredondada e branca, com feixes azuis na lateral e a roda dentada com asas na parte traseira. Em cima da mesa, os detalhes da missão, mostrar as novas armas da *União* para a Ordem dos Faroleiros, o partido político mais importante do império.

– Esse troço é leve, não acha? – Albert mal bateu na porta, entrou. Usava calças sociais, camisa de manga comprida, com os punhos e gola aberta.

– Nunca vi esse material, espero que nos proteja – respondeu Sardeck. O novo capitão foi até a penteadeira, pegou um porta-retratos e observou por alguns instantes.

Sardeck quis rir, as posições se invertiam. Agora era Abert quem vinha ter com ele, talvez oferecer-lhe alguma coisa. O rapaz adquirira um porte desleixado, irritante, desde sua premiação como capitão e recebimento do título de herói.

– Família? – perguntou Albert, apontando para a foto.

– Esposa e filha. Mandei-as para Farhan. Desconfio da parte *bnei shoah* residente em Desdalain – respondeu Sardeck, um pouco irritado com a invasão.

– Bom, vim por outro motivo, ainda bem que você está sozinho.

Albert se sentou na cama. Sardeck tomou a liberdade de interrompê-lo antes:

– Nem pense em sair agora, capitão.

O rapaz chacoalhou a cabeça e prosseguiu:

– Olhe, você entendeu tudo errado! Vim aqui pedir um favor de parceiro, algo de irmão mesmo.

– Prossiga, capitão – o major ficou curioso e aguardou.

– Será que você poderia me apresentar àquela tenente, Lyona? – Albert sorriu.

– Destaque-se na apresentação de hoje e eu verei o que posso fazer, soldado – Sardeck se segurou para não gargalhar. Pegou o capacete e tomou o porta-retratos das mãos do subordinado, colocando-o de volta no lugar.

Um silêncio incômodo persistia durante a manhã. Após as condecorações, Desdalain voltava à rotina. Ar frio, parado e seco, a única cor no céu era o chumbo, noites se arrastavam mais que o normal, o sol se escondia por trás das nuvens, apenas raios esparsos que pouco se alteravam até o crepúsculo.

Um tremor surgiu no centro da cidade e, em um crescente, fez vibrar as janelas dos prédios. O barulho aumentou, soldados de guarda colocaram-se em posição de combate. Com medo de um novo ataque, os cidadãos saíram de casa para olhar, apesar das promessas de segurança. Portavam forcados, pedaços de pau e facas de cozinha, qualquer objeto serviria de arma. Mas o que surgiu trouxe alegria, como poucas coisas nas últimas semanas.

Oito aeronavios elevaram-se com um estrondo do pátio principal do Templo de Shoah; bordado em suas velas principais, as rodas dentadas com asas estilizadas, símbolo da *União.* Em fileiras paralelas, cada dupla levava uma grande caixa metálica, presa com correntes em seus cascos. No chão, as pessoas acenaram, entoando o lema do novo partido político.

– A União protege o cidadão!

Tão rápido quanto surgiram, desapareceram. Um rastro de Névoa marcou seu percurso, demorando a se desfazer, mesmo quando os veículos iam longe ao horizonte.

Duas horas mais tarde, chegaram a Tosten, uma das cidades atacadas por Edgar Crow. Pairaram inclinados a bombordo, passageiros na balaustrada observando com monóculos.

– Isto é o que a Kabalah *nos legou.*

Bernard passava atrás deles, sua voz transmitida pelos oito aeronavios através de alto-falantes instalados nos conveses. As máquinas circulavam devagar os pontos mais importantes, como a estação de trem.

– *Anos de servidão e domínio pelo medo, nossas vontades colocadas em segundo plano, enquanto os bnei shoah brincam de heróis* – esperou, enquanto digeriam as informações, e então prosseguiu, falando sobre o povo livre e uma possível hegemonia política. – *A União protege o cidadão. De quê? Da morte causada por uma elite militar irresponsável, do excesso de liberdade de um povo que se julga superior, do desprezo dos filhos de* Shoah *e de suas tradições ultrapassadas.*

Os ouvintes eram *ggoyim* ricos, parlamentares, donos de terras e empresas. Discutiam em voz baixa, prestando atenção no militar, que lhes relatava o último momento daquelas vítimas.

– *Ninguém veio enterrar os corpos de nossos irmãos, mas muitos vieram pelos* bnei shoah. *Onde eles estavam quando Desdalain também ruiu? Onde estavam os misteriosos yoresh ou os justos nookam?* – Bernard continuava seu discurso a respeito dos males da *Kabalah*, sempre pontuando em como os menos favorecidos eram esquecidos nestas horas.

Tosten fora dizimada de maneira misteriosa. Os corpos dos moradores sumiram, mas as almas perambularam por dias, até Sehn aparecer para ajudá-las a fazer a travessia para a Eternidade. Bernard escondera esse detalhe. Seu jogo de manipulação era sutil. Precisava conseguir o apoio dos cavalheiros, aproveitar-se de sua raiva e do contexto histórico favorável.

– *Se não reagirmos, morreremos. Se não lutarmos, seremos prisioneiros. Se não formos fortes, não seremos nada* – finalizou.

O choque causado por Tosten funcionou. Os ouvintes apressaram Bernard para que os levasse a Latig, dizimada pelas medusas. O marechal fingiu tristeza, mas concordou que deveriam ver as demais atrocidades, para que os erros dos *bnei shoah* não se tornassem os seus. Afinal, deviam proteger as futuras gerações do povo livre.

Voaram em alta velocidade e chegaram rápido, as duas cidades eram vizinhas. O sistema hidráulico estourara, tornando o pó uma camada de lama. O reservatório de *Nepl* emitia um zumbido baixo e contínuo, assim como os raros postes elétricos. Carros abandonados, casas abertas e estátuas davam a impressão de que a vida prosseguia, mas de perto deixavam claro o resultado dos embates.

– *Foi isso que restou* – lamentou Bernard. Continuava explicando aos seus convidados como pessoas se transformaram em pedra, devido à irresponsabilidade militar. Percebeu três cavalos se afastando em direção à floresta, mas desviou a atenção dos políticos.

A revolta foi geral quando se depararam com o corpo da medusa decapitada. Mais para a frente, junto ao portão do prédio do Ministério Público, outra monstruosidade, porém maior, cercada por convencionais e em posição de ataque. Havia algo em seu rosto, mas naquela distância eles não podiam ver o que era.

– *O primeiro ataque aconteceu dois dias antes do segundo, mas ninguém averiguou. As pessoas se abrigaram dentro de casa, nos esgotos e templos. A* Kabalah *estava ocupada demais em suas missões e os monstros sobreviventes atacaram de novo, exterminando os cidadãos desprotegidos* – Bernard deixou as imagens falarem por si, mas sem revelar que seus soldados tiraram os corpos dos *bnei shoah* da cidade antes daquela visita, assim como sua ordem de isolar as áreas mais afetadas, servindo de palco à sua encenação.

Afastaram-se do centro, os dois primeiros aeronavios jogaram as âncoras e desceram ao lado de um coreto, os demais nas ruas paralelas. Pouso lento, para depositarem as caixas em segurança. Quando os motores desligaram, Névoa espiralou junto à poeira e lama, rampas baixaram e os militares saíram, enfileirando-se para receber os passageiros em terra.

– A *União* protege o cidadão – proclamaram em uníssono, batendo continência.

O primeiro a descer foi um homem de cartola alta, colete marrom e camisa vermelha. Portava uma bengala preta com pintura de chamas, mas era somente um adorno, já que ele não mancava.

– O ar puro do interior – suspirou, espreguiçando-se.

– Burgomestre Castellini, é um prazer tê-lo conosco – Sardeck vinha do primeiro aeronavio. Usava roupas brancas com detalhes em roxo nas mangas, no peito e nas costas. O cinturão grosso com o símbolo da *União* e luvas de couro. Embaixo do braço esquerdo, o capacete polido.

– Será esta a única maneira de nos encontrarmos, major? – brincou Castellini.

– Seria uma pena, senhor. Me disseram que o chá da Ordem dos Faroleiros é excelente – Sardeck riu. Acordara animado naquele dia, especialmente por ter a chance de provar seu valor para a *União*. Com o sucesso, poderia se aproveitar das mesmas condições que Albert.

– Espero que possamos conversar em breve sobre uma aliança política. A Ordem dos Faroleiros está ansiosa por sua apresentação – Castellini inclinou um pouco a cabeça, sorrindo sem tirar os olhos do militar.

– O marechal Bernard também, Burgomestre. Por isso me pediu para apresentar o herói do povo livre antes – Sardeck retribuiu o cumprimento singelo, apesar de não confiar totalmente em Castellini. O homem se mostrara um defensor ardoroso dos *bnei shoah*, até ser atacado por monstros da Névoa. Mudara sua opinião com a mesma facilidade com a qual trocava de cartola.

Sinalizou e Albert se aproximou, também em um uniforme branco e roxo.

– Tudo certo? – piscou, mascando tabaco. Aquele desleixo irritava o alto comando do exército, todavia Bernard ordenara que o herói não fosse repreendido.

Sardeck viu os *ggoyim* silenciarem quando o novo capitão parou à sua frente. Porém, o que causou estranheza foi que Albert também parecia incomodado, pois os olhares que lhe davam eram reverências explícitas. O tipo de coisa que só se via na *Kabalah*. Um bom sinal. Precisavam de seus próprios mitos para reforçar seu poder.

– Obrigada pela coragem que nós não temos – disse, chorando, uma senhora em vestido longo e sombrinha vermelha. Albert a mediu de cima a baixo, constrangido. Sem tempo de responder, pois um velho apertou suas mãos.

– Meu filho morreu no ataque, mas minhas netas se salvaram porque você derrubou os Legisladores antes de invadirem a rua delas. Minha gratidão é eterna – Albert disfarçou para afastar uma lágrima.

– Sem os convencionais, minha família seria chacinada pela guerra. Você é um santo enviado por Shoah – outra mulher disse, tocando o braço do herói.

– Vai ser uma honra pilotar para os senhores – Albert gaguejou, a mão continuava esticada, trêmula. Mal ouviu Castellini.

– A Ordem dos Faroleiros guarda seu nome com honra, esperando o dia em que possa nos visitar. Você iluminou o povo livre das trevas dos filhos de Shoah.

Sardeck notou que o capitão-herói se recompôs, os elogios o despertaram para uma nova realidade, em que deixava de ser um soldado comum para ser inspiração de seus pares. Provavelmente Bernard sabia que a multidão teria esse efeito e manipulara a situação para conseguir mais votos. Sardeck não se surpreenderia se fosse verdade.

– O herói do povo livre – o sorriso de Castellini cresceu, como se a boca pudesse se rasgar de um lado a outro. Apoiou a mão no ombro do capitão, apertando-o.

– *Agora que nos apresentamos, chega de perder tempo* – Bernard interrompeu a conversa. Apesar da rispidez, tentava parecer amigável, mas não era o forte do marechal do ar optar pelo carisma. Aproximara-se sorrateiro, como de costume.

Ao lado dele, o quarto soldado em uniforme branco, mais baixo e de corpo esguio. Vinha com o capacete e ninguém, exceto o major, sabia sua identidade. Outra surpresa preparada para aumentar o suspense e a ansiedade dos *ggoyim*.

– Marechal Bernard, nos disseram que apresentaria as armas da *União*, mas até agora só vimos as desgraças da *Kabalah* – ralhou Castellini, irritado por ter de se afastar de Albert. Deixou escapar a curiosidade para com o soldado novo.

– *Por isso me encarreguei de liderar esta apresentação, Castellini.* – Só então os outros *ggoyim* notaram que o marechal do ar também usava as vestes brancas.

– A *União* protege o cidadão, mas quem protege vocês? – brincou Castellini, para diminuir a irritação entre eles. Ajeitara-se quando o marechal o mediu, como se os olhos militares pudessem sondá-lo. Esfregava a ponta da bengala até os dedos formigarem.

– Achei que nós já tivéssemos o acordo fechado – comentou o capitão em voz baixa. Sardeck chegou mais perto dele, de modo que pudesse sussurrar.

– Nós temos, mas precisamos ganhar a confiança da Ordem dos Faroleiros para obter a maioria de votos no Parlamento. Duque Castellini é o presidente deles, e um simpatizante das ideias de Bernard desde que sua cidade foi destruída por um ciclope – Sardeck virou-se para o aeronavio e mexeu no capacete enquanto Albert arrumava o uniforme. Disfarçavam, ambos de olho no outro soldado.

– Ele também foi vítima da *Kabalah*? – indagou o herói. A fivela do capacete prendera no zíper da jaqueta.

– Castellini era ajudante do antigo burgomestre de Dubliner, Raul, acho. A cidade foi atacada por um ciclope e pediu ajuda ao Império. Pelo que entendi, os *bnei shoah* só aniquilaram um adulto, mas foram traídos por Edgar antes de encontrarem o resto do bando. Quando *Tehom* acordou e destruiu a *sheyvet*, os monstros voltaram e exterminaram a população – Sardeck ajudou o subordinado a desprender o capacete.

– Não estou acostumado a isso – sorriu Albert, agora mais relaxado. O soldado misterioso passou por eles, ambos viram uma mecha de cabelo loiro escapando pela parte traseira do capacete.

– Será que... – começou Albert.

– *Está na hora, soldados* – Bernard interrompeu. Os dois se afastaram, assim como os *ggoyim*, exceto Castellini, que permaneceu no lugar. O marechal fingiu interesse no que ele dizia.

– Confiar na *Kabalah* destruiu minha família e amigos. Quando a Canção do Silêncio falhou, seus soldados de elite foram até lá resgatá-los, mas ninguém moveu um dedo pelo povo livre – desabafou o líder dos Faroleiros.

– *Controlar a máquina é melhor que entendê-la* – o brilho nos olhos de Bernard inspirava confiança. Como todos dentro da *União*, sabiam que os *ggoyim* os viam como uma espécie de Novos Legisladores. Por isso assumiam uma postura política mais séria e realista, centrada em questões comuns ao povo, como liberdade, justiça e igualdade.

Uma corneta soou e a tripulação militar voltou aos aeronavios. Âncoras subiram, motores foram ligados e cascos abandonaram o chão, retesando as correntes. Quando atingiram o limite, puxaram as travas das caixas; sem elas, as paredes tombaram.

– Isso vai ser uma loucura – falou Sardeck, mas ninguém o escutou por causa do barulho.

– *Contemplem o poder do Shemém*!

Sardeck ouviu Bernard e riu, pensando que ninguém mais escutara. Virou-se e os visitantes anuíam. Só então se deu conta de que a voz se projetara em sua cabeça. Um leve desconforto o tomou, mas não deixou que continuasse. Tinha que se concentrar para a exibição.

Sairia dali com a mesma carga de responsabilidade que Albert, talvez mais. Por sua experiência aérea, conduziria a apresentação.

A primeira coisa a aparecer foram os pés. Dois pares com três dedos metálicos, protegidos por grossas placas de metal azulado, com espaço entre uma e outra, exibindo os sistemas de cabos, fios e engrenagens por baixo. Uma camada de óleo escorria nas estruturas. No tornozelo, um disco com a borda laminada.

A cintura era larga, protegida por um saiote de placas sobrepostas. O peito robusto tinha as mesmas placas azuis das pernas, mas uma segunda camada sobreposta e mais leve. Braços longos, grossos, quase a mesma estrutura das pernas, mas sem reforço na proteção. Terminavam em um par de garras metálicas e canhões. A cabine com uma cadeira de comando, dois manches e dezenas de botões, medidores e válvulas. O vidro protetor erguido desceria assim que o piloto se ajeitasse.

– Fabuloso – disse Castellini, pareando com Sardeck, cujos olhos corriam pela máquina. Vira os projetos dezenas de vezes, mas nada o preparara para aquilo.

Pouco adiante, Albert fitava o equipamento de boca aberta, o que lhe dava um aspecto estúpido. Sardeck respirou fundo. Uma escada saiu do aeronavio, ajudando-o a subir em sua cabine. Sentou-se na cadeira. Na parte de trás do encosto da cabeça, havia cabos, que conectou ao capacete. O motor rugiu e o major sentiu o corpo tremer. Não sabia se era nervosismo ou coragem. Na máquina ao lado, Albert fazia o mesmo. O quarto piloto abaixou o vidro de sua cabine. Sua máquina não tinha garras na mão esquerda, o braço era mais comprido e o canhão duplo.

– Senhoras e senhores, apresento os Módulos da Elite de Combate, Ataque e Supressão. Apelidados por nossos pilotos de M.E.C.A.S.

De sua cabine, Sardeck escutava com clareza Bernard apresentando as novas armas da *União*. A ligação dos capacetes ampliava seus sentidos através de captadores artificiais nos ombros, peito e pés. Era difícil se acostumar, mas, aos poucos, o corpo entendia aquilo como algo natural e o cérebro interligava os sentidos.

– O major Sardeck controla a unidade de combate, cujas garras são mais fortes e os braços mais ágeis. Albert Barrow possui um modelo idêntico, porém o dele é reforçado para ataques mais intensos. Já nosso terceiro piloto, a senhorita

Lyona Jevons, está na posse de nosso atirador, sem garras de combate, mas com um fuzil de longa distância – Bernard explicou, porém sua máquina continuava desativada.

Os M.E.C.A.S. de Albert e Sardeck andaram juntos, eclodindo fumaça dos pistões. Os espectadores aplaudiram a demonstração de seus novos protetores. Eram impressionantes, diferentes de qualquer tecnologia já vista no Quinto Império.

– É o começo de uma nova era! – Sardeck podia ouvir as afirmações dos *ggoyim*, mesmo àquela distância. O capacete possuía sensores que amplificavam seus sentidos, assim como um sistema de radar implantado no painel principal.

– Você tem um jeito esquisito de presentear os amigos – a voz de Albert surgiu no lado esquerdo do capacete. Sardeck apertou um botão para comunicar-se com o subordinado.

– Ele não me avisou, mas mantenho minha palavra. – Riu, a surpresa era boa. A presença de Lyona inspiraria Albert.

– Os senhores estão falando de mim? – Lyona entrou na conversa. Sardeck pôde sentir o capitão engolindo em seco de tanta vergonha. Virou sua máquina em direção às outras duas e desatou a rir.

– Melhor irmos para um canal fechado – falou, mas era tarde, Lyona também estava rindo.

Sardeck moveu os controles, um braço se levantou, apontando para o público. Virou duas chaves, puxou o manche, mirou em uma casa. O dedo traseiro do pé fincou no chão, buscando uma base. O corpo deu um solavanco no momento do tiro.

– *É o fim da Kabalah* – sentenciou Bernard. A casa explodiu.

– Mas como eles se comportam em batalha? – perguntou Castellini, incrédulo com o potencial dos M.E.C.A.S.

– *É o que veremos agora, Castellini. Faça as honras* – pronunciou Bernard, tirando da cintura uma pistola sinalizadora carregada com seis disparos.

Deixando-se levar pela empolgação, o burgomestre mostrou a arma para os amigos, apontou para o céu e disparou. Um feixe amarelado subiu, estourando em um "S" contra o céu cor de chumbo.

– E agora? – perguntou Castellini.

– *Aguardamos, a sheyvet está próxima, me certifiquei de que veriam o chamado* – explicou o Marechal.

– Mas e se outra *sheyvet* vier? – preocupou-se o *ggoyim*.

– *Não importa quantas virão, nós venceremos. O vapor não é forte o suficiente para enfrentar o diesel. Que os filhos de Shoah mandem dez, vinte sheyvet; nós somos invencíveis* – declarou Bernard.

Cerca de meia hora se passou até o segundo disparo. A empolgação arrefecia, mesmo com a apresentação de ataques contra alvos imóveis. Sardeck se preocupava em estudar os comandos de sua máquina. Afinal, boa parte da ação ficaria por conta de Lyona e Albert. Ele era o apoio, deveria evitar surpresas do inimigo ou reviravoltas.

O mapa era uma esfera negra que se projetava no meio do painel de controle. Através de ondas sonoras emitidas por aparelhos nos ombros das máquinas, detectava movimento em até seis quilômetros de distância. Era preciso, porém, que o veículo ficasse parado ou a medição se prejudicava.

– Eles chegaram, mas temos três sinais além do desejado – anunciou Sardeck. Pontos brancos se espalhando na esfera preta.

– *Três? Explique* – ordenou Bernard, dirigindo-se até o seu veículo.

– Exatamente, senhor. A *sheyvet* prevista se aproxima pelo sul, em alta velocidade. Teremos contato visual com ela em dois minutos. Além disso, outras duas vêm pelo norte e nordeste. Só que meu sensor capta três *ferds* parados na entrada principal, a leste. Permissão para averiguar? – Sardeck se preparava para partir, quando o superior recusou.

– *Não, prosseguir com o plano.* – Bernard se ajeitou na cabine, sem ativar os comandos pelo capacete.

– A primeira a chegar é a Víbora de Prata. Já tenho alcance visual. – Preocupado, Albert interrompeu a conversa dos superiores.

– Posso ver a segunda. De acordo com os registros, o Punho de Shoah – emendou Sardeck, empolgado com o comprometimento dos aliados.

– Os cavaleiros também estão se movendo – Lyona, se preparando para um ataque a distância, uma de suas pernas apoiada para trás, o dedo fincado no chão para lhe dar suporte.

– *Mantenham posição* – ordenou Bernard.

– Diminuíram a velocidade – disse Albert.

– *Unidade de supressão ativada* – Bernard ligou seu M.E.C.A.S., que era o menor dos três. De suas costas, porém, se projetavam asas grossas com saídas de ar. Pôs-se à frente dos aliados. Seus sensores também captaram três cavaleiros, que iam para o lado esquerdo do mapa, circulando o ponto onde os M.E.C.A.S. estavam.

O marechal pensou em dar a ordem para se virarem, por precaução, mas os pontos seguiram a rota.

– *Em direção à segunda sheyvet...* – murmurou consigo mesmo.

– Quem é o terceiro? – indagou Sardeck, quebrando-lhe a concentração. A resposta veio da atiradora.

– Marechal Bernard, a Sombra do Gelo se aproxima. Permissão para seguir com o plano – Lyona anunciou. Usava uma casa como abrigo.

– *Permissão concedida. Major, capitão, contato físico em dois minutos. Procedimento 0032* – respondeu Bernard.

– Entendido, senhor – responderam os dois. Sardeck, porém, estava receoso. A Sombra de Gelo era a *sheyvet* mais poderosa do império. Há mais de dez anos, eram cotados como símbolo da ideologia dos *bnei shoah*. Por um momento, o major duvidou do sucesso, mas confiava o suficiente nos companheiros para não se deixar abalar.

Bernard ativou seu M.E.C.A.S. Diferente dos outros, a máquina demorou um pouco para ligar. Nas costas, abriu-se um par de asas metálicas com saídas de ar viradas para baixo, as quais cuspiram chamas enquanto ele corria. Usou uma casa como apoio, saltou. A princípio, vacilou, mas o *Shemém* percorreu os sistemas de injeção, dando força aos motores. Dos pés saíram chamas menores, conferindo estabilidade.

Boquiabertos, os *ggoyim* se levantaram para ver o marechal vencer o ar. Nem mesmo os aeronavios e o castelo Ahsverus resistiriam a aquele poder. O *diesel* estava acima de qualquer conhecimento dos *da'ath* e ao lado de seus sonhos e desejos.

ROSA PÚRPURA

O CACHORRO MECÂNICO CRUZOU a rua e entrou em um carro com o para-brisa rachado, sem as portas traseiras, volante carcomido, bancos cobertos de sujeira e painel sem ponteiros. Feliz, o animal sorveu o líquido negro, subiu no banco traseiro, foi para o lado do passageiro, girou em torno de si mesmo e deitou enroscado. Enquanto o vento assoviava do lado de fora, arrastou a cauda devagar, limpando a poeira.

Depois de alguns minutos, saiu do carro em direção a um cruzamento. Mais adiante, o corpanzil reptiliano de *Tehom* era alçado por aeronavios. O dragão jazia espalhado pela praça principal, impedindo a passagem entre as ruas. Pilhas de entulho o cercavam, junto a cartuchos de bala. O ataque dos Titãs deixara prejuízos que a cidade demoraria a recuperar.

Atento, o *kelev* notou a ausência da sombra do monstro. Rosnou, mas ninguém lhe deu atenção. Outros veículos militares arrastavam o escorpião gigante, *Desdalain*, para longe. Sua cauda se rompera, levada por um tanque de médio porte. Soldados cercavam a área, tensos. Mesmo com as criaturas derrotadas, portavam os rifles e baionetas engatilhados.

O cão tomou a rua à esquerda, chegando a um beco desmoronado. Escalou-o e, do outro lado, pôde ver uma ponte destroçada. Correu em direção a ela, mas não a cruzou. Desceu por uma rampa que dava acesso ao rio logo abaixo, onde havia outro monturo e, em cima dele, um corpo. O rio enchera graças ao lixo que vinha por todos os lados. Um líquido fedorento, escuro e caudaloso se espalhava no chão, entupindo bueiros e atraindo ratos e moscas. O cão latiu, afastando insetos. Deu a volta no corpo, passou o focinho no rosto. Cheirou os cabelos castanhos e encaracolados. Puxou a calça com mordidas, mas a pessoa não acordou. Vestia uma jaqueta marrom de couro, sua carteira estava no chão.

– Aqui, *kelev* – da rampa veio um barulho.

O cão se virou, uma garota descia empurrando o lixo em seu caminho com uma arma de haste terminada em uma bola com fissuras. Pele verde, olhos grandes e expressivos, nariz pequeno, arredondado, quase focinho de porco, cabelos pretos e revoltos. Roupas de peles de animais misturadas a couro sintético reforçado, que não escondiam suas curvas suntuosas.

– Sem medo, amiguinho – afagou o cachorro.

A mão esquerda protegida por uma luva de meio-dedo; a direita por uma luva metálica com finas mangueiras laterais e uma seta pequena apontando para círculos de quatro cores diferentes: vermelho, azul, marrom e branco. Na parte do antebraço, uma mangueira maior, que se conectava ao fim da arma.

– Encontrei alguém, Steph! – gritou. Na ponte, surgiu uma morena que tentou descer rápido, mas escorregou no entulho e quase caiu na água. Seus cabelos eram tão curtos que parecia um garoto. Usava roupas de couro, camisa reforçada nos ombros, rosas bordadas no peito, um sobretudo médio, com um cinturão e dois revólveres.

– Nossa, ele tá vivo, Ninzz? – perguntou ela, assim que se equilibrou.

– Vivo, sim, mas não vai durar muito tempo. Pelo menos não está fedendo – Ninzz D'y Anzz respondeu divertida, tentando fechar a blusa para esconder o decote, sem sucesso.

– Sem brincadeiras! Acha que podemos salvá-lo? – Stephanye Huygens se abaixou, pegou a carteira.

– Talvez, mas devolvê-lo à família já é grande coisa – a *arur* sentiu sua respiração, a temperatura e o pulso. Fracos, mas estáveis.

– Vai ser difícil, ele é Lukas Hawthorn – Stephanye sentenciou.

– O *milicida?* – Ninzz referia-se a um termo criado pelos soldados para o rapaz que matara muitos deles e atentara contra a vida do herói Albert Barrow. Os nomes de ambos se espalhavam por Desdalain em histórias de bar, mas só o de Lukas fora repassado para membros da *Kabalah* e do exército convencional como "altamente perigoso" ou "procurado vivo".

– Exatamente – a morena tirou o dinheiro da carteira. A companheira deu-lhe uma olhada contrariada e ela mostrou a língua.

– Ah, droga. Tá brincando que pegamos o bandido? – Ninzz puxou a carteira da mão dela e leu o nome também, por garantia.

– Pensei que era mais velho. Levamos embora? – comentou Steph, contando as cédulas. Deu um chute fraco na perna de Lukas, tentando acordá-lo.

– Claro, a recompensa é ótima – Ninzz tirou o corpo de cima do entulho e o levou para a rampa de acesso. Seu cinturão cheio de ferramentas tilintou.

Steph retirou uma pistola do coldre, enfiou nela um cartucho redondo e disparou contra o céu. Um feixe de luz azul e vermelha estourou, criando um símbolo luminoso em forma de rosa. O cachorro a seguiu latindo, ela o abraçou, acariciou e aproveitou para erguer suas orelhas.

– O que você está fazendo? – indagou a *arur*.

– Esse bicho deve ter dono. Nunca vi um *kelev* de rua – Steph passou os dedos em uma inscrição pouco abaixo da orelha esquerda e aproximou o rosto para ler melhor o nome.

– De quem é? – Ninzz acenou para um aeronavio que se aproximou por cima do rio, guiado pelo sinal luminoso. Na vela principal uma rosa púrpura.

– Dante Wadencliff. Conheço esse nome de algum lugar. O que acha? – Stephanye coçava a testa.

– Wadencliff... é aquele capitão maluco da Canção do Silêncio. Nós o conhecemos em Safed, quando ele nos salvou de um grupo de assassinos de aluguel – Ninzz enlaçou a pistoleira pela cintura, radiante de alegria. Afastaram-se de Lukas, andando até o meio da rua.

– Aquele cara é o Dante? – Steph se surpreendeu. Lembrava-se de um homem de meia-idade, bêbado e brigando com os assassinos com uma vassoura. Ele vencera.

– Sujeito espirituoso, conversador, de cabelo esquisito – Ninzz riu.

O aeronavio buscava um lugar para pousar.

– Primeiro a gente pega a recompensa por Lukas, depois vai atrás de Dante para devolver o cachorrinho perdido. Ficamos ricas, abandonamos essa história de *Kabalah*, compramos uma ilha e passamos lá o resto de nossos dias. Que tal? – Stephanye propôs, beijou a companheira no rosto.

– Combinado – a *arur* apertou a colega com mais força, sentindo o perfume de seus cabelos. Gostava disso e de seu aroma de pólvora, mas não disse a ela.

O aeronavio parou em cima delas e jogou a âncora, rachando o asfalto. As hélices diminuíam de velocidade, mas o vento ainda espiralava grossas nuvens de poeira, fazendo-as proteger o rosto com as mãos. O veículo desceu e a comporta lateral abriu com uma rampa.

– Encontraram algo? – Uma mulher de cabelos trançados mancou até elas. O batom escuro deixava a boca volumosa, o brinco de ouro contrastava com a pele morena. Usava uma jaqueta de couro marrom, sem mangas. O braço direito fechado por tatuagens tribais, o esquerdo, liso. As mãos protegidas por luvas de couro.

– Você não vai acreditar, Vaz – empolgou-se Stephanye.

– Os meninos acharam gente – a mochila da recém-chegada falou. Um objeto metálico pendurado em suas costas por alças que eram seus braços, possuía uma cabeça com olhos-lâmpada e uma boca protegida por grades. Vaz parou em frente às jovens, apoiando-se na perna esquerda, a coxa com uma tatuagem de esqueleto dançando.

– Acreditar no quê? – Ela perguntou impaciente. Trocou o peso de perna, a direita terminava em uma prótese mecânica com engrenagens de ouro no joelho e calcanhar. O pé imitava um sapato de ponta fina, a sola laminada.

A alça da mochila se esticou e pegou a carteira jogada por Ninzz. Abriu-a para a dona e Vaz leu em silêncio. A cabeça da mochila ficou ao lado da sua, lendo em voz baixa os dados do prisioneiro. Por fim, o mecanoide falou:

– Fizeram algo de útil, até que enfim.

– Vou te vender pro ferro-velho, tranqueira – Ninzz abriu um sorriso maligno. A mochila virou o rosto em direção ao aeronavio, ignorando a ameaça.

– Vocês estão felizes assim porque encontraram uma carteira? – Vaz perguntou. A cabeça metálica da mochila voltou a atenção para as garotas.

– Carteira? Olha aqui o que a gente achou! – Erguendo a voz.

Ninzz se virou para mostrar o prêmio. Levou um susto: a rampa estava vazia, exceto pela marca sem pó onde colocara o corpo. Stephanye soltou um palavrão.

– As paspalhas deixaram o prisioneiro escapar – censurou o robô-mochila.

– Ele estava desmaiado bem aqui! – defendeu-se a *yoresh* pistoleira, mas se arrependeu de imediato.

– Conseguiram perder um prisioneiro inconsciente? – criticou Vaz, chegando perto da rampa. A montanha de entulho se espalhara no leito, uma das grades do esgoto largada no chão.

– Ah, porcaria – reclamou Ninzz. Agora teria de aguentar as piadas de uma mochila mecânica enquanto perseguia um natimorto pelos esgotos. Não sabia qual era a pior parte.

– Vamos atrás deste *milicida* antes que desapareça. Chamem as outras.

Vaz pulou no que restara do entulho, deu uma cambalhota e caiu de pé em frente à entrada dos esgotos. A mochila se desprendeu e seus dois braços dividiram-se em oito pernas laterais, dando-lhe a aparência de uma aranha. Escalando para a lateral da parede a cabeça projetou luz no túnel escuro e seguiu na frente.

Lukas acordou sentindo o vento tocando sua pele. Tonto, as memórias voltavam desordenadas: primeiro, a discussão com a irmã; depois, saltar do carro; então, a morte de Andrea. Pareciam coisas distantes, mas não eram. A dor e a raiva continuavam presentes, mas só o que lhe restava eram marcas pelo corpo e o cansaço. Não podia desistir agora, pois tinha de encontrar Albert e fazê-lo pagar.

Abriu e fechou os olhos, estava deitado no chão. A ponte destruída, assim como os prédios. Um silêncio incômodo pairava no ambiente. Podia sentir a tensão da cidade, seu corpo formigava da cabeça aos pés, a saliva tinha gosto de sangue. Um ronco de motor chegou a seus ouvidos.

– Socorro – murmurou. Sua cabeça doeu. Um aeronavio fazia um círculo por cima das ruas. Duas pessoas estavam de costas para ele.

– Maya? – chamou, pensando que era a irmã.

Os cabelos da garota eram espetados e curtos, além de seu corpo ser mais esguio. Vestia um sobretudo médio com um par de rosas cruzadas.

– Maya? – repetiu, por via das dúvidas.

"*Fuja*", ordenou uma voz dentro de sua cabeça. Virou em direção às duas estranhas, um lampejo, viu-as prendendo seus braços e pernas e jogando-o dentro do aeronavio. Sorriam, falavam do prêmio que ganhariam por sua cabeça. Outro lampejo: estava de volta ao rio.

O coração acelerou, teve medo. Aproveitou a barulheira do veículo aéreo e deslizou de costas pela rampa. Escorregou, agarrou-se a uma ponta de ferro para não cair, cortou a mão. "*Aguente a dor, criança*", a voz de novo invadia sua cabeça.

Com o ferimento latejando, olhou de novo para as captoras. Por sorte, estavam concentradas no aeronavio. Mesmo assim achava que, se levantasse, elas perceberiam. A pilha de entulho se desfazia conforme avançava. Esforçou-se ao máximo para não fazer barulho. Quando estava fora de vista, rolou, parando no leito do rio. Levantou-se, o barulho do aeronavio diminuíra, indicando que pousara.

"*Por baixo da terra, Hawthorn*", a voz ordenou. Lukas procurou ao redor, encontrou um túnel fechado por grade. Puxou uma vez, mas ela não cedeu. Apoiou um dos pés na parede e puxou com toda a força, sentiu o rejunte e os parafusos se movendo. "*Mais força, meu príncipe, você precisa de mais força.*"

Pensou em gritar, mas isso atrairia os inimigos. Respirou fundo sem soltar a grade, deu um puxão tão violento que ela arrebentou nos parafusos. A mão cortada doeu e ele soltou a grade, mas antes que ela batesse no chão ele a aparou com o pé. Colocou-a de lado e correu esgoto adentro. "*Você está sozinho agora.*"

Pensava que se cansaria, mas o corpo se recuperava rápido. As mãos doloridas incomodaram menos. De algum modo, sabia que os pais e a irmã estavam bem. Um trovão ribombou longe dali e sentiu o impacto dentro de si. O formigamento aumentou, o cansaço desapareceu. Acelerou a corrida, saltando canos e tubos com uma agilidade desconhecida.

Em um instante, estava no fim do corredor. No outro, se abaixou e o pressentimento o salvou. Uma bala deslocou o ar, passando onde estava seu ombro. Lukas se protegeu atrás de uma parede, mirou o caminho percorrido, a morena o fitava da mira de sua arma.

– Errei – ela falou.

Apesar da distância, Lukas viu e ouviu perfeitamente. Sem compreender o que se passava, pegou o primeiro corredor à direita. Captava sons, cheiros e cores com perfeição. Seu corpo estava mais forte e ágil, a mente mais aguçada. Desviou de outro tiro sem ter noção de onde vinha.

– Será que ele não fica quieto?

Lukas sorriu consigo mesmo, as habilidades o surpreendiam. Pelo tato, sentia roedores se aproximando, mas não conseguia perceber quantos adversários o perseguiam. Parou para respirar, deu-se conta de que era desnecessário buscar fôlego. Chegou a uma galeria, o barulho de água aumentou tanto que atrapalhava os sentidos. O chão escorregadio por causa de uma camada de lodo. Tentou se concentrar para achar a saída, mas não conseguia.

"*Cuidado.*" Cheiro de terra a suas costas, saiu do caminho bem a tempo de fugir do golpe da maça da garota verde. O impacto destruiu o cano atrás de Lukas, fazendo jorrar água suja no rosto de Ninzz.

"*Ataque*", continuou a voz. Lukas agarrou a *arur* pelo braço e a jogou contra o chão com tanta força que ela perdeu o ar.

– Vocês não me pegam sem luta – ralhou o fugitivo enquanto escutava mais pessoas se aproximando.

Desviou de um golpe de facão, uma morena avançava gingando. Rápida, fez que ia atacar com a arma, mas o chutou. Seu estilo de luta parecia uma dança, aquilo soou familiar a Lukas, mas ele não sabia o motivo.

– Renda-se – ela ordenou.

– Você vai ter que me matar pra isso! Lukas desviou de um golpe traiçoeiro pelas costas. A garota verde se levantou, ao lado dela, uma ruiva com espadasserra.

– Anik, derruba ele!

A ruiva fintou para a esquerda, atacou as costelas direitas de Lukas. O rapaz arfou, mas o golpe doeu menos do que esperava. Anik se curvou, apoiou as costas nas suas e se jogou para o outro lado, deu um chute na boca de Lukas e emendou um golpe com a espada no joelho. O jovem Hawthorn caiu, mas se recuperou tão rápido que a morena, que assistia à cena de perto, não teve tempo de reagir.

– Isso é meu – disse Lukas, tirando o facão da mão dela.

Anik atacou de novo, mas levou um golpe no braço. Girou o corpo para escapar, mas Lukas quebrou seu joelho com um chute. Anik urrou de dor, Lukas puxou seus cabelos e colocou o facão em seu pescoço.

– Para trás! – bradou, alucinado. "*Acabe com ela de uma vez*", ordenou a voz. O jovem a ignorou.

– Você viu isso? – Ninzz murmurou para Stepnhanye. A garota se aproximara furtiva, pois não tinha como atirar sem colocar a vida de Anik em risco.

– Ele luta como um *lôrrem*, mas se defende como um *kohanim* – Stephanye respondeu, os dedos roçando os revólveres, sem puxá-los. Aguardava a decisão de Vaz para agir. A *sepher* permanecia com as palmas das mãos viradas para Lukas.

– Calma, garoto, não vá fazer besteira – ela apaziguou o *milicida*, buscando uma forma de salvar a companheira.

A Rosa Púrpura era uma *sheyvet* treinada para caça, reconhecimento do terreno e fuga. Se fosse necessário, sacrificariam um companheiro para pegar o inimigo. Sabiam do risco das missões e seu juramento não permitia menos.

– Para trás ou rasgo a garganta dela, juro – Lukas cutucou Anik, depois apontou a arma para Vaz.

"*Não, idiota*", a voz berrou em sua mente. A mochila de Vaz surgiu do cano estourado por Ninzz e se prendeu ao braço de Lukas. Anik deu uma cotovelada em seu estômago e rolou para a frente.

– Stephanye! – Vaz avançou e o chutou de novo, mas ele não caía.

A morena atirou no ombro de Lukas mais uma vez, ouviu a bala ricochetear no chão à frente dele. Impossível ter escapado deste ataque. Um fio de sangue pintou a roupa de Vaz, mas não era dela.

– Essa coisa não morre?

Ninzz mexeu na luva, girando seu marcador para a bolinha vermelha. Um motorzinho em sua cintura roncou, a maça expeliu *Nepl* e labaredas irromperam nos buracos. Golpeou Lukas com o máximo de força que podia, acertando suas costelas feridas. Chamas subiram pela camisa do alvo, ele rolou no chão e ficou deitado, respirando com dificuldade.

– Levanta e eu te quebro – murmurou Ninzz. O *milicida* se remexia. Insistiu duas vezes, arrastando-se. Desabou na terceira.

– Que sorte não precisarmos chamar Elener – Stephanye suspirou. As amigas anuíram.

– Amarre-o.

Obedecendo à ordem de Vaz, a mochila rodeou o adversário, envolvendo-o em uma corda fina que saía de sua abertura frontal. Anik verificou os nós, a teia estava firme. Ao se levantar, a garota bateu os olhos no buraco do tiro e levou um susto.

– Olha isso – puxou a camisa de Lukas. O sangue secara e a pele se regenerava. Segundos depois, o corpo cicatrizara, sobrando uma marca no local.

– Tá de brincadeira – Ninzz arregalou os olhos quando a cicatriz desapareceu.

– Os sentidos aguçados de um *arur*, a capacidade de ataque de um *lôrrem*, a defesa de um *kohanim* e a regeneração de um *mashiyrra*. Afinal de contas, Lukas Hawthorn, o que é você? – Vaz esticou o braço, a mochila deu a volta, prendendo-se às suas costas.

Nas sombras, com seus olhinhos artificiais, o *kelev* as observou levarem Lukas embora, mas não fez nada para ajudá-lo. Apenas registrou o embate.

Os Enganados

Erinjhar acordou escutando risadas femininas e Dedrick murmurando. Esperou até ouvir a porta batendo e só então se levantou, puxou as calças para si e, do meio delas, caíram dois lenços perfumados.

– Brisa de Verão, Folha de Outono – Dedrick falou antes que o amigo perguntasse.

– Belos nomes. Que casa é essa? – Erinjhar atropelou o amigo com perguntas.

– Não faço ideia de quem é essa casa – Dedrick deu um sorriso enorme.

Erinjhar farejou a cama, distinguindo seu cheiro e dois femininos. Coçou a orelha, levemente enrubescido.

– Se quer saber minha opinião, Brisa é a mais bonita das duas, mas Folha tem o melhor quadril – Dedrick sorriu de um jeito que fez Erinjhar querer voltar a dormir e só acordar depois do verão.

Saíram sem arrumar a casa, deixando os lençóis e os canecos de cerveja espalhados pelo chão. Aproveitaram para comer pão e queijo, dividindo um copo de leite quente. Para compensar o dono da casa, deixaram um saco de moedas de ouro em cima da cama.

– Acha que ele vai gostar do presente? Nunca vi muita utilidade nessas coisas – Dedrick completou, fechando a porta.

– Sei lá. Também deveriam ter trancado a porta se não queriam que ninguém entrasse, não é? – Erinjhar falou com a boca cheia de pão.

– Verdade – Dedrick pegou o copo de leite e bebericou, ficando com um bigode branco.

Ao redor deles, a cidade se agitava e as casas se moviam, aumentando o espaço na rua. Algumas delas passavam as marcações territoriais, chegando muito perto da floresta. Outras se colocavam tão perto que fechavam a passagem.

– O que tá acontecendo aqui? – Erinjhar perguntou limpando a boca com as costas da mão.

– Seu pai comentou alguma coisa sobre hoje, mas não consigo lembrar o que era – Dedrick forçou a memória, sem sucesso. Passou a comentar os momentos mais divertidos daquela noite e como as garotas tinham chegado até eles.

– Meu pai falou sobre um pronunciamento no centro da cidade, mas nem estou com vontade de ir – Erinjhar se espreguiçou. Aproveitou um carrinho de frutas que passou na sua frente e roubou uma maçã.

– Tem certeza? Parece importante – Dedrick respondeu. Conforme avançavam para o centro de *Helhein*, as ruas ficavam mais espaçosas e movimentadas.

– Certeza. Aposto que é uma reunião de *jhars* para decidir quem tem o brasão mais legal. Nada de importante para o povo – Erinjhar terminou a maçã e a jogou em um barril, torcendo para que fosse o lixo.

– Vamos dar uma passada lá, por favor – Dedrick cutucou o amigo. Era engraçado para Erinjhar ver um homem daquele tamanho pedindo como uma criança. Quis imaginá-lo com a esposa, deveria ser mais engraçado ainda.

– Vamos rápido, então. Não quero desperdiçar meu tempo com a nobreza – Erinjhar aceitou. Esfregava os olhos, ainda com sono pela noite maldormida.

– Não é só a nossa *pakke* – Dedrick comentou enquanto caminhavam. Lábaros de diversos grupos se espalhavam como uma floresta entre as casas, representando os *jhars* que estavam em Helhein. O ruivo contou quase cinquenta.

Eles tiveram de forçar passagem para chegar à praça principal, onde as casas se moviam para longe, a fim de dar mais espaço ao povo, que se amontoava ao redor de um palanque de madeira alto o suficiente para ser visto a distância. Erinjhar estranhou: conforme se aproximavam, o povo lhes dava caminho.

– Sensação ruim – Dedrick comentou, apoiando a mão em seu ombro.

Erinjhar assentiu. O coração quase veio à boca quando viu Eldfell conversando com a Rainha Branca. O pai usava roupas negras que contrastavam com a mãe dos *khans*, o cabelo bem penteado e a barba feita. No peito, usava um distintivo de bronze, que o identificava como o líder provisório de Helhein. Erinjhar vira aquele símbolo poucas vezes, na maioria quando um *jhar* morria e outro assumia seu lugar e não havia tempo para decidir quem lideraria seus homens.

– Achei que só eu tinha sentido – Erinjhar respondeu, cruzando olhares com o pai. Dedrick mostrou-lhe que, do outro lado do palanque, havia uma fileira de *jhars*. Reconheceram alguns deles, por terem lutado juntos na guerra contra os *bnei shoah*. Outros, conheciam de nome ou pela fama.

– Eleniak – Dedrick indicou um homem de cabelos loiros e ondulados, que acenou de volta.

Seu nome era o mais cotado para liderar os *khans* em um ataque final contra os inimigos, mas isso não passava de um boato. Erinjhar pouco acreditava no fim da guerra e muito menos na união dos *khans*. Afinal, cada *jhar* se considerava melhor que os outros e o único digno de liderá-los. Eleniak também era conhecido por ser um rebelde, o tipo de líder que colocava seus homens à frente dos batalhões e incitava-os a buscar glória na guerra sem pensar muito nas consequências de seus atos. Por enquanto, os Deuses o haviam protegido, mas Erinjhar se perguntava por quanto tempo esta proteção funcionaria.

Erinjhar e Dedrick tiveram tempo de jogar dados com alguns soldados e conversar com garotas. Tentaram se aproximar de Eleniak, mas o *jhar* estava sempre cercado por seus homens ou discutindo com os outros líderes. No fim da manhã, havia druidas e xamãs a cada dez metros. Eles ecoariam o pronunciamento da Rainha Branca e de Eldfell para aqueles que estavam mais atrás, de modo que ninguém perderia uma só palavra. As casas do centro de Helhein estavam tão distantes que algumas entravam na floresta.

Ainda havia barulho quando a Rainha Branca começou, por isso, os druidas perderam as primeiras frases. Uma sequência de vaias explodiu entre os *khans*, mas a Rainha se mostrou inflexível e continuou seu discurso.

– Estamos aqui, então, para atender aos desejos de *Järvenden* e clamar por seus escolhidos – quando as palavras ecoaram pelos druidas, a ovação fez vibrar o solo.

Um uivo sobrepujou o povo. Era um uivo forte e demorado, pesado como um trovão, tão poderoso que aumentou a vibração sob os pés de Erinjhar. Sem perceber, ele estava uivando também, acompanhado pela multidão ao redor.

Järvenden apareceu na floresta. Um gigantesco lobo branco de olhos vermelhos. Quando ele se movia, neve caía de seus pelos. Um frio intenso o acompanhou, espalhando-se quando ele parou ao lado do palanque. Algumas pessoas choravam de emoção, outras se ajoelhavam. Boa parte se transformou em lobo, em uma homenagem a seu deus.

O frio deu lugar a um calor gostoso quando *Järvenden* uivou mais uma vez. No entanto, os demais não o acompanharam. Um silêncio sepulcral tomou Helhein até a Rainha Branca falar de novo.

– Nosso pai veio em pessoa entregar sua primeira escolhida, Sombra de Inverno!

Sombra de Inverno era uma mulher alta e parecia maior ainda ao lado da Rainha Branca. Cabelos loiros e ondulados emolduravam um rosto feroz, adornado com olhos de cores díspares; o esquerdo verde, o direito azul. O nariz e a boca fina davam a impressão de delicadeza. Usava um corselete branco cheio de ranhuras, um grosso cinturão de couro prendia a maça cravejada e o broquel amassado. Grevas brancas cobriam suas coxas e canelas, e as sandálias eram grossas. Erinjhar teve a impressão de que o ar atrás dela tinha forma de asas, mas sabia que isso era apenas uma brincadeira de sua mente cansada.

– Uma *Valkyria*? – Dedrick perguntou, espantado.

– Já lutamos ao lado dela – Erinjhar vira Sombra de Inverno quatro vezes na última campanha. Em uma delas, fora liderado pela mulher, junto com Wienjhar e Wortenjhar. O resultado fora desastroso. Na outra, ela, Eleniak e Erinjhar abriram caminho entre os *bnei shoah* para salvar alguns filhotes de perseguição.

As *valkyrias* eram a elite do exército. Sacerdotisas de *Järvenden,* abençoadas desde seu nascimento e treinadas nas artes da cura e do combate. Elas faziam um tipo diferente de voto de castidade, jurando entregar-se a apenas um homem em toda sua vida. Se quebrassem este voto, perdiam suas bênçãos e o respeito de seus pares. As filhas das *valkyrias* sempre se tornavam *valkyrias* Entretanto, seus filhos recebiam o nome de *Ulfserkers*, lobos enfurecidos; guerreiros que eram tomados por uma fúria incontrolável nas batalhas e eram capazes de grandes proezas. Eleniak era o mais famoso *Ulfserker*.

– Minha alma e minhas armas pertencem a *Järvenden* e é meu dever proteger meus irmãos – Sombra de Inverno jurou enquanto se ajoelhava perante a Rainha Branca.

– Nosso segundo escolhido, Mãe – Eldfell falou em um tom imperativo que impressionou Erinjhar.

– A primeira vez que os nove reinos de Eliath se reuniram, eu ainda era uma menina. *Järvenden* clamara por seus filhos para lutar contra Vazzio, o corruptor. Nós o ajudamos e impedimos que o Deus da Névoa se espalhasse em nossa terra.

A Rainha Branca esperou os druidas repassarem a mensagem, continuou quando os ecos acabaram.

– Mais uma vez os campeões devem nos proteger e eu me orgulho de que Eleniak Sadhart seja um deles. Traga sua fúria, *Ulfserker*!

Eleniak abandonou a linha dos *jhars* sob uivos e aplausos. Os mais empolgados batiam armas contra escudos e os desarmados batiam os pés contra o chão. Ele subiu no palanque e se ajoelhou também, entregando a espada à Rainha Branca.

– Mãe, minha vida está em suas mãos.

A Rainha anuiu. Eldfell comentou algo em seu ouvido e ela sorriu de um jeito triste e melancólico. Quando ela abriu a boca para continuar o discurso, *Järvenden* ganiu e girou ao redor de si mesmo. Os guardas gritaram e sacaram as armas e uma velha casa de telhado carcomido e janela estourada parou ao lado do palanque.

– Que absurdo é esse? – Eleniak pegou a espada de volta, ao mesmo tempo em que Sombra de Inverno se pôs frente à Rainha. Em pouco tempo, havia uma centena de *khans* paramentados entre a casa e o palanque.

– Aqui rapaz, toma um biscoito – um rangido horrível soou da porta quando o homem velho a abriu, esticando a mão para *Järvenden* e lhe entregando um biscoito. O grande lobo abanou a cauda e ganiu, abaixando a cabeça.

– Bom menino – o velho afagou atrás das orelhas do Deus, que mexeu uma das patas alegremente. Quando notou que era observado, *Järvenden* se recompôs e estufou o peito.

– Mestre Akles? Velho amigo, que bom que você chegou! – A Rainha Branca furou o bloqueio dos soldados, rindo.

– Velho é o seu pai – Akles ajeitou os óculos rachados nos olhos e acenou para a multidão como se fosse uma celebridade.

A casa inclinou para frente, derrubando Akles no palanque. Antes que ele pudesse se levantar, uma pilha de objetos o cobriu. Um silêncio constrangedor tomou a praça enquanto o velho druida lutava para se salvar.

– Isso aí é o terceiro escolhido? – Dedrick falou em um tom de preocupação que espantou até mesmo Erinjhar. No fundo, o jovem de cabelos pretos pedia que fosse mentira.

– Onde está aquele imprestável do meu aprendiz? Vikko? Vikko? Venha cá, seu monte de estrume – Akles reclamou esticando as mãos para Eleniak puxá-lo.

– Desculpe, senhor – um rapaz magricela esbarrou em Erinjhar. Ele passou pela multidão com o rosto vermelho como um tomate. Era tão magro que as vestes de pele de animais ficavam folgadas em seu corpo e os cabelos eram tão desgrenhados que os ossos ritualísticos e as penas embaraçavam nos cachos.

– Já não basta essa pirralha me chamar de velho, você ainda se atrasa? Nunca mais pagarei seu salário! – Akles continuou reclamando enquanto Sombra de Inverno chutava as tranqueiras do palanque.

– Mestre, ela não quis ofender, só disse que sua amizade é longa e duradoura – Vikko tentou remediar a situação, ignorando o fato de nunca ter recebido salário.

– Vou te falar o que é longo e duradouro, rapazinho. Seu treinamento! E não pense que por ser um escolhido de *Järvenden* eu vou poupá-lo de seu dever de casa, entendeu?

Akles bateu um dedo ossudo no peito de Vikko quando o jovem druida subiu no palanque. Continuou com as reclamações, mesmo sob as palmas e vivas constrangidas dos *khans*.

– E não venha me dizer que não entendi a Rainha, está ouvindo? Eu já sabia ler e escrever muitos anos antes de qualquer um aqui nascer, inclusive aquela bola de pelos que vocês chamam de Deus!

Vikko se encolheu de vergonha. Não tinha mais de catorze anos. O projeto de cavanhaque deveria passar seriedade, mas o deixava mais infantil. Por mais que Erinjhar se esforçasse, não conseguia decidir qual das opções era a pior, o mestre ou o aprendiz.

– Não foi isso que quis dizer, senhor, desculpe – Vikko permaneceu no palanque com o mesmo entusiasmo de um condenado à forca. Akles ignorou e apresentou o garoto mais uma vez.

– Está aí, menina, Vikko Espírito da Tempestade, o filho duma *Valkyria* com um druida. Agora, adeus – Akles girou nos calcanhares e jogou um arpéu no alpendre da casa, que se ergueu quando ele assoviou. Antes que qualquer um dos presentes se manifestasse, o druida corria para a floresta reclamando e tentando subir.

– Bom, creio que você será bem-vindo – a Rainha Branca tentou quebrar a tensão.

– Obrigado, majestade – Vikko agradeceu, com a voz afinando e os joelhos quase batendo uns nos outros.

Eldfell incentivou a Rainha Branca a continuar, mas ela balançou a cabeça em negativa. Ele tomou a frente e contou a história dos antigos heróis.

– No passado, cada reino de Nordara enviou seu campeão para o sul de Eisland. A Aliança dos Nove Reinos atravessou o continente e combateu o inimigo para que nós pudéssemos ter um futuro. Hoje, porém, anões, orcs e gnomos buscam sua liberdade em Ulan Bator, os *bnei shoah* esqueceram seu passado glorioso e os elfos e *syrians* se isolaram em seus reinos, ignorando nossos pedidos.

– Nesta época de necessidade, recorremos a outros heróis, aqueles entre os *khans* que podem guiar nossos escolhidos em meio à escuridão.

Foi a primeira vez que Eldfell falou. A Erinjhar, soou como se o próprio *Järvenden* invocasse seus filhos.

– E é por isso que *Järvenden* chama à nossa presença Dedrick Raventhor!

Houve alguns segundos de silêncio. Depois, palmas contidas, então uma salva forte e entusiasmada. Dedrick só conseguiu se mexer quando Erinjhar deu-lhe um cutucão. O ruivo subiu no palanque com passos desajeitados e tímidos, contrários a seu movimento natural.

– Ahn, obrigado, majestade. Obrigado mesmo – ele agradeceu.

Ao contrário dos outros escolhidos, Dedrick usava um gibão velho e calças largas com um rasgo no joelho esquerdo. As botas estavam tão desgastadas que, se Dedrick chutasse alguém com elas, seus dedos fugiriam.

Tão rápidas quanto surgiram, as ovações sumiram. Dedrick não se importou com a recepção fria de seus companheiros. Havia dezenas de *jhars* mais bem preparados, incontáveis *valkyrias* com mais renome e, inclusive, mercenários mais bem equipados do que ele.

– Como é desejo de *Järvenden,* se Dedrick Raventhor voltar vivo desta missão, a *pakke* de Helhein será sua – Eldfell decretou.

Ao contrário do que Erinjhar esperava, o silêncio continuou. Ouviu um burburinho entre os *jhar*, deixando óbvio que eram contra a decisão do Criador. Sentiu um pouco de raiva deles, mas sabia que sua arrogância superava a fé.

– Há um último nome. Um de vocês que não é especial, não é um nobre, nem uma *valkyria*, nem um *ulfserker*, nem um druida. Um nome que veio do povo para conduzir os escolhidos pelo caminho correto – Eldfell interrompeu os pensamentos do filho com uma voz troante. De novo Erinjhar teve a sensação que o próprio *Järvenden* era quem falava.

– Guie seus irmãos, Erinjhar Farn Eldfell!

Por um segundo, os sentidos de Erinjhar se misturaram e ele achou que escutava um cheiro ou inalava uma luz. O chão se moveu sob seus pés e a cabeça rodou. Só se movimentou na terceira vez que Eldfell chamou.

– Erinjhar Farn Eldfell, suba.

Quando se deu conta, Erinjhar estava no palanque, enfileirado com Dedrick Raventhor, Vikko Espírito da Tempestade, Eleniak Sadhart e Sombra de Inverno. Observado por toda Helhein, não conseguia parar de tremer, nem se concentrar no que era dito pela Rainha Branca.

Devia ser algo importante porque só havia silêncio entre os *khans*, além de um olhar acusador e invejoso dos *jhars*. Erinjhar quis descer, alertá-los para o engano, voltar para casa e conversar com o pai dividindo um pedaço de bolo quente. Porém, sempre que olhava para Eldfell, sentia como se algo muito antigo o observasse.

A Rainha Branca os dispensou minutos depois. Finalizou o discurso com votos de sorte e coragem. A última coisa que Erinjhar se lembrou de dizer a ela foi:

– A tarefa será cumprida, Rainha Branca, ou jamais retornarei a Helhein.

Horas depois, em casa, se perguntava por que dissera aquilo.

EPIFANIA

KADRIATUS GASTOU AS ÚLTIMAS noites arrumando o porão do aeronavio. A carga acumulada em anos de missões foi dividida em estantes, prateleiras e caixas. Armas, proteções, acessórios à frente, objetos de pouco valor nos fundos e coisas que eles nem sabiam possuir em baús. Passara os olhos nos presentes de Sehn e Maya, muitos deles intocados. Sentiu uma ponta de inveja dos amigos, mas a ignorou. Como ele, prezavam o dever acima das alegrias.

As páginas do *Tenakh*, o livro sagrado, estavam espalhadas em uma grande mesa. Ao lado dela ergueu uma pilha de anotações que se dividiam em poesias, instruções do exército e textos ilegíveis; um fluxo de consciência difícil de entender, sobre o qual Nadja deixara poucas explicações. Achava que a resposta para tirá-la do torpor se escondia ali, mas a linguagem abstrata era um problema para sua mente literal.

Montara uma maquete de madeira da Árvore da Vida, substituindo os nomes das *sephiroth* pelos dos membros da Canção do Silêncio para estudar as forças que influenciavam seu destino. Aos poucos descobria segredos na *Kabalah* que sempre lhe pareceram óbvios ou tolos, como cada *sephirah* representar um ideal, como honra ou coragem e este conceito influenciar pessoas ao seu redor. Aprendera, através dos outros, a entender a si mesmo.

– Quando chegar a hora, deixe-a partir – aconselhou Phoynikes. No começo da viagem, o *kohanim* tentara ajudar, sem grandes expectativas.

– Eu sei – o *kiy* não desistiu. Agarrou-se à esperança com mais intensidade, aumentando os estudos, descobrindo elementos comuns entre o exoesqueleto de Najda e seus implantes na coluna e nas mãos.

– Ela se sacrificou para que você pudesse viver, valorize isso. – Phoynikes abandonara as traduções depois de perder a noite com uma lista de ferramentas. Mudara desde a queda da Canção do Silêncio; sério, compenetrado, a testa sempre enrugada de preocupação.

A viagem seguia com relativa tranquilidade; o grupo se empenhava em arrumar partes que o Beatrix não conseguia fazer sozinho, pois, desde a batalha contra os Titãs, perdera parte de sua capacidade de regeneração. Dante estava preocupado com isso, era a *ruach*, alma, de sua esposa presa ali.

Pelo menos foi divertido ver Diren correndo atrás de ratos e morcegos durante a limpeza do porão, mas difícil convencê-lo a não devorá-los no almoço. A ação deu um pouco de alegria ao aeronavio.

– Você é um verdadeiro *zeev* – Kadriatus elogiou, referindo-se aos grandes lobos de Eliath. O amigo adotou o título com orgulho. A relação entre eles se estreitara, mais que com os outros companheiros. Depois de tudo que passaram, acabaram como irmãos, confidenciando pensamentos e temores.

O porão adquirira o aspecto de uma alcova, com espaço para Kadriatus estudar e dormir. Nos primeiros dias, o guardião ficou sozinho, mas, para sua surpresa, logo após Phoynikes desistir, Diren montou uma cama perto da sua.

– *Pá ajudá* – dizia o *arur,* questionado.

Escolheram manter Nadja no exoesqueleto, mas a transportaram para uma cama reforçada. O medo de feri-la era tamanho que Diren e Kadriatus se revezavam na vigia, mantendo o nível de *Nepl* estável.

– Nada vai me impedir de tirá-la daí – afirmou Kadriatus na penúltima noite de viagem.

Ele cortara os cabelos da amada e pintara suas unhas de azul. Começaram cedo, ajustando o tanque de Beatrix. Como não sabiam o que encontrariam em Farhan, decidiram se precaver e aumentar a segurança das garotas. Kadriatus terminou de equilibrar os níveis de oxigênio. Ajudava muito ter Diren por perto, seus olhos brilhavam nas trevas do porão, sempre atento a possíveis problemas com roedores e insetos. De vez em quando, Kadriatus o pegava sentado ao lado de Beatrix.

Entendia o carinho do amigo por ela; afinal, a *yoresh* o apadrinhara no *Gan*, o jardim de guerra, e o instruíra a montar as armas Ímpeto e Tempestade. Na manhã seguinte, ao acordar, o *arur* perguntou:

– Tá viva?

– Apenas especulações, meu caro *zeev*, o tanque conserva o corpo, mas a *neshamah* e *ruach* se separaram. Não há espírito sem alma, nem corpo sem mente. Receio que aprisionamos a senhora Wadencliff para sempre – um nó se formou na garganta do *kiy*. Temia dar o mesmo destino à amada.

– E a Naná sai? – continuava Diren, cheio de curiosidade. O guardião queria ter aquela inocência; ajudaria a ser mais esperançoso. Tentava lembrar quando Diren passara a chamar Nadja de Naná, mas não perguntou.

– O exoesqueleto é a resposta. Manteve Nadja em segurança durante a luta e faz a mesma coisa agora – Kadriatus achava que ele não entendia metade das explicações.

– Vai *pegá* ela? – sugeriu o *arur*.

– Quisera Shoah que fosse fácil assim – sorriu o guardião. Teorizava explicações, sem chegar a nenhuma conclusão.

– É? – Diren devolveu tão rápido que o amigo perdeu o raciocínio, respondendo outro assunto.

– Tenho esperança que a *neshamah* de Nadja se preservou, porém algo está impedindo a *ruach* de voltar ao corpo. Para salvá-la, basta descobrirmos o que é – Kadriatus se ergueu. Verificou o tanque de Beatrix regulado; níveis de oxigênio, *Nepl* e óleo do motor, equilibrados para três dias.

Um feixe de luz entrou quando Sehn abriu a porta, com Maya logo atrás. Fazia tempo que o casal não descia ao porão. Eles correram os olhos pela mesa, impressionados com a central de estudos.

– Conseguiu alguma coisa, Kad? – indagou Sehn, abraçando-o.

– Nada, ainda – respondeu o guardião, cumprimentando Maya com um aceno de cabeça.

Os quatro conversaram um pouco sobre si mesmos antes de prosseguirem. Kadriatus os levou à mesa, separando alguns papéis e deixando a maquete da Árvore da Vida ao centro. Colocou uma jarra com água e um copo vazio ao seu lado.

– Só uma pista, *sepher* Hadjakkis. Um elo entre Nadja e eu, algo que possa iluminar nossos estudos para libertá-la – a seriedade no rosto de Kadriatus assustava. A barba por fazer e as olheiras deixavam-no sinistro, afastando a imagem heroica que criara na *Kabalah*.

– Não acha melhor descansar? – sugeriu Sehn. O amigo negou, esfregou os olhos e continuou:

– Estamos tão perto. Talvez dê para ajudar Beatrix também – em contrapartida, seu sorriso continuava o mesmo, cativante e sincero.

– O que é isso? – perguntou Maya, tomando um copo de água. A maquete chamara sua atenção.

– Nadja fazia uma análise *derash*, comparando o texto comum do *Tenakh* com suas metáforas. Nem mesmo Phoynikes conseguiu fazer um paralelo entre a Canção do Silêncio e esta maquete – o guardião explicou.

– Namid? – interrompeu Sehn. Pelo canto de olho viu Diren andando para os fundos do porão, oculto por grossas cortinas negras.

– Pode ser – murmurou Kadriatus.

– Você tentou uma leitura *remez* antes? – Sehn devolveu. O *remez* era o segundo grau na leitura dos livros sagrados. Nele o estudioso deveria perceber além das palavras, captando a ideia que existe além do texto e percebendo um significado mais profundo.

Apesar deles não expressarem, era visível que se culpavam pelo estado de Nadja. A seu modo, cada um buscava maneiras de reverter a situação.

– Ainda não. A parte da leitura comum é a mais simples. Acho difícil Nadja trabalhar com algo tão óbvio – respondeu Kadriatus.

– O óbvio sempre escapa, Kad. Faça a análise – retrucou o *mashiyrra*. Podia não ser uma ordem, mas soou como tal.

– Claro, *sepher* – Kadriatus anuiu. O clima pesou entre eles. As responsabilidades assumidas desde a queda dos Titãs e a verdade sobre Namid os afetara, mas não tinham com quem falar sobre isso, exceto uns com os outros.

– Desculpe, Kad. Eu me excedi. Não foi uma ordem, só um conselho de amigo – Sehn tentou sorrir. Lembravam-se da Casa dos Caçadores, seu primeiro teste da *Kabalah*. Por pouco não falharam lutando uns contra os outros, ao invés de derrotar os inimigos. Parte da culpa se dera pela negativa de Kadriatus em aceitar Sehn como líder.

– Você ia me falar de Edgar e Tesla – Maya quebrou o silêncio, menos nervosa que os outros.

– Tem certeza de que é seguro? – Kadriatus se recompôs, incomodado.

– Absoluta. Diren, chame Dante e meu tio. Prefiro fazer isso na presença de todos – ordenou Sehn. O *arur* saiu, esquecendo a porta aberta.

– Ela ficaria mais segura sem essa informação – Kadriatus insistiu. Maya pouco fez para esconder a indignação.

– Já passei tempo demais com gente decidindo por mim.

"O tom dela faz jus à esposa do *sepher*", pensou Kadriatus. Sabia se portar, não desviou os olhos dele por um instante, encarando-o como igual. Atrás, Sehn disfarçava o riso. Relaxaram. A ruiva provou que se defendia muito bem.

– Como quiser, Hadjakkis – Kadriatus se esforçou para sorrir. Esperava que resolvessem as pendências sem a sua opinião, mas conhecia Sehn o suficiente para saber que o líder nunca o ignoraria. A *sheyvet* era a união de suas almas e um espírito de batalha. Como compartilhar não só votos, mas parte de seu destino e de sua vida?

Notou Maya se afastar deles, passando pela cortina branca à sua esquerda. A área reservada para Nadja era a mais limpa do porão, revelando o cuidado despendido pelos amigos. Reforçada, a cama fora pregada no chão, para evitar se mover em uma tempestade, pois até um veículo do tamanho do Beatrix era suscetível às forças da natureza.

O exoesqueleto chiava. Do lado esquerdo do peito, um ponteiro subia e descia, acompanhando a fraca respiração da loira. Outro, pouco menor e por baixo deste, estabilizara junto à pulsação. Um terceiro media a temperatura e o menor deles, acompanhado de um marcador de mercúrio, controlava o fluxo da *Nepl.*

– Gostaria de agradecer por tudo que fez pelos *ggoyim* – murmurou a ruiva, passando a mão nos cabelos de Nadja. Impressionara-se com o passado dos *bnei shoah* e na maneira como sua educação, desde a infância, se voltava para a proteção do povo livre.

– Tenho certeza que ela gostaria muito de você, Maya – comentou Sehn.

Contara a ela a história da Canção do Silêncio, a origem de cada um de seus membros e detalhes de suas famílias e amigos.

Kadriatus concordou, controlando a inveja que sentia do casal. Era impossível afastar as possibilidades de felicidade quando via os dois juntos. A perda de Nadja o transformara, tanto quanto a traição de Edgar. Pelo menos, sabia que nunca faria o mesmo. Um bom tempo depois, Diren retornou com Phoynikes e Dante. Mal entraram e Sehn pronunciou.

– Soldados, estou convocando uma *hatzbaá* – o *sepher* se pôs atrás da grande mesa, ficando no meio do porão. Trocou olhares com o tio, que aprovou com um aceno discreto.

Kadriatus se surpreendeu com a decisão repentina. Pela expressão de Dante, viu que não era o único. Uma *hatzbaá* era uma votação aberta, feita para decidir sobre os rumos da comunidade. Adaptada para as *sheyvet*, servia para resolver impasses, mas, na *Kabalah*, o voto do líder valia por dois.

– Um direito inalienável – orgulhou-se Phoynikes.

– Besteira, vamos aguardar. Nem temos um motivo para a convocação – cortou Dante. Os jovens perceberam que havia algo de errado entre os dois.

– Nossos prisioneiros são inimigos do Quinto Império, caçados por dezenas de *sheyvet* e considerados perigosos ao Estado. Vamos decidir seu futuro agora – Sehn respondeu. Precisava controlar a situação ou perderia o controle sobre os subordinados.

– Exato, *sepher*. Estes prisioneiros são perigosos demais para continuar sem vigilância – explicou Phoynikes. Acreditava que Sehn escolheria o melhor para o império.

– Você quer entregá-los – recitou Dante.

– Sim, mas para os *yezirah*. Receio que o descobrimento da Fábrica de Almas possa abalar os *bnei shoah* menos esclarecidos e os *ggoyim*. A informação deve ser guardada para poucos. Só aqueles com discernimento o suficiente para não alardeá-la – explicou Phoynikes.

– Ou seja, a elite da elite. Passar metade da informação para o povo e os soldados, esconder o resto com o alto escalão militar. Já vi esse plano em algum lugar, com os tais Legisladores, não foi? – Dante soltou as palavras tão rápido que, quando terminou, o resto do grupo permaneceu quieto.

– Está insinuando alguma coisa? – Phoynikes avançou, mas parou ao escutar a voz da esposa do sobrinho.

– Isso é medo de gente derrotada? – a ruiva soltou. Os soldados olharam para ela como se fosse uma estranha ou não tivesse noção do que falava. Sehn sabia que Phoynikes e Kadriatus não viam Maya como uma *bnei shoah*, mas algo entre eles e o povo livre. Só não usavam a palavra "aberração" por respeitá-lo.

– Ela está certa, vocês estão preocupados demais com aqueles dois – Dante riu, apoiando-a.

– Ou você está fazendo pouco caso por ser seu filho? – devolveu Phoynikes.

– Nós já conversamos sobre isso, sacerdote – murmurou Dante. O *kohanim* percebeu que fora longe demais e sussurrou desculpas.

Nos fundos do porão, Diren puxou duas correntes, revelando o compartimento protegido pelas cortinas negras. Uma luz azulada se espalhou pelo ambiente. Viraram o rosto até se acostumarem com ela.

– Como eles sobreviveram? – Perguntou Maya, ao se aproximar dos tanques de contenção revelados pelo *arur*. Pela primeira vez, Kadriatus sentiu medo na voz dela. Compartilhava o sentimento, mas aprendera a disfarçar.

Eles lacraram a tampa grossa de metal do tanque da esquerda com cadeados e correntes. O vidro era grosso, deixando passar somente a luz interna e o vulto de Tesla Wadencliff. No lado esquerdo de seu peito, a estrela de seis pontas. Um motor bombeava oxigênio e nutrientes para o prisioneiro.

– Ele é um *mashiyrra*? – Maya recuou alguns passos.

– Mais uma das surpresas de Tesla – Sehn a confortou.

– O moleque é a cara da mãe – Dante murmurou consigo mesmo.

Kadriatus ouviu e guardou para si a curiosidade em saber quem era a mãe de Tesla. Suas atenções se voltaram para o tanque da direita, um pouco maior, com espaço para o corpo de Edgar, cujas asas cobriam-no. Penas se soltaram, dançando no líquido azul. Seu corpo estava sem cicatrizes, nem ferimentos, apesar da violenta luta contra Sehn.

– Ele se regenerou – Maya vira o momento em que o marido cortara as asas de Edgar. Estava com eles quando as chamas consumiram seu corpo. Porém, não se lembrava do que acontecera com ela mesma, já que se envolvera nos momentos finais do traidor.

– Por isso incitei meu sobrinho a começar este *hatzbaá*. Para decidir o que fazer com eles. Desejo entregá-los às lideranças do Quinto Império – Phoynikes se aproximou do casal, Dante acompanhando.

– Loucura. Se entregarmos os dois, eles serão destruídos ou dissecados como animais. Devemos escondê-los – bufou o capitão.

– Isso é traição, *yoresh*. O império saberá o que fazer com eles. Os *yezirah* podem detê-los, se for necessário – Phoynikes retrucou.

– Como da primeira vez? Não seja inocente, eles denunciaram você por traição. Acha que seria diferente com os garotos? – retrucou Dante. Dessa vez, ele é que fora longe demais, mas não se desculpou.

Os jovens tinham uma vaga noção dos motivos de Phoynikes ser punido pelo exército. Algo a ver com os Legisladores e a primeira tentativa de revolução quinze anos antes, mas não falavam do assunto. Esperavam até ele se sentir confortável para contar.

– Voto por entregá-los ao Quinto Império, como é previsto pela lei – anunciou Phoynikes. Ao seu redor a *sheyvet* hesitava, pois seu olhar intimidava-os a tomar uma posição.

Até aquele momento, Kadriatus estivera com os pensamentos em Nadja, ignorando a votação. Raciocinando melhor, acreditou que os líderes da *Kabalah* pudessem ajudá-lo a libertar a amada se tivessem mais detalhes de seu estado. Usando o corpo dos prisioneiros, a chance de desvendarem este mistério aumentaria.

– De acordo, devemos confiar em nossos superiores – Kadriatus decidiu. Esperava que Diren o seguisse, também pensando no bem-estar de sua madrinha e da companheira. O *arur* se encolheu, podia decidir a votação. Com o duplo voto de Sehn, era como se a *sheyvet* fosse composta por um número par de membros, já que Maya não era uma *bnei shoah*.

– Entrega – votou Diren. A voz saiu tão baixa que quase não ouviram, ele balançou a cabeça para confirmar. Afastou-se, evitando os olhares de Sehn e Dante.

– Escondê-los – contrariou o aeronauta. Soltava e amarrava os cabelos, gesto que fazia quando nervoso.

– Concordo – completou Sehn.

Um impasse. Kadriatus pensava em uma forma de resolver o conflito, poderia se basear na personalidade de Nadja para simular seu voto. Perdeu a concentração quando Phoynikes esbravejou.

– Temos um empate. Como resolveremos? – O *kohanim* andava de um lado para o outro com as mãos nas costas. Trocou olhares com Dante, semicerrando os olhos. Acusava-o, mudo, de traição.

– Ainda falta Maya – o capitão provocou. Era uma aposta, se o grupo aceitasse, resolveria.

– Ela não é uma *bnei shoah*. Nem faz parte da *sheyvet* – Phoynikes rilhou os dentes, soltando as mãos. Exasperado, avançou à mesa central, mas parou quando o sobrinho ergueu o dedo dracônico em sua direção.

– Então nós não somos uma *sheyvet*. Afinal, não passamos pelo ritual de aceitação do Quinto Império. Lembra-se? Fomos atrás de Edgar e Tesla sem concluir os quatro anos no Cenóbio – Sehn deu um murro na mesa. O copo com água rolou e caiu, espatifando-se.

Kadriatus olhou para o líquido escorrendo, uma sensação o invadiu. Parecia lhe dizer algo, mas a tensão no ambiente era demais para se concentrar. Esfregou os olhos. A teoria surgindo, pensou em Nadja, o raciocínio rápido, as construções que fazia enquanto conversava, o modo como uma ideia boba se transformava em uma engenhoca movida a *Nepl*.

– Maya, dê seu voto – ordenou Sehn, em uma das raras ocasiões em que mandara na esposa.

A ruiva respirou fundo. A atenção do grupo voltada para ela. Sua decisão afetaria o destino deles. Apesar de ser contra a pena de morte, Edgar e Tesla chacinaram dezenas de pessoas, inclusive seus sogros. Porém, se a alma de Namid se espalhara entre ela, o irmão e os *bnei shoah*, o Quinto Império podia entender que eram perigosos demais para continuarem livres, prendendo-os junto com seus inimigos – ou pior, encontrar um modo de exterminá-los.

– Devemos escondê-los – votou, baseada no medo por si, por Lukas e Sehn.

– Absurdo! – Em um rompante de fúria, Phoynikes virou as costas, batendo a porta com tanta força que ela estalou e voltou a abrir.

– Declaro esta *hatzbaá* encerrada. Votamos pelo segredo da Fênix Morta e da Serpente Multiforme – Sehn cumprimentou os amigos, subiu para o convés. A esposa o acompanhou, conversando com Dante.

Kadriatus impediu Diren de limpar a água. Ao invés disso, pegou a maquete da Árvore da Vida e a colocou sobre a poça. Sua mente passou a trabalhar mais rápido, relembrando os movimentos do líquido. Pegou a jarra, virou-a, deixando a água escorrer entre os galhos.

– Que é isso? – indagou Diren.

– Só uma árvore molhada se você fizer um *derash*, mas, na *remez*, é o fluxo da Eternidade caindo sobre nós e descendo até o *Sheol*, o mundo dos mortos – teve certeza de que Diren não entendeu. Mesmo para ele não fazia muito sentido.

A água formou uma poça na raiz da maquete, onde se localizava a *sephirah* dos *da'ath*, que sustentava o caule da árvore. O conhecimento dos inventores subia, passando por todas as outras nove *sephirah*, irrigando o império com suas conquistas: Fé, Honra, Coragem, Lealdade, Força, Tradição, Perseverança, Justiça e Vida.

A base de tudo era o conhecimento, a capacidade de mudar o mundo com ideias, não com máquinas. Por isso os *bnei shoah* eram a força militar mais importante de Nordara. Afinal, se lhes fossem tiradas as espadasserra, os escudos, os aeronavios e a *Nepl*, haveria sempre a vontade, a coragem, a lealdade e a honra. Com eles, o conhecimento do que eram, do que tinham de fazer e o que era esperado de cada um na Árvore da Vida. Eles lutavam pelo povo livre, não por si mesmos, nem por dinheiro ou poder. Lutavam por acreditar na liberdade que, no passado, lhes fora tirada pelos Titãs.

– Conhece-te a ti mesmo – Kadriatus, levando as mãos ao peito, sentiu a última engrenagem de seu grifo por baixo da camisa. A roda dentada que roçava em sua pele e marcara seu corpo era a mesma que, em outros guardiões, movia suas feras.

Lyona

O Triângulo Imperial era um conjunto de rotas para aeronavios, que facilitava o transporte de mercadorias à periferia do Quinto Império. Visava o lucro; sua segurança era garantida por soldados convencionais e máquinas experimentais, barateando os custos de manutenção. A medida facilitou que traficantes roubassem mercadorias e se instalassem nas cavernas ao longo da estrada.

Sardeck conhecia as rotas, pois liderara o primeiro batalhão dos convencionais que traçara planos de captura dos monstros da Névoa e mapeara as melhores áreas para instalação de postos de parada. Entretanto, escondeu de seus superiores os planos de Bernard, levando alguns dos monstros para uma base secreta, onde estudos revelaram capacidades bélicas que usariam contra inimigos da União mais tarde.

Encarava os aeronavios onde os parlamentares aguardavam o começo da luta. Lembrava-se do primeiro deles, um veículo leve, pequeno, com velas negras, usado para o transporte rápido de carga. Voltar ao centro de Latig lhe trazia recordações. Percebera como a cidade modesta se tornara o centro de sua vida e das maquinações do exército. Um mausoléu aberto, cujos cidadãos testemunhavam com olhos de pedra as traições do povo livre.

Ignorada após o ataque, jazia sob uma camada de pó que não sairia, mesmo com as intensas chuvas de verão que estavam por vir. Imaginava os últimos momentos das pessoas ao seu redor, esperando uma ajuda que não veio. Quando Bernard contou que aquela era sua cidade natal, sentiu um aperto no coração.

Gotas de suor escorriam por sua testa, atrapalhando a visão. Dedos vermelhos, preparados para apertar gatilhos nos manches. Pernas tremiam, aliviando o nervosismo que se instalara no peito. Sem notar, rezava a *Shoah*. A cabine parecia menor, o painel, imenso e o motor, uma fera rosnando em seu ouvido. O cheiro de *diesel* era a única coisa sutil.

– Cara, quando falei pra apresentar a moça, era em uma situação um pouco melhor – a voz de Albert chegou ao comunicador, rompendo o medo. Sardeck olhou o ponto luminoso em seu painel. Aprendera a gostar do subordinado.

– Você está no canal aberto – o major balançou a cabeça, surpreso com a falta de habilidade do capitão. Sabia que ele era fundamental nos planos, mas desejava que fosse um pouco mais inteligente.

– Ela é maravilhosa, cara. Devia ter me apresentado quando pedi. – Em meio à estática, Albert sintonizava os comunicadores.

– Você continua na faixa aberta, capitão – Sardeck riu. Pela cabine viu Albert confuso com os botões. Podia ser atrapalhado, mas se tornara confiável nos últimos dias. Além disso, o seu esforço para melhorar o próprio caráter faziam a diferença em uma situação tensa. Sardeck relaxou um pouco, nada poderia dar errado com aquele time.

– Estão parando – Lyona mostrava-se preocupada no canal aberto. Sardeck queria saber o que ela pensara a respeito da conversa anterior, mas a loira se mostrava muito reservada.

Ao invés dos inimigos seguirem pelo meio da cidade, como era previsto, acompanhavam o limite das casas, acenando uns para os outros com bandeiras de alerta.

– Não estou gostando disso. Se houver um *nabiyim* entre eles, vão nos descobrir – reclamou Sardeck.

– Alguém entendeu o que eles disseram? – Lyona perguntou. Apoiava a grande arma de seu braço em um bonde. Recuou, usando uma torre e pilhas de carros como proteção. O braço esquerdo de sua máquina era um rifle de dois canos grossos com uma mira telescópica e uma correia de balas. Dentro da cabine, Lyona fazia os últimos ajustes, servindo de atiradora de elite para o trio.

– Fiquem atentos e mantenham posição – disse Sardeck, preocupando-se com o desaparecimento de Bernard e dos cavaleiros misteriosos. O perigo deixava-o receoso para mudar os planos na última hora, precisavam impressionar os Parlamentares para conseguir apoio político no império.

– Permissão para atirar – Lyona pediu.

– Negada. Os alvos possuem chance de fuga – respondeu Sardeck, calculando a distância e a velocidade.

– Que faremos? – Albert preparava as armas. Sua voz traía a excitação que precedia o combate.

Cauteloso, repassou o arsenal dos adversários na mente. Marcella, o aeronavio do Punho de Shoah, era o maior deles. O convés cercado por uma fileira de escudos, espólios de guerra coletados ao longo dos anos. A carranca – uma estátua do mesmo material das espadasserra, com dentes laminados e correntes – podia abrir veículos blindados com uma facilidade assustadora.

– Intercepte o Punho de Shoah primeiro. Aquele aríete no aeronavio deles vai causar problemas – ordenou Sardeck no canal aberto.

– Sim, senhor – o capitão respondeu.

– Contato total em dez segundos – anunciou Sardeck, e recuou. Era a última linha de defesa, aquele que apoiaria os companheiros em seus ataques.

– Os desgraçados estão se agrupando. Preparar módulo de combate intenso – disse a tenente. Das laterais de seus pés, desceram apoios para aguentar o tranco das armas. Placas na cintura se abriram, a máquina adquiriu a aparência de um grande tripé. Sobre a cabine, desceu uma proteção com miras telescópicas iguais dos atiradores do exército. O cinturão de balas serpenteava no chão.

– Confirmando visualização e módulo de combate – sentenciou Albert.

Seu M.E.C.A.S. cuspiu chamas das turbinas traseiras, pronto para a investida. Os três aeronavios desfraldaram as velas, erguendo os lábaros nos mastros principais, sinal de que percebiam o inimigo e partiam para o confronto aberto. O primeiro deles era esguio, de casco preto, as velas douradas e o símbolo um dragão estilizado.

– Aquarella, da Sombra de Gelo – confirmou Lyona. Dedo sobre o gatilho, prestes a disparar. Ainda não percebia a estratégia adotada por eles, mas pouco se importava.

– Atacar, soldado – Sardeck permitiu.

O Aquarella aumentou a velocidade até abrir uma distância de dez metros de suas companheiras. Abaixou a vela e atirou, errando Lyona por pouco. Virou para a esquerda, colocando-se na mesma linha do aeronavio do Punho de Shoah, Marcella.

– Ele não pode atirar agora, aproveite – falou Sardeck. Monitorava o campo, a posição dos adversários os colocava em desvantagem, pois os canhões do segundo aeronavio atingiriam o Aquarella. Uma vantagem para a *União*.

Ameaçada, Lyona devolveu os tiros, destruindo a carranca do adversário – a estátua negra de uma mulher. O Aquarella perdeu estabilidade, mas investiu. Satisfeita com o resultado, a loira prosseguiu, sem prestar atenção aos demais.

– Avançar! – ordenou o major Sardeck.

Albert combateria com armas de médio e curto alcance instaladas em seus braços. Esquivou de uma saraivada de tiros do Aquarella e do terceiro aeronavio, Pietra, pertencente à Víbora de Prata. Abaixou-se atrás do porto, uma alta torre de ferro com dezenas de cabos e bondes. Contra-atacou.

Seus tiros atrapalharam o adversário. Por sorte, atingiu uma das velas, rasgando-a. Mais confiante, Albert se expôs. Foi atingido no peito por uma bala de canhão, que nem viu de onde veio. Por sorte, a armadura aguentou a pancada.

– Consegui! – a tenente comemorou. Atingira o casco do alvo e chamas romperam na proa. O Aquarella perdeu altitude, velas se soltaram e o balão de Névoa furou. Deu a volta, passando mais uma vez pelo centro da cidade com suas companheiras.

Ao invés de fugir, a *Kabalah* organizou uma nova investida. Passou pelo Ministério Público, escondendo-se nos prédios mais altos. Lyona atirou, lascando paredes, arrebentando janelas e acertando o ombro de Albert.

O capitão, incentivado pela vitória rápida e o medo de outro tiro, escalou o porto para ter um maior alcance de ataque. Atirou assim que o trio passou à sua frente. Mais fogo, explosões. Achou ver os tripulantes abandonarem o veículo, mas ignorou. Havia fumaça demais para um alerta precipitado. Desconfortável, continuou subindo, até alcançar a plataforma principal do porto, onde os aeronavios se encaixavam para deixar tripulantes e carga. Por causa de seu tamanho, não conseguia subir nele, mas já possuía visão privilegiada.

– O que está acontecendo, capitão? – Sardeck indagou. Atirava agora que os inimigos chegavam. O mapa calculava as rotas dos aeronavios. Eles teriam de passar por um dos três M.E.C.A.S. para fugir.

– Tem algo errado – respondeu Albert, um calafrio percorreu sua espinha. Olhou de novo. O convés do Aquarella estava vazio, o leme preso por ganchos.

– O que você está vendo, capitão? Responda logo! – O nervosismo de Sardeck aumentou. Foi a vez dele se atrapalhar e comprometer a missão. Atirou a esmo. Gaguejou. Um ruído estridente invadiu seu comunicador. A voz de Bernard, longe, confundia-se com chiadeira.

– É uma armadilha! – disse Albert, mas a comunicação aberta não funcionou. Verificou o sistema: as luzes apagadas, a força do motor diminuia. A mão soltou o porto e quase caiu. Os dedos prenderam na estrutura, salvando-o. Desejou que alguém lá fora escutasse o alerta.

– Recuar, tenente! – Sardeck ordenou, mas não sabia por que a loira desobedecia. Puxou os manches, tirando seu M.E.C.A.S. da posição. O susto foi tamanho que perdeu o autocontrole, abandonando a responsabilidade. Só pensava em correr, viver para abraçar a família e ter mais uma chance.

– Afastem os civis! – pediu Albert. Torcia para que o escutassem, mas desistiu quando sua cabine escureceu e o motor desligou. Gritou, esmurrou o painel, chutou os manches. Nada adiantaria, a cabine era feita para resistir a grandes impactos.

– Marechal, solicito apoio! – implorou Sardeck. Amedrontado, olhou de novo para Lyona, ordenou que se protegesse, ouviu o comunicador dela desligar. Previa que as chamas da explosão do inimigo criariam um anel ao seu redor que atingiriam os tanques de *Shemém* e os balões de *Nepl.* A foto de sua família, presa no painel, escapou para debaixo do banco, mas ele não se preocupou em resgatá-la.

– Shoah nos proteja – recitou. Levou a mão ao bolso, onde escondia uma pequena Árvore da Vida feita de prata, mas encontrou o relógio negro.

– Eles são nossos! – Lyona exclamou, a mão dormente de atirar repetidas vezes.

– Sai daí, tenente! – Sardeck insistia em chamá-la, irritado com a insubordinação.

Marcella tomou posição, emparelhou com o Pietra e disparou os canhões. O intenso deslocamento de ar rachou o vidro da cabine de Lyona, assustando a piloto, que largou o manche e se encolheu. Seu grito de socorro ecoou no canal aberto. O tripé rangeu, entortando o corpanzil para trás. Ela perdeu a mira, placas protetoras se soltaram e os tubos romperam, liberando *Shemém* para dentro da cabine. Pernas e braços encharcados, narinas ardendo, olhos queimando, escorregou os dedos nos manches, implorando uma saída.

– Ejetar, tenente! – berrou Sardeck.

Pietra desacelerou, levando os tripulantes da Sombra de Gelo. Em um movimento ensaiado, o Marcella avançou, batendo o aríete contra o ombro do M.E.C.A.S. Lyona escutou a coluna do robô rachar e sua arma de longo alcance cair.

– Ejetar! – ordenou Sardeck uma última vez. Desistiu, sabia o que viria a seguir. Desequilibrou quando levou um tiro do Pietra, caindo em uma casa. Buscou formas de se levantar, mas uma explosão o soterrou. Perdeu a visão, apenas terra e entulho sobre a cabine. Pelo mapa, viu Albert parado. Abriu o comunicador para chamá-lo, somente chiados.

Lyona tentou fugir, mas estava cega por causa do *diesel.* Acelerou, apertou os botões do painel, puxou o manche, a comunicação avariada impediu sua fuga. Ergueu a cabeça, o aeronavio cresceu em sua mira.

– Major! – gritou, pouco antes do Aquarella se chocar contra ela.

A explosão afastou as nuvens do fim de tarde. Bondes rolaram, prédios ruíram, carros voaram, a ponte dobrou em si mesma e o porto rangeu, tombando na rua e destruindo as estátuas em seu caminho.

Albert sentiu todo o peso em seu M.E.C.A.S. Restava torcer para não ser esmagado. Uma viga metálica atravessou o braço esquerdo; outra, o peito, empalando sua máquina. Espremeu-se quando o vidro rachou e a cabine foi invadida por destroços.

Os espectadores mal tiveram tempo de se proteger, pois a onda incandescente acertou os balões dos aeronavios. O fogo cresceu com o formato de uma rosa que iluminou Latig e a floresta ao seu redor. O chão tremeu, cinzas se espalharam em uma camada grossa, misturando a poeira das velhas estátuas com os restos do novo combate.

Instantes depois, Sardeck sentiu o M.E.C.A.S. puxado. Bastou uma olhadela para saber a intensidade dos danos. Faltava–lhe um braço, o peito com um rombo e a cabine destruída, exceto pelos manches de velocidade e direção.

– Lyona? – perguntou. Percebeu que seu sistema de comunicação se quebrara. Ergueu o vidro da cabine, gritou pela tenente.

Longe, os aeronavios formavam uma pira funerária. Perto, onde Lyona tombara, uma cratera.

A MENSAGEM

EXCETO PELAS CHAMAS DAS asas, Bernard confundia-se com o céu. A cor de seu M.E.C.A.S. era um azul profundo com manchas brancas. Estratégia adotada de propósito, pois, como era o único voador, precisava se mesclar ao ambiente. Girou em torno de si mesmo, diminuindo a velocidade e virando para leste, em direção às montanhas de Hellyah.

– *Noroeste*, *quarenta graus* – falou.

No mapa, a movimentação em Latig seguia como planejado. Os aeronavios atacariam em breve e os convencionais os cercariam, sem dar chance à fuga.

– *Abwer Firth* – leu a placa no painel, uma palavra antiga que significava "defensor". Gostara dela e do modo como, em segredo, outros membros da *União* o chamavam. – *Está bom aqui.*

Interrompeu ao sobrevoar um complexo militar de seis prédios e torres triangulares. O maior deles era um galpão sem telhado, com vigas partidas, um carro enfiado na parede e um aeronavio tombado nos fundos. Brasas resistiam nos quartos, mas sem oferecer risco de explosão. Pousou ao lado de um caminhão com a boleia cheia de soldados petrificados em posição de ataque. Armas e cartuchos espalhados ao seu redor. No rosto de alguns, o medo; em outros, raiva.

Abriu a cabine do M.E.C.A.S. e apertou um botão no painel, fazendo uma escada descer na lateral da máquina. Desceu, prestando atenção em cada aspecto da base de comunicações. Ela conectava o Baronato de Shoah ao restante do Quinto Império. Construída para fins militares, passou a abrigar rádios civis por sua boa recepção.

A base estava intacta, sem sobreviventes. Bernard se espantava com o poder das medusas. Desconfiava que apenas seis delas pudessem causar tamanho estrago, mas sabia que parte daquilo era por causa de Edgar e Tesla. A derrota deles abrira novos caminhos para o marechal. O ressentimento dos *ggoyim*, os constantes ataques dos Legisladores e dos Titãs e a atenção especial dada aos *bnei shoah* criavam o ambiente perfeito para sua revolução.

O plano era simples: mostrar aos *ggoyim* o poderio que estava em suas mãos e a covardia dos *bnei shoah*. Para isso ele faria uma transmissão banhada com o sangue do povo-livre e o som da morte de seus soldados.

Prosseguiu até o corredor fazer uma curva, onde três portas levavam a áreas diferentes da base. Escolheu a segunda. Impressionou-se com as máquinas que ocupavam as paredes de cima a baixo. Havia gramofones para transmissão de música, receptores e emissores de sinal, sintetizadores, telégrafos, alto-falantes. Cubículos formavam o espaço que cada estação possuía para montar a sala dos locutores.

Seus sentidos captaram o vibrar de cabos, ondas de baixa frequência, eletricidade das lâmpadas, o ruído dos microfones, fitas magnéticas passando em rolamentos, o registro dos telégrafos e uma torneira gotejando em algum lugar.

– *Chegou a hora de anunciar a União* – falou para si mesmo.

Uma das paredes possuía um imenso mapa de Nordara, indicando as emissoras imperiais. A partir delas, ramificavam-se as afiliadas, rádios fora do Quinto Império que transmitiriam sua programação. Pelas contas, mais de três mil cidades escutariam seu pronunciamento.

Ele não sabia como desligar todas as máquinas ao mesmo tempo, mas lembrou quem seria capaz de fazê-lo. Concentrou-se, diminuindo o poder do dragão e deixando parte da consciência humana controlar seu corpo. De repente, Bernard se viu no meio da sala de transmissão em posse de seu corpo.

– Não faça isso comigo, por favor – a parte humana de Bernard implorou, mas *Tehom* invocou o poder de controlar as máquinas.

– *Parem*! – gritou, suprimindo a consciência humana mais uma vez.

Fitas se soltaram dos rolos, o mapa lampejou, pontos escureceram, alavancas baixaram, gramofones chiaram e telégrafos estalaram. Em cada sala, os rádios perderam as frequências, misturando as transmissões e calando as vozes de locutores. O marechal verificou o relógio. Havia pouco tempo até os radialistas perceberem sua intromissão. Dirigiu-se a seu objetivo, os fundos do complexo.

A última sala era a maior, com um vidro na frente e o símbolo da Árvore da Vida talhado na porta. Havia uma placa de "somente pessoal autorizado" acima da maçaneta prateada. Dentro, um soldado petrificado na cadeira de locutor, a mão esticada, tentando alcançar a pistola no coldre. Ao lado dele, uma mesa simples apoiava um telégrafo e um radiotransmissor, um sistema que o exército utilizava em casos de emergência.

Entrou, a mesa de som desligada, o microfone protegido por um lenço, caixas de som, tripés e uma cadeira completavam a decoração. Empurrou a estátua. Nem esperou os estilhaços terminarem de rolar, sentou-se. A ideia veio à mente assim que notou os aparelhos em bom estado. Ligou o radiotransmissor, esperando atrair mais inimigos para a armadilha. O sinal estava bom o suficiente para seu novo plano. Chamou:

– *Câmbio, Aleph Lamed, latitude 40°, longitude 60°, solicito reforços. Forças Convencionais em Aleph Lamed. Necessito transporte para Aleph Farhan* – esperou, mas a resposta não veio.

"Aleph" referia-se às bases militares, enquanto "Lamed" podia ser qualquer cidade de inicial "L". O código militar se baseava no alfabeto do Quinto Império, o *Aleph-Beit.* Voltou à mesa principal. Estava confiante em seu discurso, já que se baseara na própria história para convencer os *ggoyim* de que agir era necessário. Puxou a base do microfone para perto, endireitou as costas, apertou o botão e aguardou a sintonia. Silêncio, depois chiado e, por fim, a transmissão.

– *Damas, cavalheiros, filhos de nossa terra e irmãos unidos nos sonhos de Shoah. Hoje é um dia triste para a nação. Um dia que será marcado na história do Quinto Império como o dia em que a liberdade se ajoelhou à força. O dia em que heróis tombaram perante o mal, sem jamais deixar de acreditar em seus sonhos.*

Esperou, no painel viu a marca "188", indicando quantas rádios transmitiam sua mensagem. Movia suas peças no tabuleiro, encaixava as engrenagens da máquina do mundo.

– *Somos iguais. Filhos da liberdade, crentes em Shoah. Soldados em busca de paz para nossos irmãos, futuro para nossos filhos e esperança para nossos amantes. Buscamos a justiça e encontramos nosso destino, mas, hoje, ele está ameaçado.*

Concentrou-se. No pátio, seu M.E.C.A.S. se ativou, captando os sons da batalha entre os outros membros da União e da *Kabalah*. Bernard, satisfeito com os companheiros, transferiu este som para o rádio, como fundo de seu pronunciamento.

– *Venho hoje como um irmão, um filho, um homem. Venho até vocês para alertá-los de um mal maior do que qualquer Titã. Venho falar da Kabalah. Desdalain caiu. Atacada por Titãs e Legisladores, nossa amada cidade caiu. Os bnei shoah não vieram, a Kabalah não agiu e o império fez silêncio enquanto nossas crianças gritavam. Hoje, venho dizer que a dor e o sofrimento são os únicos legados de seus habitantes.*

Recostou-se, outro indicador dobrara, apontando que mais de trezentas cidades o escutavam.

– *Filhos enterram pais, pais choram a morte de filhos. Vi com meus próprios olhos um menino de doze anos enfrentar os Legisladores de mãos nuas. Vi mulheres correndo para salvar seus maridos. Vi ondas de fogo queimando prédios, cidadãos e sonhos. Eu vi!*

A transmissão saiu do Quinto Império, atingindo os reinos de Latakia e Hissarlik. Bernard não sabia o que esperar daquilo, mas gostou.

– *Enquanto houver guerra, não haverá liberdade. Nestas terras, varridas pelo medo e pelo desespero, somos a única esperança, somos a União. Cansados dos abusos de nossos compatriotas, nos erguemos contra as forças da tirania, sem medo de perdermos nossas vidas, mas sempre temendo perder nossa liberdade.*

Ofegava, pouco se importando se alguém ouvia. Era hora do ataque derradeiro:

– *Não podemos mais nos esconder sob a égide dos bnei shoah. Sua era acabou, a Nepl não é mais o suficiente. Hoje enfrentamos um Titã, amanhã enfrentaremos Legisladores. E depois? O que haverá? Nossa terra deve sumir, engolida pela guerra, para que eles continuem governando?*

– *Porque a guerra virá até nós, invadirá nossas casas, levará nossos filhos e destruirá nossas famílias. É contra estes que eu luto, pois eles impedem meus irmãos de lutarem também.*

Hora de aguardar. Ficou quieto de novo, deixando que o barulho da guerra falasse por si. Em seguida, transmitiu os gritos dos pilotos dos M.E.C.A.S. para o rádio, de modo que os ouvintes soubessem o que acontecia.

– Neste momento, faço um apelo, irmãos livres. Faço um apelo em meu nome, em nome de Lyona Jevons, Albert Barrow, e Sardeck Talakher. Lutem! Lutem comigo! Não permitam que sua liberdade seja tomada, nem por aqueles que se dizem nossos irmãos...

Uma explosão cortou a transmissão. Bernard sentiu o prédio tremer, reboco cair das paredes e seu M.E.C.A.S. tombar no pátio. O calor intenso chegou até a base, isso só podia significar que, a cada instante, estava mais próximo do sucesso. Voltou ao rádio, fez um último apelo:

– A União perde mais um de seus soldados. Até quando perderemos nossos filhos para que a elite possa brincar de exército? Aqui é Bernard Firth, seu amigo, irmão, marechal e defensor.

Fugitivo

"*Eu avisei.*"

Lukas pensou ter escutado a voz da irmã em uma bronca que ela lhe dava sempre que previa o desastre. No geral, travessuras infantis, mas, naquele caso, algo que poderia matá-lo. Percebeu que era a presença em sua mente, cujo nome não conhecia, mas tornara-se familiar nos últimos meses. A única compartilhando seu sofrimento por Andrea e o desejo de vingança.

Presas por correntes às paredes, fitas de couro imobilizavam seus braços e pernas. Estava no porão do aeronavio da Rosa Púrpura, a *sheyvet* que o capturara. Perdera a noção de tempo, mas, pela escotilha, via neve.

– Meu joelho dói – exclamou a garota ruiva, Anik, assim que o viu acordar. Usava a espadasserra como muleta. Ao lado dela, uma desconhecida jovem, de cabelos loiro-acastanhados e armadura de *kohanim*.

Escárnio transpareceu no rosto de Lukas. A raiva contida pela mudança de sua vida o deixou amargurado com a *Kabalah*, seus ídolos de infância. Apesar de seus quinze anos, não se sentia mais um menino.

– Ele tá bravinho, é? – ironizou a mais nova.

– Foi um belo chute, você tem que admitir – Lukas provocou. A mente traçava rotas de fuga, bastava que o inimigo se aproximasse.

– Devia te mostrar o que é um chute de verdade! – Confiando que o caçula Hawthorn fosse inofensivo, Anik se aproximou, mas parou no último instante. Uma linha amarela no chão demarcava o limite: pela exatidão dos traços, trabalho de Vaz, a líder e *da'ath* do grupo.

"*Ainda não*", aconselhou a voz. Lukas, dessa vez, obedeceu. A dor era tamanha que o convenceu a ter cautela. Queria sair dali e acabar com Albert e vingar-se por Andrea e pela sua família. Errando agora, se afastaria cada vez mais de seus objetivos. Ainda queria ver Maya, apesar de seu casamento com Phillip. Ela não merecia isso, mas também não sabia se ela deveria se casar com Sehn.

– Ninguém vai ligar se te entregarmos com uns dentes a menos – Anik lhe deu um murro. A cabeça de Lukas bateu contra a parede. Teto e chão se confundiram, luzes piscaram diante de seus olhos.

"*O corpo aguenta. Só mais um pouco.*" Lukas sorriu. Em algum lugar longe dali, chovia. Sabia disso porque o aroma de mato úmido sobrepujou o da neve.

"*Ela vai atacar.*" O chute tirou-lhe o fôlego, mas, no instante em que Anik recolhiaa a perna, Lukas sentiu um formigamento no corpo. Um relâmpago estourou lá fora, depois o barulho do trovão. Entravam na tempestade. "*Nossa vez.*" O *milicida* abriu os olhos, um clarão tomou as escotilhas e o aeronavio tremeu. Gritos, calor e confusão.

– Anik, sobe aqui, rápido! – A morena, Stephanye, chamou.

– Vá ver o que querem – a *mashiyrra* ordenou à garota mais nova, que obedeceu de imediato. Passaram-se alguns instantes até Vaz convocá-la também.

– Precisamos de você agora, soldado!

Mediante a urgência na voz delas, se decidiu.

– Não vá embora – Anik deu-lhe um chute no joelho, depois subiu.

Lukas urrou de dor ao sentir o osso se partir. A perna encharcou de sangue. Desmaiaria, mas a voz impediu: "*Nós não cairemos.*" Driblando a dor, concentrou-se no ferimento. Uma luz azulada se projetou de seus olhos, escorreu como água por seu corpo, curando as pancadas da *mashiyrra*. O rosto e o estômago formigaram, a carne do joelho se dobrou, Lukas segurou o grito quando o osso voltou ao lugar com um puxão. Suado, olhava a si mesmo, impressionado com as habilidades. "*Liberdade agora.*" Sentenciou a voz. Lukas anuiu. Atento ao espaço da sala, o chacoalhar do aeronavio e o ritmo da navegação. Pouco tempo depois, Anik voltou, molhada de chuva e nervosa.

– Nossa, você tá suada. Trabalhou? – Lukas sorriu.

A adversária estranhou, ainda longe o suficiente para não notar a recuperação. Voltou a usar a espadasserra como apoio.

– Onde estávamos? – Anik perguntou, em tom ameaçador.

– Continuo aonde você me deixou – Lukas trabalhava rápido, calculando força, local e velocidade no ponto em que deveria bater na espadasserra.

– Ora, seu monstrinho desgraçado – Anik perdeu a linha, deu o primeiro golpe, o segundo, no terceiro teve de arrumar a arma, tirando-a do chão.

Lukas chutou a ponta da espadasserra, de modo que ela subiu para trás e bateu no couro de seu braço esquerdo, rompendo-o.

– Mas que... – Anik mal terminou a frase e Lukas agarrou-a, com a voz ordenando que a matasse. Ao invés disso, bateu a cabeça da adversária contra a parede com toda força que conseguiu. O barulho no convés era tamanho que ninguém escutaria.

Pegou a chave no bolso da *mashiyrra*, soltou-se. Levou a arma, o manto negro, o colete. Apesar da diferença de tamanho, serviria a seus propósitos. Pela escotilha passavam os prédios da cidade, viajavam em baixa altitude. "*Liberdade*." Lukas, irritado, foi até a porta. Respirou fundo, olhou de novo, tinha de aproveitar a chance. Pensou em correr, mas isso chamaria muito mais atenção. Os membros da *sheyvet* se ocupavam em arrumar os estragos da tempestade.

O aeronavio mudou a rota, afastando-se do centro em direção ao rio. Mais um pouco e estariam ao sul, na parte nobre. Lukas caminhou para a balaustrada a bombordo, onde o terreno elevado deixava as casas mais altas. Passavam por um campo e, a poucos metros, uma mansão. A tempestade aumentou, formando uma parede de água.

– Vaz enfiou a gente numa enrascada, hein? – Ninzz chegou com uma corda enrolada no ombro. Lukas concordou com a cabeça. Se continuassem, seriam três metros até o telhado, mas o perigo era escorregar, então mais seis metros até o chão.

– Tempestade idiota – Ninzz continuou, sem notar o fugitivo. Fazia um nó em uma das pontas da corda. No outro, havia um gancho.

– Verdade – Lukas curvou-se para a outra não perceber. A mão indo ao cabo da espada.

– Escuta, sobre a grana da recompensa, já pensou no que fazer com ela? – Continuou a *arur*.

– Doar para os órfãos da guerra – Lukas respondeu, sucinto. A outra riu.

– Tá, você doando dinheiro para a caridade, sei – Ninzz apoiou de costas na balaustrada, Lukas virou para o outro lado. Medo, a garota sardenta se aproximava também. Estava cercado.

"*Pule.*" O coração disparou. Passou as mãos no rosto, a mistura de água e suor incomodando. Puro nervosismo. A mansão chegando, contava a distância, a velocidade da morena, ia dar tempo...

Se Anik não houvesse gritado.

– Ele fugiu!

Seu movimento foi rápido. Chutou Ninzz, sacou a espadasserra, girou em torno de si mesmo, descrevendo um arco. A morena quase levou o golpe no pescoço, mas o próprio Lukas recuou a lâmina para não degolá-la. Aproveitou a inércia, jogou-se de costas, caindo da amurada.

– Peguem-no! – Vaz ordenou. A mais perigosa deles, única com experiência o suficiente para impedi-lo. A mente de ambos trabalhava na mesma velocidade, prevendo estratégias através de raciocínio lógico.

A mochila veio como aranha, a lanterna em seus olhos focalizada no fugitivo, entregando-o aos *bnei shoah*. Lukas viu-a de ponta-cabeça e estranhou, mas depois percebeu que era ele quem despencava.

"*Do jeito errado*", alertou a voz. Desespero, confusão de novo. Tentou virar o corpo, bateu o ombro, rolou e tentou se agarrar, mas as telhas soltaram. Num atino desesperado, fincou a espadasserra nelas. A última viga da beirada aguentou o impacto. Sentiu as pernas no ar, se puxou.

– Volte, milicida, não há fuga – chamou a mochila, dando o bote.

Furioso, Lukas ergueu a espadasserra, que rugiu em suas mãos com o motor ligado. Os dentes laminados despedaçaram o autômato.

– Impossível! – exclamou Vaz, impressionada. Saltara junto com a mochila, mas tinha dificuldade em se mover sem quebrar o telhado. Uma vantagem para o jovem.

– Renda-se! – ordenou ela, sacando o cutelo.

– Só morto!

Ao invés de atacá-la, golpeou as telhas, rompendo a viga. Caiu dentro de um quarto feminino. Um sentimento de familiaridade, mas não dava tempo para prestar atenção aos detalhes. Correu banhado pelas luzes do aeronavio. As opções diminuíam, só restava a escada principal.

– Ajude-me – pediu à voz. Perdera o controle. Viu-se recuando, espada em punho, aguardando a chegada dos inimigos. A primeira foi Vaz, seguida de Anik. A ruiva segurava duas espadasserras curtas.

– Última chance, renda-se! – ela exigiu.

– Não – Lukas avançou, esquivou-se dela, recebeu um golpe de Anik. Perdeu força, outro golpe, soltou a espada.

– Acabou, milicida – Anik sacou algemas, esticou as mãos para prender o fugitivo.

"*Hora de cumprir seu destino.*" Lukas sorriu e recuou, obrigando Anik a avançar. Ao invés de pegar a arma de volta, jogou todo seu peso para frente, empurrando a *mashiyrra* contra a lâmina da companheira negra. Impossibilitada de deter o golpe, a *da'ath* atingiu a ruiva nas costas.

– Anik! – Vaz berrou desesperada quando o sangue cobriu sua mão. Lukas continuou empurrando. O trio se desequilibrou e rolou escada abaixo.

Esperto, o jovem Hawthorn se ergueu. Sabia o que Vaz deveria fazer agora, mas temeu que ela tivesse a frieza o suficiente para ignorar a colega. Era uma aposta, sua última jogada pela liberdade. No fundo, torceu para que Anik vivesse. Ofereceu:

– Faça sua escolha, mulher. Venha me buscar ou salve-a.

– Nos encontraremos ainda, milicida – Vaz cuspia sua fúria contra o adversário, sabendo do risco de prosseguir com a caçada.

Lukas correu para a porta da frente, chegou ao jardim. Avistou o aeronavio pousado a poucos metros, com a jovem *kohanim* ao leme. À frente, Ninzz não achava Stephanye. Abaixou-se atrás de uma fonte e a sensação de familiaridade veio mais uma vez. Na mata, viu um par de olhos brilhantes. O coração quase saiu pela boca. Não podia ver direito, mas a figura se esgueirou para flanqueá-lo. Ia olhar para a mansão, mas um tiro o obrigou a se refugiar.

– Saía com as mãos para cima! – ordenou Stephanye.

Estava cercado. A tempestade amainando. Deixara a espada na mansão, mas lutaria de mãos nuas, se fosse necessário.

– Deixem-no – Vaz surgiu carregando Anik. Ignorou Lukas. Sob os protestos das subordinadas, voltaram ao aeronavio.

A figura escondida na mata sumiu sem que Lukas conseguisse localizá-la mais uma vez. Os moradores da casa, vendo a luta cessar, apareceram na garagem. Um homem robusto segurava uma espingarda velha e, atrás dele, uma senhora de cabelos avermelhados.

Lukas batia os dentes de frio. A raiva amansou um pouco e a voz desapareceu. Nada apaziguava o sentimento de injustiça. Saudades da irmã. Ela sempre sabia o que fazer. Porém, estava por sua conta e risco. O passado perdera a importância, deixava de ser o menino tolo e sonhador para assumir a face do espectro que caçaria os convencionais.

– Filho? – escutou. Relutou em virar, mas o coração o obrigou. O pai, atônito, baixava a arma. A mãe correu em sua direção, abraçando-o com tanta força que as costas estalaram.

– Mamãe – gaguejou, desacreditando. Devolveu o abraço.

O pai se manteve distante, cauteloso, disfarçando a emoção de reencontrá-lo. Aproximou-se, falando:

– Achávamos que estava morto – juntou-se ao abraço.

– E estou – concordou Lukas, baixo o suficiente para não ouvirem.

Enganou-se. O pai escutou a confissão.

Uppsalla

As fogueiras em Helhein derramavam uma forte luz vermelha e amarela sobre as casas móveis. Organizadas em fileiras de leste a oeste, bloqueavam o vento frio que vinha do norte para o sul; estratégia antiga para evitar o pior do inverno.

Cerveja era distribuída em barris largos como cavalos, canecos eram divididos entre irmãos de guerra. Não havia distinção entre homens e mulheres. Todos bebiam na mesma proporção e com a mesma alegria. A camaradagem voltara coberta por uma aura de esperança nos escolhidos, tornando a despedida inesquecível.

Os druidas, por outro lado, embrenharam-se na parte mais densa da floresta para realizar seus rituais de proteção. Havia dezenas deles: velhos, com longas barbas e cajados recurvados; homens fortes e vigorosos empunhando machados e martelos de madeira; mulheres cercadas por animais e portando arcos. Os druidas mais novos faziam um círculo gigantesco para observar seus mestres, enquanto os mais velhos se concentravam na convocação do *Uppsalla*, o Salão Sagrado.

Urias, o líder dos druidas na reunião, era um sujeito arredondado e largo. Coberto por um longo manto negro de penas de corvo, usava cota de malha e uma armadura de couro. Seu rosto era simpático, mas trazia seriedade e compromisso através de olhos escuros e ferinos. O nariz estava pintado de azul-escuro, assim como os lábios e o queixo. A tinta descia pelo pescoço grosso, sumindo por baixo da armadura e reaparecendo nos braços em espirais, que terminavam nas costas das mãos.

– Por que eu não posso participar? – Vikko perguntou, pelado em meio aos druidas.

– Mantenha-se puro, Emissário – Urias respondeu, soprando um incenso fedorento no rosto de Vikko.

– Isso arde – reclamou Vikko quando o druida jogou um líquido vermelho e quente em seu rosto. A temperatura destoava do resto do corpo, gelado e tremendo pelo frio.

– Lógico que arde, é sangue de demônio – Urias replicou, soprando mais incenso.

Pedras estavam espalhadas ao redor dos druidas. Cravadas por eles mesmos durante a tarde, demarcando o local onde seria realizado o ritual de proteção ao escolhido. O clima de mistério e sacralidade permanecia junto aos druidas, que proibiam a aproximação dos *khans* normais a seus locais sagrados.

– *Faren til døden har klart* – os druidas mais velhos ressoavam, acompanhados do círculo de mais novos.

O chão tremeu, as pedras vibraram e giraram em si mesmas, escavando a terra e entrando como sementes. Depois de um tempo, a terra revolveu e as pedras apareceram de novo, dessa vez, enormes. Cada pedra, agora, tinha um metro e meio de largura e quase dois de altura. Havia inscrições rúnicas nelas e, no meio, a variante de três cabeças estilizadas: lobo, urso e coruja.

– Que os Deuses abençoem sua jornada, Emissário do Norte – Começou Urias.

As pedras terminaram de ser erguer, formando o *Uppsalla* ao redor dos druidas. Vikko tinha visto aquela manifestação poucas vezes na vida e jamais se imaginara no centro dela. Apesar dos olhos brilharem de satisfação, a cabeça pesava de preocupação. O cantarolar dos soldados em Helhein chegava até o local sagrado. Com exceção de Urias, os druidas sorriam, contagiados pela alegria de seus irmãos.

– Ouve isso, Vikko Espírito da Tempestade? São nossos filhos, irmãos, irmãs e filhas. Nossos netos e nossas netas. O futuro deles repousa em sua coragem. A vida deles está em suas mãos. Falhar significa matar essas pessoas, errar faz com que elas paguem com a vida. Desistir é abandonar sua cultura e seus costumes.

Urias se afastou de Vikko enquanto falava. O druida tinha uma voz forte como trovão e uma presença intimidadora, que fazia o escolhido tremer a cada sentença. A cantoria de Helhein era facilmente coberta pelas palavras de Urias. Em pouco tempo, os druidas mais velhos o acompanhavam nas sentenças, que mais pareciam acusações.

– Seu destino é o destino de milhões, Vikko. Morra e Eisland morrerá com você. Chore e os lobos chorarão com você. Fracasse e *Järvenden* fracassará com você! – O dedo em riste de Urias pareceu uma extensão de seu cajado.

Dois homens rolaram um imenso barril para o meio do *Uppsalla.* Vestiam longos mantos pretos que os cobriam da cabeça aos pés, mas Vikko percebeu que um deles tinha cabelos longos e escuros, enquanto o outro era robusto e ruivo. Teve um pressentimento esquisito, mas não era difícil que homens comuns ajudassem os druidas nos rituais sagrados. Ia perguntar pelos ajudantes, mas, quando abriu a boca, Urias enfiou uma bola de ervas em sua goela.

– A terra de Eisland agora é parte do emissário! – O druida comemorou, andou até o barril entoando um cântico e o abriu com uma pequena foice que trazia amarrada à cintura.

O líquido que jorrou era dourado e quente. Entre os druidas, era chamado de Sangue de *Järvenden*, mas os soldados faziam piada chamando de Mijo de Lobo. Vikko estranhou. Pelo que conhecia do ritual, o líquido deveria ser esbranquiçado e efervescente. Pelo menos, o cheiro era o mesmo. Os druidas mais novos e os aprendizes ajoelharam-se no meio do círculo.

– Beba o sangue do rei lobo! – Ordenou Urias, entornando o caneco na boca de Vikko.

Os mais velhos imitaram o gesto, obrigando o círculo de aprendizes a beber de um gole só.

Pelo que Vikko conhecia do ritual de proteção, os druidas deveriam cair no chão sentindo fortes dores por causa do expurgo interno. Era uma limpeza do corpo e da alma, eliminando os traços de seus erros passados e de abusos cometidos desde o último *Uppsalla.* Os druidas sabiam disso, mas estavam dispostos a pagar o preço para se manter acima da média *khan.*

Os druidas mais velhos beberam em seguida, sem esperar a reação dos mais novos. Urias mal esperou Vikko, tomou o Sangue de

Järvenden como se fosse o último copo de sua vida. Exceto por uma tontura momentânea, nada aconteceu. Vikko olhou para Urias, que olhou para os mais velhos, que olhavam para os mais novos. A voz do líder saiu pastosa quando ele proclamou.

– A gente podia descer só um pouquinho, né? – Deixou escapar uma risadinha travessa e um soluço.

Vikko tomou o caneco de sua mão e bebeu mais um gole. O cheiro podia ser o mesmo, mas a cor era um pouco diferente e a temperatura mais baixa. Ele tinha certeza, aquilo não era o Sangue de *Järvenden*, muito menos cerveja. Era hidromel, o mais puro e bem preparado que já tomara na vida.

– Deve ter mais um monte dele lá embaixo – Vikko comentou.

– Mijo de Lobo tem em qualquer árvore, Vikktoru – Urias respondeu, coçou o olho, bebeu mais.

– Vamos *vover* as árvores? – outro dos druidas ofereceu, os demais anuíram.

– *Vavos vover conas vakíras... valirias.. vamírias.* – Urias ordenou.

Por mais que o hidromel estivesse forte, Vikko achou a ideia muito ruim. Mesmo assim, acompanhou os irmãos.

Problemas

Logo que subiu ao convés, Dante fechou o casaco e colocou um *mishkafáin* de bronze simples, quadrado e com lentes claras. O vento frio arrepiou sua nuca; aquele inverno era o mais intenso dos últimos anos. Tomou posição no leme. Saudoso, passou os dedos na bússola e arrumou o mapa mundi em uma mesa inclinada.

Ainda tenso por causa da *hatzbaá*, aumentou a velocidade sem se importar com os ruídos dos rolamentos. Queria estar na capital e para isso forçaria os motores ao máximo, deixando de lado o cuidado com o qual sempre tratava o aeronavio.

– Meu irmão ficou tão bêbado que bateu no castelo de Ahsverus em Safed, lembra?

Phoynikes se aproximava. Trocara as roupas cerimoniais por um casaco e calças mais confortáveis. Sorria, demonstrando uma alegria que desaparecera desde que embarcaram. Dante notou que a raiva sumira. Gostou disso, a amizade entre eles era preciosa, apesar das opiniões divergentes. Desconhecia o motivo daquela reação violenta na *hatzbaá*, já que o sacerdote era calmo, centrado e desafeto a exteriorizar sentimentos de forma brusca.

– Bêbado. E não foi minha culpa – afirmou Dante. Verificou o mapa de novo, Safed era um arquipélago flutuante que orbitava Farhan, servindo para aeronavios muito danificados aportarem, caso não estivessem em condições de chegar à capital.

– Meu sobrinho errou, mas creio que é a idade, não?

Ouvindo isso, Dante cofiou a barba, pensativo. Para ele, os jovens não deixariam que os erros de seus pais prejudicassem seus antigos companheiros. Esperava que, com o tempo, Phoynikes entendesse que a vingança imediata não ajudaria.

– Duvido – replicou. Resolvera mudar de postura também. Tudo que precisava era uma boa conversa com um velho amigo.

– Ele é jovem e vai errar bastante, mas espero que não faça como a gente, deixando que seus erros afetem a vida dos outros – o tio de Sehn passou a mão direita na cabeça antes de terminar.

– Não vai – Dante afirmou.

O aeronavio perdia velocidade. Verificou os níveis de óleo – baixos demais. Esquecera-se de fazer uma revisão mecânica antes de saírem. Tão acostumado à alma de Beatrix, recriminou-se pelo excesso de confiança.

– Às vezes eu penso que deveríamos ter salvado Namid – disse o sacerdote, alheio ao problema. De relance, poderia ser confundido com Aleantrus. A semelhança entre os irmãos Hadjakkis assustava. O sacerdote, porém, era mais baixo e claro, os cabelos acastanhados e os olhos mais calmos. Ademais, sua presença era mais sutil e não possuía o braço dracônico.

– Será que eles estariam aqui se fizéssemos isso? – o capitão indicou Maya e Sehn com o nariz. O casal conversava abraçado na proa do aeronavio.

– Nós erramos – Phoynikes baixou o tom.

– Estou tentando reparar esse erro – afirmou Dante, mais sério do que gostaria e ciente de que o passado era imutável. Massageou os próprios ombros, estalou o braço direito. O incômodo pelo Beatrix aumentou, a última coisa que desejava era mudar a rota para Safed.

– Todos estamos, amigo. Só que, dessa vez, sem o planejamento de meu irmão. Acho que deveríamos ter contado aos garotos desde cedo. Talvez, assim, Edgar e Tesla tivessem uma chance – Phoynikes, pouco a pouco, baixava a guarda, aceitando melhor o fato de que a luta não pertencia a eles, mas à nova geração de *bnei shoah*.

– Eu falei, deu no que deu – Dante esfregou os olhos.

– O Messias Sombrio não precisa de um exército – lamentou o sacerdote. Se os jovens da Canção do Silêncio se bandeassem para o lado de Edgar, ninguém poderia detê-los. A ameaça era tão grandiosa que os *yezirah*, os líderes da *Kabalah*, quiseram exterminar os bebês da *sheyvet*, acreditando que eram um perigo à sociedade. Fora Kherlakain, a líder dos espiões, que sacrificara a alma para escondê-los.

– Concordo plenamente – Dante se forçou a sorrir.

Phoynikes percebeu que algo ficou no ar, perguntou:

– Que foi?

– Seu sobrinho usou a alma de Namid para salvar os pais – a resposta não surpreendeu o sacerdote, mas ambos sabiam o quanto aquilo era diferente, mesmo para um *mashiyrra* bem treinado.

– Pelo menos temos uma chance de entrar na lista das dez melhores este ano – Phoynikes arriscou brincar.

– Influência de Namid? – indagou Dante, voltando mais uma vez a atenção para os motores. A velocidade caiu ao ponto de Sehn e Maya olharem para ele. Acenou que estava tudo bem.

– Herança familiar – disse Phoynikes.

– Invertemos as personalidades? – Dante redarguiu.

– Provavelmente.

– Nem os *yezirah* conseguiram explicar como um garoto desenvolveu essa habilidade. Você deveria ter visto a luta em Desdalain, foi incrível – o pirata amarrou os *dreads*, que soltavam pela falta de cuidado. Anotou mentalmente um encontro com um cabeleireiro. Sua única vaidade. Depois, claro, do aeronavio.

– Tive um contratempo – respondeu Phoynikes, sucinto. Olhou ao redor, desta vez foi Dante quem notou algo escondido.

– Deve ser coisa grave – murmurou, desistindo de arrumar os cabelos. Já bastava o veículo para se preocupar.

– Um sujeito esquisito veio me procurar, queria informações sobre a nova geração da Canção do Silêncio – o companheiro explicou, franzindo o cenho.

– Por isso você sumiu? – completou Dante, sombrio. A resposta do outro era óbvia.

– Exato.

O clima pesou, sem os veteranos disfarçarem o nervosismo. Verificaram se os jovens estavam por perto, continuaram.

– Qual o nome dele? – Dante se incomodou com as interrupções.

– Era diferente, um nome sulista. Abarth, Anaris... – O amigo coçou a testa, forçando a lembrar.

– Abaris – confirmou o capitão. A perplexidade estampada no

rosto; se obrigou a engolir a raiva. Conhecia o sujeito. Depois lembrou que Phoynikes não fizera parte da primeira formação da Canção do Silêncio.

– Esse mesmo. Conhece? – Phoynikes apoiou de costas na balaustrada, escondendo o rosto de quem viesse do convés. A tensão no rosto de Dante era clara, coisa que Phoynikes via poucas vezes. O problema devia ser mais sério do que imaginava.

– Abaris é um assassino, Phoynikes. Um sujeito cruel, esperto e miserável que tem como único objetivo matar a criatura que mais odeia em Nordara – Dante replicou.

– Quem? – Phoynikes se irritou com o mistério desnecessário.

– Seu próprio neto, Diren Grey – Dante falou, observando o próprio Diren ajudando Kadriatus a verificar os motores laterais do aeronavio. A sensação de que as coisas estavam piorando só aumentou quando um filete negro de fumaça se destacou no horizonte, exatamente na direção de Safed.

Cinzas

A rosa de fogo subiu entre as árvores da floresta, transformando o céu em uma gigantesca manta vermelha.

Abaris teve a sensação de que o calor chegava até ele, mas podia ser apenas um vento quente que soprara do leste. Por via das dúvidas, parou o cavalo e desmontou.

– Aeronavio – Ryszard anunciou. Eles se esconderam embaixo das árvores mais densas, o veículo passando acima das copas.

– Houve combate. Vejam! – Abaris estendeu a mão, pegando lascas de madeira e fuligem que choveram ao seu redor.

– Devemos prosseguir? – Cohen sacou o banjo, segurando-o como a uma espada. Havia tensão no ar, mesmo que nenhum deles soubesse explicar o porquê. Após a reunião em Dubliner, combinaram de evitar as rotas principais e as milícias, mas o fato do Quinto Império estar sobre ataque dobrara as patrulhas na região.

– Primeiro, temos de vencer os soldados que se aproximam. Deixem tudo comigo – Abaris ordenou e se embrenhou na mata, desaparecendo tão rápido que Cohen e Ryszard nem tiveram tempo de protestar. Segundos depois, vinte soldados convencionais surgiram, apontando-lhes baionetas.

– Parados! Vocês estão presos por desobedecer o código de área imperial, que ordena aos civis não entrarem em florestas ou campos após o anoitecer – um tenente anunciou, sacando um par de algemas.

Cohen teve vontade de reagir, mas Ryszard o impediu.

– Eles têm atiradores de elite nas árvores. Namer os vigia.

Aguarde um pouco – o mais novo aconselhou. Retirou a espada curta que carregava na cintura e a jogou no chão.

Contrariado, Cohen depositou o banjo na grama. Irritou-se quando um dos soldados chutou o instrumento para longe e o algemou.

– Vê se eles têm dinheiro, *kommando* – escutaram o tenente dizer. O termo era-lhes desconhecido. Sentiram os bolsos revirados e seus pertences caírem no chão enquanto a revista era feita.

De repente, disparos. Balas voaram ao seu redor, sem atingir ninguém. Os corpos dos atiradores de elite caíram no meio do círculo de soldados. Estavam secos, como se alguém drenasse todo líquido dentro deles. As bocas escancaradas, os olhos brancos e as mãos retorcidas.

– Isso vai doer – Cohen riu.

– Fecha a boca! – Ryszard alertou.

Uma tempestade de poeira invadiu a floresta e os soldados tossiram violentamente. Alguns taparam a boca, outros largaram as armas. O pó era negro, espesso e batia no rosto com tanta força que rasgava a pele. Cohen queria ver o que estava acontecendo, mas o irmão subiu nele e o protegeu com o manto. Os soldados gritavam. A voz de Abaris surgiu em meio à tempestade de poeira, como um trovão:

– Morram, crianças fracas.

Tão repentina como começou, a tempestade parou. Ryszard ajudou o irmão a levantar. Ambos olharam para os corpos dos soldados, secos e retorcidos como os atiradores. Abaris estava no meio deles, arfando.

– Você está bem, necromante? – Ryszard perguntou.

– Vou ficar. Mas usei demais meu poder agora e vocês terão que me proteger caso mais soldados apareçam.

Ajudado por Cohen, Abaris montou no cavalo. Os aprendizes recolheram seus pertences e partiram para o sul. Abaris estava pouco à frente quando Cohen perguntou:

– Ele precisa mesmo de proteção?

Ryszard estudou Abaris por alguns minutos antes de responder. Pareceu uma eternidade ao ansioso irmão mais velho.

– Contra si mesmo.

Confissão

– Vocês podiam ter me contado antes que Abaris era o avô de Diren – Phoynikes estava realmente ofendido com as últimas palavras de Dante. Ele também ficava cada vez mais irritado porque queria falar a sério enquanto o amigo parecia se importar mais com os problemas do aeronavio.

– Problema antigo – explicou o pirata, puxando uma série de alavancas e apertando vários botões no painel ao lado do leme.

– Ele me visitou pouco antes do ataque a Desdalain e não parava de falar no Diren – a dúvida de Phoynikes era verdadeira, não fazia ideia de quem seria o tal Abaris e qual sua ligação com o exército. Dante resolveu falar a verdade.

– Seu nome verdadeiro é Dran, antigo chefe tribal de Kierkgaard. É avô paterno de Diren – Dante estabilizou o aeronavio, o motor roncando. Mau sinal.

– Agora lembrei, conhecia esse sujeito por nome, por isso não o reconheci – Phoynikes disse, também prestando atenção no ronco do motor.

Dante diminuiu mais um pouco a velocidade, deixando o vento ajudar no voo. Só então explicou:

– Todo mundo conhece a história dele. O que vocês conversaram? – O motor parou com o barulho, Dante se sentiu mais aliviado.

– Eu também não entendi direito, ele chegou lá em casa acompanhado de dois garotos, me encheu de perguntas sobre Diren e foi embora sem dar explicações – Phoynikes comentou, esperava arranjar mais informações com o amigo. Por sorte, o humor de Dante mudara e ele parecia mais disposto a falar.

– Abaris é um assassino, Phoynikes. Quando ele soube que Diren carregava a alma de Namid, tentou matar o neto e todas as outras crianças.

– Então esse é o real motivo pelo qual eu criei Sehn e Diren foi adotado por tribos sulistas? Mas e Kadriatus e Nadja? Ou os Hawthorn? – Phoynikes percebeu que os companheiros tinham mentido para ele também. Sentiu um pouco de raiva, mas entendeu a gravidade da situação.

– Exatamente. Nós sabíamos que, por causa do seu exílio, seu nome não constaria nos registros da *Kabalah*. Os Drachenfels preferiram criar e proteger Kadriatus, assim como os Caldwell protegeram Nadja. Os Hawthorn meio que foram sem querer – Dante deu de ombros.

– Como assim? – Phoynikes avançou e segurou seu braço. A tensão entre eles cresceu, mas sumiu quando Dante sorriu.

– Nós não imaginávamos que as crianças Hawthorn seriam capazes de carregar a alma de Namid porque eles eram *ggoyim*. De fato, nós só desconfiamos depois que o Edgar nos traiu – Dante falou, rilhava os dentes. Phoynikes percebeu o movimendo, sabia que era uma reação nervosa do amigo, só não sabia dizer se era por causa das revelações ou por causa do motor do aeronavio.

– Olha, Dante, sendo sincero... Eu achava que vocês seguiam as normas do império e que a Canção do Silêncio era honrada e comprometida, mas o que vocês fizeram por essas crianças colocou em risco não apenas elas mesmas e sim o mundo inteiro. Então é melhor você abrir a boca e me contar tudo sobre eles, inclusive quem é a mãe de Tesla, ou eu mesmo vou até nossos líderes e denuncio vocês – as palavras vieram em uma torrente de emoções que Phoynikes não conseguiu segurar. Ele estava cansado das mentiras do irmão e dos amigos. Se fosse para lutar ao lado deles, que fosse pela verdade.

Dante respirou fundo e confessou.

– Não é óbvio? Beatrix é a mãe de Tesla.

Phoynikes ficou em silêncio, olhando para o amigo e encaixando as palavras em sua mente. Por anos escutara que Tesla era fruto da traição de Dante e jamais soubera que Beatrix havia ficado grávida.

– É impossível – Phoynikes murmurou em negativa.

– Eu menti todos esses anos, amigo. Lembra aquela época em que eu e Beatrix partimos para uma missão perto de Hiirsalik e ficamos quase dois anos fora? – Dante continuou.

– Lembro mais ou menos, foi logo após a morte de Namid Ahverus – Phoynikes puxou da memória.

– Tesla nasceu meses depois, mas Beatrix sabia que havia algo na criança. Eu achei que era depressão pós-parto, um sintoma comum nas mulheres. Por duas vezes que cheguei em casa eu peguei Beatrix tentando matar o bebê com as próprias mãos. Na terceira, eu o tirei de casa e o enviei para uma casa de adoção – Dante engoliu em seco.

– Você o protegeu – Phoynikes sentiu pena do amigo, mas ouviu o resto da história.

– Protegi e não me arrependo disso. Tesla cresceu e se tornou uma criança esquisita. Ele começou a despertar certas habilidades, levantando objetos com o poder da mente, queimando o orfanato e atraindo entidades espirituais. Infelizmente, ele não conseguia se controlar e causou diversos acidentes, chegando a ferir algumas pessoas. Depois disso, o orfanato não teve opção e o enviou para a casa de recuperação mental, onde ele conheceu Edgar. Minha opinião? Namid estava convocando suas partes e tentando reuni-las – Dante abaixou o tom de voz.

– Do que você está falando? – Phoynikes indagou.

– Pouca gente sabe, mas aquela casa de recuperação mental na rua Morgue também possui um hospital. O mesmo onde Mary Hawthorn trabalhou e os filhos dela nasceram – Dante explicou.

– O hospital onde Sehn ficou internado com pneumonia – Phoynikes arregalou os olhos. – Você tem ideia de que ele quase morreu?

– Eu sei, Phoynikes. Se pegássemos o registro dos meninos, veríamos que, várias vezes, eles foram parar naquele hospital, mas nunca todos juntos. O que eu acho sobre isso é que Namid passou a existência inteira tentando se reconstruir, tentou fazer com que seus portadores se encontrem todos ao mesmo tempo. Por sorte, nunca funcionou – Dante mantinha o cenho franzido, olhando Sehn e Maya descendo para o porão.

– Me desculpe sobre Tesla, eu não queria ofendê-lo – Phoynikes comentou.

– Já ouvi coisas piores. Eu tive de passar os últimos anos escutando que traí a Beatrix e que ela não me merecia. Sabe, o trauma foi tão grande que ela mesma acreditou na história, negando com unhas e dentes que já esteve grávida e deu a luz. Me deu um trabalho desgraçado apagar os registros do garoto e inventar uma mãe para ele – Dante ficou sério, uma maneira de aguentar a dor de reviver aquela história.

– Mas por que você nunca tirou o Tesla de lá? – perguntou, sem receio de invadir a privacidade do *yoresh.*

– Eu não tinha coragem de criá-lo, mas também tive medo de perdê-lo nas mãos do Abaris.

– Os pais nunca desistem de seus filhos, por piores que eles sejam...

– Meu filho é a parte mais forte de Namid, mas, ainda assim, eu sei que ele fará alguma coisa boa por Nordara um dia. Apesar de Beatrix ver apenas o mal nele, eu conseguia ver mais alguma coisa; uma força incompreendida, uma responsabilidade que muitos adultos jamais suportariam – Dante confessou, respirando fundo.

– Foi o que eu disse, os pais nunca desistem – Phoynikes sorriu, um meio de fortalecer o companheiro.

– Tenho que te pedir uma coisa, Phoynikes – Dante olhou direto nos olhos do amigo.

– Peça, amigo – o *kohanim* falou.

– Leve Diren para Farhan por outro caminho. Se Abaris está nos procurando, vai saber que a Canção do Silêncio chegou. Então, quero que você esconda o *zeev* e me encontre três dias depois, no porto de Tel Aviv – pronunciou Dante.

– Tem certeza? – Phoynikes colocou as mãos nas costas, alongou a coluna

– Absoluta. A fixação pelo neto nos causou problemas no passado. Beatrix teve de criar o garoto em uma tribo inimiga, pagando uma fortuna para que ele vivesse. Não posso falhar agora, pela memória dela. Não de novo – ressentiu-se Dante.

– Tanto assim? Por quê? – Emendou o sacerdote. Conhecia um pouco do relacionamento de Beatrix com Diren, mas estranhava o afeto que a *yoresh* nutria pelo *arur.*

– Era madrinha dele. A história é complicada. Dhalgren, pai de Diren, fingiu que concordava em matá-lo, mas ajudou a família a escapar.

– Um bom plano – afirmou o *kohanim*.

– Mais ou menos. Ele tentou levá-la para Velha Roldana, aonde esperávamos, mas Ashcar foi capturada por escravagistas e levada para Eliath. No fim, ela escapou, se perdeu nas montanhas e quase morreu – Dante sorriu perante a lembrança. Gostava muito de Ashcar e Dhalgren Grey. Os *arur* fizeram parte da Canção do Silêncio, até desaparecerem em uma missão em Eliath.

– Você acha que o velho quer terminar o serviço depois de tanto tempo? – Phoynikes indagou, mas não obteve resposta: naquele momento, um dos motores auxiliares do aeronavio estourou, liberando uma nuvem preta no convés.

– Só me faltava essa – o *yoresh* agarrou o leme com força.

O veículo foi soçobrando e perdendo altitude. Dante passou o controle a Phoynikes. Pelos seus cálculos, estavam a meia hora de Farhan, mas o problema era saber se os motores restantes aguentariam. Uma vez na capital tinham de anunciar sua chegada aos superiores, pedir permissão para pousar, encontrar um píer, assinar termos de responsabilidade, ir para Tel Aviv, chamar os mecânicos e assinar mais papéis. Nesse meio-tempo, o Beatrix cairia.

– Safed – escutou o conselho tímido do sacerdote.

– Quanto tempo? – Dante chegou perto do motor, irritado.

– Dois minutos, posso ver a silhueta daqui – indicou o companheiro.

– Mude a rota – o capitão correu para o leme e afastou Phoynikes. Em um pequeno alçapão, embaixo do leme, havia um conjunto de bandeiras, tirou a vermelha com riscos amarelos.

– É a vontade de *Shoah* – riu Phoynikes.

– Não vem com essa, cara. De todos os sacerdotes que conheci, você é o mais descrente. Segura isso aqui enquanto dou um jeito nessa geringonça – passou a bandeira ao amigo e subiu na balaustrada. Em um compartimento lateral, guardava ferramentas de uso rápido.

– Eu acredito em *Shoah* – o tio de Sehn declarou, fingindo ofensa.

– Tanto quanto eu – o pirata ignorou a jocosidade e arrastou-se até o motor.

– Quer ajuda? – escutou o amigo oferecer. Abriu um compartimento lateral, de onde escorria óleo. Chamas cresceram ao seu redor.

– Tudo bem aí? – gritou Phoynikes, confuso, entre preocupação e riso pelas sobrancelhas queimadas do aliado.

– Sim... Acho. Vamos para Safed logo. Não que eu desconheça meu aeronavio, mas é que lá a gente toma umas enquanto espera – Dante propôs ao ver o *kohanim* franzir o cenho. Resolvera que era hora de descansar.

– Tudo bem aí? – Sehn chegou perto da balaustrada, assustado com o rosto preto do *yoresh*. Ao lado dele, Maya controlava o riso. A tensão desaparecera. Dante riu de si mesmo. Pelo menos, o riso ainda servia para uni-los.

– Sim – fungou e cuspiu com o gosto de fumaça na boca.

– Quer ajuda? – O *mashiyrra* se preparou para ir até o companheiro, mas o capitão estendeu a mão em negativa.

– Deixa, não tem muito que fazer aqui – o aeronavio balançou mais uma vez, descendo vertiginosamente.

– Tio! – repreendeu Sehn. Maya batera nele, levando-os ao chão.

– Não foi minha culpa! – o sacerdote respondeu, mexendo no leme. Os outros perceberam que o aeronavio permanecera em linha reta.

– O que está acontecendo aí? – Dante tentou se levantar, mas sentiu uma tontura horrível. Agarrou o motor, ignorando o calor das placas. O ar vibrava, abafando o som. Desnorteado, viu Kadriatus e Diren chegando ao convés com as armas da *sheyvet*. O desconforto aumentou, pressionando seu corpo.

– Dante! – O *kohanim* vinha coberto por uma luz azulada em seu auxílio. Os dois se esforçaram para voltar ao conforto do Beatrix, o que, no fim, só conseguiram com a ajuda de Sehn.

De volta ao convés, Dante percebeu que a vibração continuava, porém mais fraca.

– O que está acontecendo? – perguntou de novo.

Diren apontou para o leste, onde a silhueta de Safed ficava cada vez maior.

Os Vazios

Sombra de Inverno estava nua no meio do campo. A mente se concentrava no pai-lobo, que a observava com zelo e precaução. A energia mística fluía entre eles. De coloração branco-azulada, passava pelo chão como uma névoa, serpenteando entre as demais *valkyrias* e juntando a fé das guerreiras para fortificar a escolhida.

Não havia palavras, nem discursos ou litanias. Era apenas a contemplação de guerreiras fiéis perante sua divindade. Cada mulher do grupo passara por privações e sofrimentos, conhecera *jhars* e *berserkers,* enfrentara gigantes e anões brancos. Eram escolhidas porque conheciam cada aspecto da sociedade, cada perda e lamento. Assim, saberiam julgar e lutar por seus irmãos quando chegasse a hora.

Järvenden uivou. A energia aumentou, cascateando até Sombra de Inverno. Quando o ritual terminou e a luz foi embora, sobrou apenas o reflexo das fogueiras de Helhein. As *valkyrias* entendiam a necessidade de seus protegidos de beber e comemorar, mas preferiram passar a noite se preparando para a missão.

Uma gritaria chamou a atenção de Sombra de Inverno. Primeiro ela achou tratar-se de um ataque, mas percebeu que eram os druidas abandonando a floresta e correndo em direção a Helhein. Eles pulavam, tiravam as túnicas, balançavam os cajados de forma obscena e clamavam por seu Deus. Os dois últimos eram garotos empurrando um barril enorme. Em cima dele, Vikko se equilibrava, segurando dois canecos e liderando a cantoria.

– Esta vai pra *Järvenden!* – Vikko entornou o caneco, deixando o líquido escorrer por seu rosto. Arrotou, apontou para o lobo gigante. – Meu pai! Vamos até ele dar um abraço!

Os garotos tentaram empurrar o barril, mas ele era muito pesado. Perderam o controle, Vikko caiu em cima deles e o barril rolou em direção ao grande lobo. As *valkyrias* estavam tão surpresas que não tiveram tempo de detê-lo. Quando estourou, lavou *Järvenden* de hidromel.

Vikko se levantou, olhou para Sombra de Inverno, para as *valkyria* e para *Järvenden*. Sua rápida, jovem e miserável vida passou diante dos seus olhos, terminando em um castigo doloroso e gelado no meio das montanhas. Ao menos, teria a companhia de outros druidas, inclusive Urias.

Para seu espanto, o lobo-deus agarrou Sombra de Inverno como se ela fosse um filhote e a jogou no lombo, depois correu até Vikko e fez o mesmo. Uivou, desceu para Helhein uivando mais ainda e abanando a cauda.

– Hah, ele gosta de mim! – Vikko abraçou Sombra de Inverno pela cintura aos risos e se deixou levar pela energia contagiante de seu Deus. Ela resistiu, mas, de repente, pousou as mãos sobre as suas e aconchegou o corpo no seu. Vikko sentiu a masculinidade reagir e a apertou contra si. Ela se inclinou e o beijou.

A alegria de *Järvenden* contagiu a *pakke*. As divisões entre os *khans* desapareceram. *Jhars* abandonaram suas tendas e foram beber com os soldados rasos; *berserkers* e *ulfserkers* se reuniram para comemorar; xamãs, druidas e *valkyrias* desistiram de qualquer seriedade e beberam.

– Foi um belo trabalho, irmão – Dedrick puxou Vikko do tonel de cerveja e bateu no peito do garoto, que tossiu e vomitou a seus pés.

– Foi o que era para ter sido. Desde quando *khans* se dividem em grupos que se declaram melhores ou piores que os outros? – Erinjhar deu o caneco para Vikko, fazendo-o beber a cerveja para se recuperar.

– Mantenha-se bêbado e evitará a ressaca – Dedrick deu um tapinha nas costas do druida, incentivando-o a ficar de pé.

– Eu nunca conheci meus pais – foi a primeira coisa que Vikko falou quando teve fôlego.

– Quê? – Dedrick estranhou. Olhou para Erinjhar um pouco confuso, mas apiedado do druida.

– Eu nunca conheci meus pais, Dedrick – Vikko o abraçou, fungou e começou a chorar.

– Só faltava essa... Odeio bêbado – Erinjhar coçou a têmpora.

– Eu queria conhecer a minha mãe, sabe? Entregar flores pra ela no dia das *Valkyrias*, passear no campo, fazer piquenique. Aí, minha mãezinha – Vikko soltou Dedrick, puxou Erinjhar para um abraço em conjunto. – Você quer ser meu paizinho, Dedrick? E você Erinjhar, podia ser...

– Melhor a gente voltar pra festa, amigão – Dedrick jogou o druida no ombro, voltaram para o círculo de guerreiros onde estavam antes.

Eleniak foi o próximo a se juntar a eles. O *jhar* veio sem camisa e abraçado a duas garotas, cujos nomes desconhecia. Colocara os companheiros em um lugar de honra no seu círculo de amigos e dividira com eles sua cerveja pessoal. Apesar da insistência de Vikko em não beber mais, o líder o convenceu:

– É só um gole, você não precisa morrer disso!

Eleniak era um sujeito simpático, do tipo que conquistava fácil as pessoas. Puxou Sombra de Inverno para a roda de dança e diminuiu a tensão quando alguns aliados dos irmãos Farn Thorn se aproximaram. Recusou voltar ao círculo dos *jhars* e tentou montar *Järvenden*, só parando quando as *Valkyrias* o ameaçaram.

Os moradores de Helhein incentivavam Dedrick, desejavam-lhe boa sorte, entregavam presentes e sorriam. Aquilo ajudou a melhorar o ambiente, cada vez mais familiar e unido, como as *pakkes* deveriam ser. Erinjhar lamentava que a guerra houvesse tornado uma parte dos *khans* fria e mal-humorada. Pedia que sua missão ajudasse a melhorar os ânimos de seus irmãos.

Dois *jhars* vieram desafiar Dedrick. Eleniak tomou o embate para si e os derrotou usando a tampa do barril de cerveja como escudo e o caneco como espada.

– Você tem o meu apoio e o apoio de meus amigos, irmão – disse ele em seguida, limpando o sangue do caneco. Dedrick ficou quieto por alguns minutos, depois seu espírito brincalhão retornou com força total.

– Nós podíamos ter um nome – comentou Vikko, quando a

cerveja avermelhou seu rosto. A voz saiu embargada e confusa, mas eles conseguiram entender.

– A Demanda do Sol – Vikko completou.

– Isso é o nome de um grupo *bnei shoah* – Sombra de Inverno retrucou mal-humorada.

– Caravana do Silêncio! – Vikko escorregou do tronco onde se sentara, batendo a bunda na neve.

– Você andou tempo demais estudando e se esqueceu do mundo real? Para de escolher nomes inimigos – Sombra de Inverno enervou-se. Antes que a *Valkyria* atacasse o garoto, Erinjhar se intrometeu.

– Os Vazios...

– Por quê? – Dedrick e Eleniak perguntaram ao mesmo tempo.

– Me veio à cabeça, nós não lutamos por nós mesmos, mas pelos outros. Nossa vida é vazia de significado sem os *khans.* – Erinjhar terminou. Os outros concordaram, menos Eleniak.

– Não precisamos de nomes, nem de estandartes e nem de glórias. Vamos fazer nosso serviço e retornar para nossas famílias, vivos e juntos, entenderam? – Eleniak percebeu o excesso antes de acabar a sentença. Constrangido, cantou *Orvalho na vereda* para afastar a tensão no grupo.

Uma pena que caiu sobre a vereda,
onde orvalho singelo brilhava;
conte-me seus sonhos, pequenino.
O que aconteceu antes de tudo.
O que vai acontecer quando
ninguém mais ouvir suas histórias?
Haverá ilusão? Em contos e lendas.
A falta daquilo que não está preso
em correntes negras em um vale de esperanças
sussurra mais uma vez a palavra no ouvido da moça.
Até que sem esperança,
jamais, em canto algum,
seja alcançada.

Vikko se levantou, gesticulou com as mãos em frente ao rosto, mergulhou-as na fogueira e jogou as cinzas para o alto. O fogo e as cinzas se misturaram à neve e a terra. Um castelo de neve se ergueu no meio da roda, habitado por soldadinhos de terra e armas de folhas. O círculo riu, bateu palmas e prestou atenção aos movimentos do druida aprendiz.

Vikko arrancou lascas do tronco onde se sentara e as jogou no castelo. Antes de se chocarem, as lascas se abriram em duas, formando asas. Parecendo miniaturas de algum ser mágico, como dragões ou grifos, circularam o castelo imitando ataques. Os soldadinhos revidaram, arremessando suas lanças e se desfazendo quando atingidos pelos pedacinhos das lascas.

– Bravo! – Dedrick jogou a caneca de cerveja no castelo.

Vikko quase perdeu a concentração, mas aumentou a batalha. Soldados de neve atacavam serpentes de cerveja, lascas-dragões atingiam catapultas de neve e os portões do castelo estavam para cair. Vikko sorriu, empolgado, gritou:

– *Stå opp*!

De repente, o castelo cresceu quase até a altura do criador, se expandindo tanto que os mais próximos à fogueira se afastaram rindo e tropeçando uns nos outros. Quando o castelo atingiu a altura de Dedrick, Vikko se desconcentrou e o castelo implodiu, levando consigo soldados, serpentes, lascas e a fogueira. Palmas, gritos e risadas cercaram o jovem druida. Mesmo Sombra de Inverno se empolgou, ajudando Dedrick a erguer Vikko nos ombros.

– Aqui está o filho de *Järvenden!* – Do alto do homenzarrão, Vikko divisou os limites da cidade e, além dos muros, o deus-lobo que repousava, guardando seus filhos. Sentiu uma emoção profunda quando a criatura uivou, acompanhado pela população de Helhein. Ele fez o mesmo, mas engasgou quando Dedrick virou um caneco de cerveja em sua boca.

A cidade não dormiu. Gritou, bebeu, dançou e conversou até os primeiros raios de Relen, a rainha-sol, espantarem a sombra de Aska, o rei-lua.

Prisioneiro

Desde a chegada de Lukas, o telefone da residência Hawthorn não parava de tocar. Jornalistas, militares, curiosos, parentes e amigos ligavam a intervalos regulares, querendo informações do rapaz. Mary, irritada com essa superexposição, cortara a linha até que a curiosidade amainasse.

Ostentando certo orgulho, Lukas lia as anotações dos empregados, circulando os nomes daqueles que poderiam ajudar no futuro. Engraçado como um aparelho tão raro quanto o telefone, reservado só para famílias abastadas, tornava-se uma maldição naqueles momentos.

Sua história se espalhou após alguns soldados quebrarem o sigilo militar e acusarem-no de homicídio. O Ministério Público em Desdalain iniciou um processo de investigação para verificar as denúncias de propina e manipulação da mídia por parte de Karl Hawthorn. A sorte era que os atuais governantes estavam mais preocupados em manter a cidade funcionando do que em caçar indivíduos em particular.

– Chá, senhor? – Allan, o mordomo autômato de Mary Hawthorn, ofereceu a Lukas, que abrira a porta-balcão do quarto e observava o canteiro de obras em frente à mansão. Durante o ataque, seu pai, os vizinhos e os empregados formaram barreiras com os carros e móveis para impedir os Legisladores de avançar. As sobras eram estrepes de madeira e fossas criadas pela chuva posterior.

– Deixa aí – ordenou, prestando mais atenção no fato da iluminação pública funcionar apenas nos bairros abastados. Os pobres mergulhavam no esquecimento e se protegiam sem ajuda. Só por milagre não começaram outra revolução, depondo o governo provisório.

Aeronavios da *Kabalah* traziam notícias de ataques dos Legisladores no Baronato de Shoah. Grande parte das cidades vencera os traidores e as derrotadas foram resgatadas pela elite, acabando com quaisquer chances deles se reerguerem. Enfraquecidos, os sobreviventes denunciaram suas lideranças, apontando, inclusive, nomes de cavalheiros *ggoyim* muito respeitados. Em troca, esses delatores receberam penas mais brandas.

– Filho? – Karl chegou à porta do quarto; baioneta a tiracolo, cabelo rareando na testa, pés de galinha enrugando os olhos.

– Oi... – Lukas cruzou os braços. Olhou mais uma vez para a mata ao redor da mansão, apreensivo.

– Sua mãe achava que os Legisladores haviam te pegado – Karl falou, aliviado pela família estar viva.

– Maya deve ter ficado linda no vestido - o rapaz previra aquela conversa. Lampejos do futuro surgiam quando se concentrava, mais uma estranha habilidade herdada de Namid.

– Sua irmã é linda de qualquer jeito, Luk – Karl apoiou a arma na cama. O orgulho que sentia pelos filhos não podia ser medido com palavras ou gestos.

– Queria ter aparecido, talvez segurado as alianças – Lukas pensou alto.

– Você é meio alto e menino para ser daminha de honra – Karl brincou. Apesar da fala tranquila, trazia a baioneta no ombro.

Lukas esfregou os olhos e pensou no porquê de ter voltado para casa. Estava colocando o pai e a mãe em perigo. Estava descontrolado e sendo perseguido por uma das mais violentas *sheyvet* do Quinto Império. Já perdera Andrea. Perder a família também seria demais para ele.

– Pode ficar aqui o tempo que quiser, filho. Nós vamos proteger você – escutou o pai dizer.

Lukas se aproximou de Karl e apoiou as mãos em seus ombros. Os olhos do rapaz estavam vermelhos e a boca tremia. Ele canalizou uma onda de energia que fez o pai desmaiar. Zeloso, deitou-o na cama e beijou sua testa, pegando a baioneta.

– Não pai, dessa vez quem vai proteger você sou eu.

Saiu do quarto e trancou a porta. Silencioso, deixou a chave em cima de uma mesa no corredor. Antes de descer, parou em frente ao quarto da irmã e disse a si mesmo que aquela era a última vez que pisaria naquela casa. Sem esperar que mais criados ou a mãe surgissem, Lukas desceu a escadaria em direção à porta da frente.

A raiva voltou a aumentar e Namid insistia na vingança contra Albert. Passou por entre os operários e se enfiou no matagal. Quando parou, estava na divisa entre o terreno da família e a estrada. Um carro passou em alta velocidade tão próximo que o deslocamento de ar empurrou Lukas. Pensou em segui-lo, mas não sabia se era rápido assim. Sorriu com a possibilidade de conseguir.

Distraído, se assustou quando um disco metálico com quatro patas saiu da floresta do outro lado e parou na divisão das pistas. A escuridão dava-lhe o aspecto de uma aranha mecânica de prata, mas a parte superior era elevada. Observando melhor, Lukas percebeu tratar-se de uma mochila robótica. Quase idêntica à que destruíra dias atrás, exceto pela falta de cabeça. Na parte superior, havia o símbolo da Rosa Púrpura rabiscado com tinta.

– O que faz aqui, monstro? – berrou, sacando a baioneta.

– Vim trazer uma proposta, milicida – ele reconheceu a voz firme de Vaz na sonoridade metálica.

– Diga – Namid o protegia das artimanhas da *Kabalah*, dando-lhe dicas de como se defender de cada *sephirah*. O ataque iminente reforçou o ódio que sentia por militares, agora estendido até a elite.

– Se entregue em paz. Nossa *sheyvet* o capturará sem violência – ao ouvir a proposta, Lukas gargalhou.

– Se eu recusar? – A um instante de atacar, media as consequências de seus atos. Teria o primeiro golpe, mas trairia a confiança dos adversários e talvez pudesse usar isso em negociações futuras.

– Então nós atacaremos com força total, milicida – a mochila declarou. Era óbvia a raiva de Vaz.

– Podem vir – Lukas atirou na mochila, que esquivou e correu de volta ao matagal, disparando fogos de artifício para além das copas. O símbolo da *sheyvet* desenhado no céu entregava a posição do fugitivo.

Lukas se afastou mais ainda da casa, correu atrás da mochila, descendo o barranco íngreme e quase caindo no riacho. Torceu o pé, mas a luz azulada cobriu seu corpo e o curou antes da dor enfraquecê-lo. Nervoso, invocou a habilidade de prever o futuro, que começava a dominar.

Anik o esperava em uma bifurcação, previu seu ataque sorrateiro. Desviou o caminho para um morro, Stephanye atiraria pelas costas e o mataria. Se parasse, Ninzz o acharia e prenderia em uma rede. Todos os caminhos possíveis significavam morte. Exceto um: voltar.

Subiu o barranco sem gastar fôlego, passou pela mesma estrada e em menos de um minuto chegou ao canteiro de obras. Os operários estranharam, mas, assim que viram o aeronavio pouco acima de suas cabeças, largaram as ferramentas e correram.

– Nenhuma de vocês pode me derrotar! – Lukas berrou a plenos pulmões, tomado por uma ira incontrolável. Namid ordenava que parasse, mas o garoto desobedeceu. Era a primeira vez que fazia isso e a sensação boa demais para se arrepender.

Ele canalizou a energia de Namid para a baioneta. Atirou e as balas voaram brilhantes em direção a suas perseguidoras. Atirou mais uma vez, colocando mais energia no ataque.

Vaz recuou. As balas furaram o balão de ar e a reação inesperada do alvo a assustou. Com um movimento rápido, ela chamou a mochila de volta. Baixou um par de *mishkafáin* sobre os olhos e, pelas lentes, enxergou como se fosse o robô. Lukas carregava as armas. Na porta da mansão, seus pais gritavam que parasse.

Anik virou o leme do aeronavio para circundar o alvo. Pendurou-se a estibordo, onde se ocultaria pelo movimento e aguardou. Lukas não parava de atirar, logo ficaria sem munição. Ela contava as balas, só restava esperar a ação da mochila.

– Desça! – ele gritava. Os tiros arrancaram lascas do aeronavio, romperam uma das cordas de sustentação dos balões e danificaram um motor.

A mochila surgiu pelas costas. Bem a tempo, Lukas se virou e enfiou a lâmina da baioneta no meio dela. A mochila insistiu, forçando o próprio corpo contra ele. Irritado, jogou a arma longe, desfazendo-se do adversário.

– Sua covarde, desça!

O aeronavio estava em cima dele, Lukas recuou para atingir Vaz no convés, mas ela caiu pelo lado oposto, chutando sua perna. Por instinto, o garoto ativou a força dos *mashiyrra*, curando-se dos ferimentos.

– Vamos ver do que você é feito, assassino – ela falou.

A estocada penetrou o estômago de Lukas, mas não o derrubou. Ao invés de se abalar, ele fez como a mochila e avançou, deixando a arma entrar mais. Frente a frente com Vaz, esmurrou-a. Lukas retirou a espada da barriga e o ferimento cicatrizou. Os pais ordenavam que parasse, mas não queria ouvi-los, queria vingança. Namid berrava em seu consciente.

– Caia!

Mesmo sem chuva, um relâmpago cruzou os céus e atingiu o balão de ar do aeronavio. O veículo perdeu altitude e despencou em cima da garagem.

– O que é você? – Vaz indagou mais uma vez, perplexa com aquela demonstração de poder. Reformulava seus planos, sua última tentativa poderia levá-la à morte ou à glória.

"Fale, Lukas. Diga a todos quem é você!" Namid tomou a mente dele, revelando quem era e seu propósito. Lukas fitou o céu, os olhos brilhando como relâmpagos, a voz mais grossa que o normal. Sentiu-se, pela primeira vez, muito maior do que os interesses mesquinhos dos mortais.

– Não é óbvio? Eu sou o verdadeiro Messias Sombrio. Eu sou Namid Ahsverus e vim trazer a justiça a este mundo. A hora dos *bnei shoah* acabou, os titãs estão mortos e a humanidade é fraca. Ajoelhe-se perante seu salvador e lhe mostrarei a verdade – Lukas esticou a mão, fitando o vazio. Após o relâmpago, as primeiras nuvens de chuva se reuniam.

– Sim, meu senhor – obediente, Vaz se ajoelhou, beijando-lhe a mão. Encostou a testa em suas falanges, rezou baixo para Shoah. O garoto nada estranhou, virou a cabeça em direção aos pais, com os olhos brilhando uma luz roxa intensa. Ele sorriu, convidando-os a se aproximarem.

Mary deu o primeiro passo, Karl impediu.

– Isso não é meu filho – o patrono Hawthorn pronunciou alto o suficiente para que Lukas ouvisse, desestabilizando seus sentimentos.

Lukas não percebeu Vaz sacando uma algema do bolso e prendendo em seu braço. Quando deu por si, a mulher rolou para longe e gritou:

– Elener!

Em um instante, uma figura saltou do aeronavio. Uma mulher alta e forte, com uma espessa cabeleira longa, semelhante a uma juba. Olhos pretos, ferinos, o corpo protegido por uma armadura de placas, saias metálicas sobrepostas e grevas. Assim que tocou o solo, sacou um gládio, uma espada de corte duplo, e um broquel, escudo pessoal, partindo para cima do milicida.

Lukas achou que apararia o golpe com facilidade, mas, quando Elener bateu nele, o braço e o ombro deslocaram. Elener voou e, antes que tocasse o solo, já estava saltando. Esticou o corpo e colocou o escudo para baixo, batendo na barriga de Lukas. O rapaz perdeu o fôlego e cuspiu sangue, devolvendo o golpe sem força.

Elener aproveitou para agarrá-lo pelo pé e levantá-lo, batendo contra o solo como se fosse um boneco de pano. Afastou-se, protegendo o corpo com o escudo e ficando entre o inimigo e a líder. Sua cauda chicoteava e ela rosnava.

– Desta vez, acabou, garoto – Vaz sentenciou.

– Nunca!

Lukas se ergueu com esforço sobre-humano. Preparava-se para atacar, mas uma dor lancinante no peito o interrompeu. Os ouvidos aguçados captaram o som de um rifle no meio da floresta. Muito além do rio, alguém o olhava pela mira telescópica de sua arma. A bala atravessou-lhe o peito e o sangue jorrado misturou-se às primeiras gotas da chuva.

– Vocês não podem me deter! – rugiu Lukas.

Tentou se curar, a energia dos *mashiyrra* lampejou e se desfez. Surpreso, invocou as demais forças da *Kabalah*, mas não adiantou. Quaisquer habilidades sumiam antes de se ativarem. Forçou tanto o corpo que Namid recuou, ignorando pedidos de ajuda.

– Coleiras de contenção, idiota!

Vaz o acertou nas costas, diminuindo suas forças ao ponto de quase desmaiar. Lukas fechou os olhos, pronto para morrer. Abriu-os uma última vez, fitando os pais.

– Minha criança! – Mary tentou avançar de novo, mas o marido a segurou e a jogou para o mordomo. Allan a arrastou para dentro.

– Você achou mesmo que uma *sheyvet* de caçadores não iria pegá-lo, *milicida?* – Vaz se abaixou e diminuiu a intensidade da coleira para que o prisioneiro não morresse. Sabia o quão importante era levá-lo a salvo para a corte marcial.

– Pai – murmurou Lukas, arrastando-se para a entrada do casarão. A mão esticada, como se um gesto único pudesse levá-lo para dentro.

– Acabou, moleque. Desiste – Vaz falou, impressionada com a força de vontade.

– Não... Eu sou... o Messias... sombrio... Namid... – Lukas engasgou.

– Blá, blá, blá, Messias Sombrio, Legisladores, revolta, somos poderosos. Cala a boca e dorme, assassino – ela forçou sua cabeça para baixo, sem ar, Lukas apagou.

Vaz ordenara que as amigas esperassem na floresta. Desconfiava do alcance das previsões de Lukas e, por sorte, acertara. Steph surgiu orgulhosa de seu disparo, Ninzz e Anik suturaram o ferimento enquanto a líder conversava com Karl.

– O senhor tem certeza? – ela começou, limpando a espada na blusa. Elener a seguia, mas sem desviar a atenção do prisioneiro. Ann, a *kohanim* novata, logo atrás.

– Absoluta. É melhor entregá-lo a vocês do que vê-lo enlouquecendo. Desde que chegou, tem agido de forma estranha. Acredito que meu filho esteja possuído por esse tal Messias Sombrio – Karl afirmou.

– Você sabe quem ele é, certo? O tal Messias? – Vaz indagou, curiosa ao ver que uma família tradicional como aquela conhecia segredos imperiais. Karl demorou a responder, deixando escapar uma leve desconfiança que traía a verdade.

– Minha esposa trabalhou no império, ouve-se muita coisa nos corredores do castelo, senhora Wadencliff.

– Tenho a impressão que ela fez muito mais que isso, não? O que a família Hawthorn esconde, senhor? – ela provocou.

– Nada que membros importantes da família Wadencliff não saibam. Agora, com licença, senhora, tenho assuntos mais urgentes – ele virou as costas. Ia bater a porta, mas a *da'ath* impediu com o pé.

– Se eu tiver de voltar aqui por causa deste assunto – ela começou, mas Karl interrompeu.

– Terá de falar com Dante Wadencliff e a Canção do Silêncio para justificar invasão de domicílio, minha cara – empurrou-a e bateu a porta com tanta força que a aldrava retiniu.

– A culpa é nossa – Mary lamentou, jogando-se na grande poltrona no meio da sala. A luz do único candelabro pouco clareava. Karl abaixou a cabeça quando o aeronavio danificado da Rosa Púrpura ligou os motores e levou seu filho embora.

– Por quê? Maya tem o mesmo problema e não se tornou uma assassina. Por que eles são tão diferentes? – Ele começava a acreditar nas palavras do filho. Gostava mais da primogênita.

– Isso não é motivo para condenar seu filho, Karl Hawthorn. Ele precisava de ajuda, não de punição. Você vai até a *Kabalah* pedir para que o libertem! – ordenou a matrona, irritada com a decisão unilateral do marido. Só soube o que ele fizera quando era tarde demais para agir.

– De jeito nenhum! Ele cometeu aqueles crimes porque quis, agora tem que pagar por isso, Mary! Por quanto tempo você quer passar a mão na cabeça desse garoto, hã? Quanta gente ele vai ter que matar para você entender que ele é perigoso?

– Nosso filho é mais uma vítima do exército, Karl. Quando ele voltar, espero que o perdoe – murmurou Mary.

– Se ele voltar – retrucou Karl.

– Do que você está falando, posso saber? O que mais você escondeu? Diga! – Mary se levantou. Tonta de raiva e apoiada por Allan, caminhou até o marido.

– Vão levá-lo para a Árvore de Shoah.

Mary perdeu a direção e se largou no mordomo, fraca pela revelação do marido. Pouco antes de desmaiar, escutou o ruído do aeronavio partindo e Karl chamando-a. Porém, não importava nada daquilo. Seu filho ser levado para a pior prisão da *Kabalah* causava dores maiores.

A Partida

Da janela de casa, Eldfell observava as fogueiras avermelhando Helhein. Era a primeira vez desde, o começo da guerra que ele via tamanha alegria entre seus irmãos. Olhava a última estrela no céu, um pontinho brilhante que insistia em não desaparecer. Em sua terra natal, aquela estrela era a esperança, mas ele não se lembrava mais de como era a palavra em sua língua-mãe. Uma tristeza súbita o fez nomeá-la como Erinjhar, mas não levou a ideia adiante.

– Como se sente? – A Rainha Branca perguntou, abraçando-o por trás. Seu toque era quente e agradável, como sempre fora desde a juventude.

– Pensei que Akles não viria. O velho ficou mais maluco depois de salvar os Deuses – Eldfell respondeu. Entrelaçou seus dedos nos da amante.

– E quanto às missões? – Ela apoiou a cabeça em suas costas, mergulhando no oceano de cabelos cinzentos.

– Bem escolhidas. Agora só nos resta esperar – respondeu Eldfell. Virou-se, beijou a testa dela, afastando uma mecha teimosa de seus cabelos de ouro.

– E rezar – ela completou, sorrindo com o afago.

– Para aqueles que creem, sim, é preciso rezar. Para os guerreiros é preciso ir atrás daquilo que desejam – Eldfell suspirou. Dois rapazes passaram rolando um barril de cerveja pela rua. Se o viram abraçado à rainha, eram discretos demais para comentar.

– Você não crê? – Ela indagou, fechando as janelas e recuando para dentro.

– Mais do que meus irmãos, mas agora preciso pensar. A segurança de nossos filhos está em perigo. Se as informações sobre estas missões vazarem para o inimigo, não sei o que acontecerá em Eisland – ele amarrou os cabelos com um barbante. Apesar do frio, não usava camisa. Olhou para a espada negra, os rubis refletiam as brasas da fogueira. Como se adivinhasse o que ele pensava, a Rainha Branca se pronunciou.

– A espada volta por causa dos rubis. Eu os encontrei quando era mais nova e coloquei no meu capacete. Quando você os colocou na espada, o encanto passou para ela. Nada com o que se preocupar – ela sorriu, segurou a arma por um instante. Seus movimentos eram rápidos e a espada parecia fazer parte de seu braço, apesar de franzino.

– Você acha que erramos ao mentir sobre você? – Eldfell perguntou, tirando a espada da mão dela.

– Não. Nós tínhamos que protegê-lo até ele ter a idade certa. Se Shum Davar acordasse e o menino estivesse fraco...

A Rainha Branca afastou uma lágrima e olhou para a última estrela antes das nuvens a cobrirem.

– Vikko jamais sobreviveria. Ele é nossa única esperança de nos protegermos contra o Quinto Império. Ele é o Emissário do Norte, o escolhido. Nosso futuro rei – ela completou.

– Agora ele tem o irmão para protegê-lo, e Erinjhar, mesmo não sendo ninguém importante, vai garantir a vida dele.

Nos fundos da casa, entre panelas velhas e espadas enferrujadas, uma coroa desgastada brilhava com a mesma intensidade que a estrela da manhã.

Na manhã seguinte, em meio a barris quebrados, espadas perdidas e casas viradas, os *khans* aguardaram a chegada de seus escolhidos.

O primeiro foi Eleniak Sadhart. Cabelos soltos, ondulando até abaixo do ombro com seus adornos de penas. Olhos selvagens que se concentravam na Rainha Branca, mas traíam a simpatia do guerreiro. As ombreiras da armadura de couro negro imitavam patas de urso e o peitoral tinha o brasão de sua *pakke*, a cabeça do urso branco. O manto pérola ostentava o mesmo símbolo. Na cintura, trazia Nihar, a espada de lâmina avermelhada que estava na sua família havia gerações. O arco a tiracolo era de marfim e possuía uma corda dourada. A aljava de couro perolado tinha flechas com penas vermelhas. Sorriu para a multidão, enfiou a mão no alforje e jogou um punhado de terra no chão.

De repente, uma lufada de vento tomou o palanque, girando a terra e espalhando um cheiro gostoso de grama molhada. A terra tomou forma humana. Olhos, boca, nariz. Vikko abriu os braços, provocando risos nos *khans*. Estava nu. Envergonhado, puxou o manto de Eleniak e se cobriu até invocar uma túnica verde-musgo.

Dedrick veio em seu cavalo enorme. O homenzarrão prendera os cabelos em tranças e aparara a barba. A espadasserra jazia em suas costas, combinando com as roupas de couro batido e as botas de cano alto. Conseguira um tabardo marrom com o símbolo de um cavalo vermelho, um presente de Helhein. Trazia um machado de batalha que era quase do tamanho de Vikko.

Sombra de Inverno atravessou a multidão sem dar atenção alguma. Usava a mesma armadura branca e só lavara o cabelo. A maça e o broquel agora vinham acompanhados de uma foice curta e um cinturão de adagas. Ela parou entre Vikko e Dedrick, cruzando os braços.

– Toda essa pompa nos faz perder tempo precioso – murmurou.

– Já estamos de saída, moça. Nossos irmãos precisam ver isso, precisam de esperança – Dedrick riu.

No momento que Erinjhar chegou, as pessoas se esqueceram de que ele era apenas um guia e não um *jhar*, druida ou *valkyria*.

Duas tranças curtas caíam pelo lado esquerdo do rosto e uma trança longa percorria o lado direito. Atrás, o cabelo descia em um rabo de cavalo. Nas costas, a espada repousava em uma bainha oleada. Usava uma armadura leve de couro negro e calças da mesma cor, com um cinto de couro prendendo duas adagas. O arco a tiracolo era branco e a aljava, de couro grosso.

Trocaram mais algumas palavras com a Rainha Branca, que os abençoou. Eldfell deu-lhes instruções e uma carta com o selo de *Järvenden*. O deus-lobo observava dos limites da *pakke*, onde eles passaram rápida e silenciosamente.

A seu modo, cada um dos escolhidos tinha a sensação de que era a última vez que pisariam em Helhein.

2 – Ichud אִחוּד

Ninguém tenha misericórdia dele, nem haja quem se compadeça dos seus órfãos.

Desapareça a sua posteridade, e na seguinte geração se extinga o seu nome.

Na lembrança do SENHOR, viva a iniquidade de seus pais, e não se apague o pecado de sua mãe.

Permaneçam ante os olhos do SENHOR, para que faça desaparecer da terra a memória deles.

Salmo 109, Imprecações contra os inimigos

Milchamá

É comum que cidades com características únicas se tornem capitais de uma sephirah. Mianeh, adotada pelos kohanim devido ao grande número de templos religiosos; Kierkgarrd, pelos arur, graças ao seu clima selvagem; e Safed, pelos yoresh, devido à ausência de milícias. Esta última é um conjunto de ilhas flutuantes ligadas por pontes e aerobarcos de transporte. A maioria das casas tem dois ou três andares, sendo o primeiro comercial e os superiores residências. Sustentada por balões e construída para o turismo, nunca conseguiu atraí-lo. Acabou habitada por mecânicos depois que veículos aéreos passaram a atracar em busca de reparos, peças mais baratas e hospedarias. O Quinto Império sabia das negociações paralelas na região, mas, como os yoresh se encarregavam de mantê-la mais ou menos em ordem, fazia vista grossa.

Os balões eram imensas bolas de couro reforçadas por placas de metal leve com uma mistura de ar quente e Nepl dentro. Aproveitavam ao máximo a tecnologia dos da'ath a fim de obter segurança e estabilidade, sem comprometer a estrutura das ilhas. Desde sua fundação, a cidade perdera duas delas por imprudência. A primeira entre as montanhas de Hellyah e a segunda que se chocara contra o Castelo Ahsverus.

As hélices, sustentadas por postes metálicos e ativadas pela Nepl, erguiam-se acima dos balões, de modo a ajudá-los a subir ou descer. Seu ruído chegava fraco aos moradores, mas acertavam pássaros com frequência.

Dezenas de aeronavios de velas negras formavam um gigantesco anel em torno da cidade. Dante prestou mais atenção. Da parte inferior de seus cascos, se projetavam grandes cornetas de bronze. O som desnorteante vinha delas.

– Que coisa é essa? – indagou, retomando o antigo hábito. Apesar do tom descontraído, os companheiros não riram. As cornetas viravam em sua direção.

Entre as bandeiras negras com a serpente circular, se destacava um lábaro dourado com uma rosa ao centro. Desgastado, pontas queimadas, a meio-mastro, indicava a rendição de seus representados.

O aeronavio que sustentava o símbolo estava cercado por arqueiros e preso por correntes. A âncora amarrada em uma viga de metal e as velas erguidas, impedidas de captar vento.

– A Rosa Púrpura – Sehn escutou o tio reconhecendo uma das mais famosas *sheyvet* imperiais, composta somente por mulheres.

– Ainda bem que Edgar não está aqui, elas poderiam querer prendê-lo. – Lembrou-se de uma conversa com o amigo alado, um dos poucos momentos de descontração em meio aos treinos do Cenóbio de Ahator. Gostava daquela época, o risco de morte era pequeno, apesar de existente, e os pais estavam sempre por perto para cuidar dele. A guerra era vista como uma brincadeira e o exército, uma extensão da escola.

– Então? – indagou Kadriatus.

– Espere mais um pouco – respondeu Sehn.

Havia dois círculos de aeronavios ao redor de Safed. O mais extenso composto por aqueles de velas negras e cornetas nos cascos. Voavam em baixa velocidade, acompanhando a rota da cidade. O outro composto por aeronavios pequenos, com asas laterais que lhes davam o aspecto de libélulas – a Rosa Púrpura se encontrava no meio deles.

– Ainda estão parados – apesar da dúvida, o instinto draconiano instigava a atacar. Por outro lado, a sabedoria *mashiyrra* o continha.

– Poderíamos ter a vantagem da surpresa – o *kiy* sugeriu. Sehn analisava as possibilidades. A experiência adquirida nos últimos anos o fazia escutar os conselhos. Cautela e atenção na estratégia, rapidez e velocidade nas ações.

– Sobreviventes – Sehn alertou, preferindo a cautela. Além dos soldados nos conveses, havia fileiras mais atrás, espalhadas pelas pontes de madeira da cidade.

– O que faremos? – Kadriatus teve de gritar por causa do barulho dos motores.

– Diren, proteja os tanques a qualquer custo. Dante, infiltre-se para descobrir os planos deles. Caso haja possibilidade, sabote-o. – Sehn se perguntava como um grupo tão poderoso caíra nas mãos de fugitivos derrotados. Havia poucas informações para elaborar um plano confiável. Teve de se basear na desvantagem numérica e no fato da barcalma estar sob domínio inimigo.

– Positivo – o capitão sumiu de vista antes que as ordens prosseguissem. Diren assumiu seu posto, trancando o porão por dentro.

O *mashiyrra* notou o incômodo de Kadriatus, mas era hora de ser racional, Dante seria mais eficaz contra invasores furtivos e conseguindo informações do que com o grupo principal contra abordagens diretas. Cabia a eles, mais voltados a isso, impedir os adversários.

– Se precisarmos, você negociará – ordenou Sehn.

– Eu? – Kadriatus estranhou.

– Sim, você é o único com a mínima noção de diplomacia. Ouça os conselhos de meu tio e diminua as perdas para ambos os lados – recomendou o *sepher*, apoiado por Phoynikes.

– E quanto a mim? – O *kohanim* recolhia o mapa de navegação.

– Faça uma porta – o sobrinho se referia à habilidade dos sacerdotes de abrir portas para o mundo dos mortos. Nunca vira o tio usá-la e nem sabia como funcionava, mas este seria seu plano de fuga, caso o principal falhasse.

A vibração das cornetas cessou, o Beatrix ia para o meio dos inimigos. Sehn tinha certeza que eles os reconheceram, já que o veículo da Canção do Silêncio era o maior do exército. Com seus sentidos aguçados, divisou as silhuetas dos soldados nos conveses, que carregavam arcos e flechas, armas arcaicas que o exército convencional esquecera havia um bom tempo. Sabia o quanto eram perigosas em suas mãos, pois os Legisladores usavam magia para aumentar seu alcance e poder.

– Algum plano secreto? – Os olhos brancos de Kadriatus tornavam seus pensamentos uma incógnita, mas Sehn aprendera a desvendá-los.

– Não permitam que avancem. Deixe o resto comigo – determinou o *mashiyrra*.

– Se der errado? – O *kiy* sabia a resposta, preferia destruir os tanques de contenção a deixá-los nas mãos do inimigo. No fim, essa era a missão de Diren. Sehn confirmou suas expectativas.

– Mas não será necessário.

– Você tem que parar de agir como se fosse o único aqui com capacidade de enfrentar os perigos – irritou-se Kadriatus. A simples ideia de sacrificar os companheiros o tirava do sério.

– O que você quer dizer com isso? – Sehn se virou para ele, confuso. Não era óbvio para o guardião seu desejo de protegê-los?

– Você não precisa carregar o peso do mundo nos ombros, Sehn. Divida suas responsabilidades conosco e deixe cada um fazer o seu melhor em sua área – Kadriatus falou com a calma típica dos *kiy*, como se seus sentimentos e a ansiedade pelos Legisladores não fosse tão iminente.

– Espera um pouco... – Sehn ia responder, mas foi interrompido.

– Todos passamos por problemas e os resolvemos, você não é o único que enfrentou Edgar e Tesla – por mais difícil que fosse ouvir aquilo, Kadriatus estava certo. O *mashiyrra* considerava-se forte demais para pedir ajuda.

– Eu só quero... – começou mais uma vez, mas foi interrompido de novo. Bufou ao escutar o lema dos guardiões.

– Juntos somos fortes – Kadriatus finalizou com as palavras que os fariam lembrar que uma *sheyvet* se compunha de aliados capazes de se sacrificarem uns pelos outros.

– Desculpe – Sehn ainda pensava na espadasserra e na situação que se encontrava. A seu ver, parecia que aquele inferno nunca acabaria.

– Mantenho o plano? – Kadriatus recuou para medir o espaço do confronto.

– Sim, mas se perceber que não conseguirei sozinho... – Sehn respondia quando Kadriatus o interrompeu. Desta vez encerrando o assunto.

– Sim, *sepher*.

Menos preocupado, Sehn permitiu que um sorriso escapasse de seus lábios. Às vezes, esquecia que os amigos carregavam a mesma responsabilidade que ele. Como líder, acreditava na responsabilidade em prol do bem comum. Sem ignorar o fato da Canção do Silêncio ser diferente das companheiras militares.

– Pensei que eles iam desistir – a espada de lâmina negra,

pendendo de forma descuidada ao lado de Maya, dava-lhe um ar debochado e fanfarrão, como se já tivesse enfrentado aquela situação centenas de vezes.

– Eu também – Sehn percebia o quanto seus aliados se afetavam com a presença de Namid. Uma sensação que não partilhava mais, desde que sacrificara sua parte de Namid para salvar os pais.

– Que foi? – Perguntou a ruiva, sob o olhar profundo do marido.

– Nada – ele respondeu.

O tio colocara luvas de bronze. Sehn nunca as vira. As peças liberavam uma camada de *Nepl* e eram do mesmo material das armaduras dos sacerdotes, ouro envelhecido. Sentiu uma tontura leve, Kadriatus os conectava pela alma, uma habilidade dos *kiy*. A partir daquele momento dividiriam pensamentos, emoções e sensações uns dos outros.

– Juntos somos fortes – compartilhou o lema dos guardiões, sabendo que os demais o imitariam.

– Ascender o que é espírito, perecer o que é carne – Maya ecoou ao seu lado.

Conforme os aeronavios se aproximavam, a barulheira aumentava. Dispostos em círculo, teriam a chance de cercar o Beatrix rapidamente. Tudo dependia da habilidade de seus capitães e da qualidade de seus motores. Sehn calculava distâncias e alturas quando escutou arcos retesando.

– Protejam-se – alertou.

As cornetas dos Legisladores vibraram quando as flechas abandonaram os arcos. O som dos instrumentos impulsionou o ataque. Usando o braço dracônico como escudo, Sehn protegeu Maya. As flechas bateram ao seu redor, transformando o convés em uma alfineteira. Os aeronavios pequenos abandonaram a formação para abordá-los.

– Contato em dez segundos – gritou Kadriatus. Se ainda possuísse um arco, poderia contra-atacar, mas quebrara a arma em Desdalain e não tivera tempo de consertá-la.

O segundo toque das cornetas foi mais intenso, vibrando o Beatrix com tanta intensidade que o lábaro soltou do mastro principal e fugiu com o vento. O motor avariado despencou da estrutura, prendendo-se ao casco pelos fios. Kadriatus girou o leme, na vã esperança de tirá-los dali.

– Esqueça isso e proteja-se – Sehn acenou para ele. A terceira chuva de flechas chegou, ferindo seu braço humano.

– Não somos os primeiros – Phoynikes apontou para a rota do arquipélago. Por entre as ilhas, viram a estrada oficial do império que, antes protegida por veículos e bases, cobria-se por aeronavios destroçados. No horizonte, uma luz avermelhada denunciava incêndios.

– Por Shoah!

Sehn apertou a esposa contra si. Notou sombras distantes, sem conseguir discerni-las. Ignorou-as, a proximidade do arquipélago era mais urgente.

– O que foi? – perguntou Kadriatus, incomodado com a expressão deles. Compartilhou o medo quando se deparou com a estrada imperial.

– Foram eles que interromperam a comunicação com Farhan – explicou Phoynikes.

– Então está na hora de retomá-la.

Mais calmo, Sehn percebeu os danos nos aeronavios. Eram fugitivos, não invasores. Mudou os planos: ao invés de enfrentar a todos, bastava desestabilizar as lideranças para os subordinados desistirem.

– Onde você está, maldito? – indagou Shen.

Usou um pouco da imaginação para adivinhar como eles dominaram o arquipélago. Aproveitando que ninguém, fora do Baronato de Shoah, sabia dos Legisladores, os dissidentes se aproximaram como aliados, ludibriando seus defensores e tomando o controle da cidade. Instalados em posição vantajosa, usaram suas armas para atacar os vilarejos. Impediram que a Rosa Púrpura atacasse, ameaçando os cidadãos. Para provar submissão, as *bnei shoah* colocaram a bandeira a meio mastro. Uma opção arriscada, já que os inimigos poderiam atacá-las sem aviso, mas engenhosa, pois alertaria militares.

Algo passou pela cabeça de Sehn ao notar a maneira com que os aeronavios se organizavam. Formavam um escudo para a cidade, uma vez que estavam abaixo da linha de tiro das ilhas. Sua função era protegê-la até o ponto certo, que Sehn descobriu facilmente qual era.

– Eles vão jogar Safed em Farhan – disse, salientando para os amigos a urgência da batalha. Falhar significava um desastre sem precedentes.

– Como você sabe? – perguntou Maya.

– A disposição das armas. Estão defendendo a posição e derrubando quem encontram pelo caminho. O mais certo é que a Rosa Púrpura já estivesse nas ilhas quando eles chegaram, por isso não foram exterminadas. Esses aeronavios pelo caminho foram pegos de surpresa – Sehn explicou.

– Eles vão matar a cidade? – Maya continuou, tentava adivinhar os movimentos como o marido fazia, mas ele estava mais acostumado a isso.

– É um ataque suicida. – Sehn previa, pelos números, que eles nunca derrotariam Farhan, mas poderiam causar danos severos à capital. Seu pai contara que Safed batera contra o Castelo de Ahsverus certa vez e isso causara muitos transtornos.

– Quinze aeronavios, doze libélulas – Phoynikes informou, o tremor na voz alertando que a situação era pior do que esperavam. Havia ali uma força grande o suficiente para introduzir o arquipélago na capital.

– Tentamos avançar? – arriscou o mais jovem.

– Eles nos alcançariam, mesmo que chegássemos antes. Não conseguiríamos avisar ninguém a tempo – o *kohanim* apontou para o círculo menor, que apelidara de libélulas. Dois disparos antecederam a chegada dos inimigos, o primeiro derrubou o motor a estibordo, o segundo arrancou um mastro auxiliar.

– Parede de escudos? – aventou o tio, a testa sangrando por causa de uma farpa.

– Adoraria, mas não temos nenhum – respondeu o sobrinho.

Sehn ainda pensava na espadasserra, mas não era hora de lamentar, pois precisava agir e diminuir a diferença entre eles e os adversários. Se os tiros continuassem, eles nem chegariam a Safed. Pelo canto de olho, viu a esposa amarrando uma corda ao mastro principal. Ia perguntar a ela o que fazia, mas o tio interrompeu:

– Essa é a parte em que a gente se diverte.

Phoynikes mexeu na luva esquerda. Abriu e fechou a mão várias vezes até que um halo de luz se projetou na parte superior dos dedos, descendo para o pulso. O brilho se intensificou no formato da Árvore da Vida e solidificou como um escudo.

– Por que eu não tenho uma dessas? – Sehn perguntou.

– Não é para crianças – Phoynikes piscou. Fez o mesmo movimento na mão direita, mas, ao invés de um círculo, cresceu um facho de luz que se tornou uma espada chamejante.

– E eu aqui chorando por uma espadasserra – Sehn riu. Pensou em avançar, parou. Só quando a ruiva o beijou é que notou sua proximidade.

– Tá com medo de um bando de covardes armados com arcos? – Ela apontou a espada negra para o aeronavio a estibordo em desafio. Os soldados jogavam ganchos com cordas no Beatrix.

– É que eu... – mal terminara a frase e a esposa correu para a balaustrada, saltando para o vazio.

Sehn perdeu o fôlego por não perceber a corda enroscando na estrutura lateral da hélice dos adversários e puxando a ruiva de volta. Aproveitando o impulso, Maya subiu em alta velocidade, passando entre flechas disparadas em sua direção.

– Mas o que...? – fez Kadriatus.

Maya era uma fada rubra entre as lâminas inimigas. Girou no ar, as pontas das flechas passando ao seu redor, riscando sua pele sem feri-la. A garota segurou a corda com mais força, aproveitando que o motor ainda não diminuía e agora a puxava para baixo.

– Façam alguma coisa! – Sehn ouviu um dos Legisladores gritar. Era tarde demais, a ruiva caíra no meio deles. Descreveu um círculo com a espada negra e derrubou quatro soldados. Enquanto eles se recuperavam do choque, Phoynikes abordava.

– Juntos somos fortes – Sehn escutou o pensamento da esposa tão forte que a empolgação contagiou toda a Canção do Silêncio.

– Estibordo é nosso – Kadriatus decretou.

O *mashiyrra* anuiu. Percebeu uma estranha movimentação em Safed, o círculo de aeronavios maiores se espalhava. Desta vez, as cornetas emitiam sons rápidos e agudos. Chamas subiram de uma das ilhas, tiros ecoaram no céu e um dos veículos dos Legisladores explodiu.

– A Rosa púrpura está lutando! – exclamou Sehn, esperançoso de que os amigos entendessem.

O lábaro a meio mastro subiu, acompanhado da Árvore da Vida do Quinto Império. Um grito jubiloso suprimiu a vibração das cornetas de bronze, invertendo a situação a favor da *Kabalah*.

No céu, dançando como dragões, as libélulas faziam de tudo para derrubar o Beatrix. Ao escutarem o grito de raiva da Canção do Silêncio descobriram que, não importava quantas armas erguessem, o mais importante era a coragem.

A liberdade invadia Maya. Seus movimentos eram graciosos e precisos. A fluidez no salto a jogou por trás dos inimigos, escapando do alcance de seus olhos. Assim que a corda esticara, ela sabia a força que deveria usar para o contra-ataque. O estômago formigava. Não era medo, mas a sensação estranha que sempre precedia os combates.

A espada negra firme, extensão de seu corpo. Os pés ajeitados para o convés, leves e soltos, absorveriam o impacto da queda. Ela rodopiou, afastando os adversários, bateu no convés como uma fada, garantindo o prazer momentâneo da vitória. Como o marido, previa os movimentos dos inimigos e dançava com eles. Porém, não seria uma dança da morte; queria a paz sem mais destruição.

Descreveu um arco com a lâmina para afastar os mais corajosos. O golpe ajudou a desviar a atenção enquanto Phoynikes embarcava. Ao invés de matar os adversários, os inutilizava com golpes nos joelhos ou ferimentos superficiais. Os mais ousados recebiam estocadas e cortes com a lâmina, perdendo a vontade ao verem seu sangue espirrando. A maioria largava as armas e se entregava em lágrimas, pedindo clemência.

Maya sentiu pena daquela gente. Velhos encurvados com armaduras desgastadas, meninos mais novos do que Lukas, seu irmão, que mal sabiam empunhar arcos e já tentavam matar. Mulheres e crianças corriam para os portões, buscando refúgio, arrefecendo sua vontade de lutar. Ela se virou ao escutar um grito apavorado. Phoynikes erguia um soldado pelo colarinho, ameaçando jogá-lo pela amurada.

– Tio! – gritou, abrindo caminho entre a multidão.

– Por causa desse tipo de gente é que nós matamos inocentes, esse oficial vai servir de exemplo – ele retrucou. Diminuiu a força das armas, baixando as luzes da espada e do escudo.

– Matá-lo não é a solução. Por favor, entregue-o à justiça – Maya pôs a mão no braço do tio, apaziguando sua ira.

Phoynikes aceitou, ordenou que os Legisladores empilhassem as armas e se enfileirassem no convés. Queria ficar de olho neles e impedir quaisquer traições.

O estibordo do Beatrix seguia o mesmo rumo, mas Sehn e Kadriatus foram um pouco mais violentos. Maya via narizes quebrados e braços tortos. Um garoto de treze anos tossia após levar um murro dracônico na barriga. O *mashiyrra* pedia desculpas, tentando não rir.

Estavam cansados de mortes, de enfrentar aliados como se fossem inimigos. O arrependimento por condenarem Edgar e Tesla à contenção oprimia seus corações. Sabiam que havia uma alternativa para isso, mas não entendiam qual era. Seu desejo era libertá-los e recomeçar.

– A guerra acabou – ela sentenciou, mais para convencer os Legisladores do que a si mesma. Em algum ponto dentro de sua alma, sabia que era mentira, ainda que o mundo provasse o contrário. Os prisioneiros concordavam, também cansados daquela estupidez. Seu líder, um oficial de casaco verde, foi levado a um quarto e trancado até chegarem à terra firme.

De repente, uma das libélulas despencou em cima de um aeronavio, formando uma bola de fogo imensa que consumiu ambos os veículos e explodiu seus balões de Névoa. O fogo se espalhou pelos navios nos arredores em uma grande serpente de fogo. Os Legisladores mais próximos não tiveram tempo de alertar as tripulações, engolidos rapidamente pelo ardor.

Os derrotados ao redor de Maya gritaram pelos familiares. O pesar tomou o convés no aeronavio. A estibordo, Sehn, Kadriatus e Phoynikes terminavam de desarmar os Legisladores, sem resistência, pois a maioria deles olhava para a roda de veículos incrédulos com a cena.

– Não, parem! Interrompam o ataque! – a ruiva escutou o marido gritar, acenando para alguém longe.

A Rosa Púrpura avançava, aeronavio a aeronavio, exterminando quem encontrassem pela frente. Cinco mulheres golpeavam os Legisladores sem a compaixão da Canção do Silêncio. Massacravam soldados rendidos, jogavam suas armas pelas amuradas, rasgavam os balões de ar e passavam para o próximo.

A fogueira crescia alimentada pela *Nepl*. Uma nuvem negra cobriu Safed, impedindo Maya e seus companheiros de verem a atrocidade de seus irmãos de armas.

– A guerra acabou – murmurou a ruiva, apertando o cabo da espada com toda força que pôde.

– Sim, senhora, acabou – concordou um Legislador idoso ao seu lado. O olhar dividindo com ela o medo dos homens comuns perante aqueles que se julgavam deuses. Pela primeira vez na vida, Maya odiou a *Kabalah*.

O Senhor das Brumas

Shum Davar. Para os *khans*, um Deus; para os *bnei shoah*, um Titã.

– A Entropia é a verdade, a existência é um erro – o Senhor das Brumas segurava um punhado de areia e deixava os grãos escaparem entre seus dedos.

A sentença era o pilar central da filosofia que o Senhor das Brumas aprendera com seu mestre momentos antes de trair seus irmãos *khans* e abandonar sua família. A litania contínua transformava palavras comuns em sagradas, validava um discurso de ódio contra os seres vivos e submergia a mente em um caminho de sombras e maldade.

– Finalmente começou – foi a única coisa que o Senhor das Brumas disse quando soube dos escolhidos.

Sentado em uma pedra grande no meio da floresta, observou um pássaro pousando a seus pés. A ave ciscou, puxou uma minhoca da terra e a levou embora no bico. O Senhor das Brumas suspirou, se levantou e estalou as costas. Andou até o rio e lavou os cabelos. Tempo não era problema para ele, não mais. Em breve, o tempo morreria, assim como todas as perversões da existência.

Quando terminou, mexeu na água com os dedos até que a imagem dos escolhidos surgisse nas marolas.

– Ah, *Järvenden*. Seus brinquedos não vão funcionar desta vez.

Levantou-se, voltou para a cabana. Antes de entrar, verificou se as pernas de madeira estavam boas. Faria uma longa viagem e precisaria delas em sua melhor condição. Entrou, sentou na única cadeira no meio da sala, onde esferas negras flutuaram ao seu redor. Tocou em uma delas e as pernas da casa a ergueram. Ele dirigiu a morada para os limites da floresta com calma, evitando as rotas principais que poderiam aproximá-lo dos *khans*.

– Vamos ver do que são feitos seus escolhidos.

Um canto de sua mente perversa torceu para que *Järvenden* escutasse suas palavras.

– Hora de encontrar os Lordes Brumais – desta vez, falou com um javali de ossos que jazia a seus pés.

Tocou outra das esferas e, ao lado da chaminé da casa, surgiu um cano de ferro que apitou. Um som longo e agudo se espalhou pela floresta, mas o Senhor das Brumas verificou antes se havia inimigos por perto. Seguiu para o oeste, desviando das rotas principais até alcançar os limites da floresta. Chegou até uma clareira, onde um aeronavio pousara.

– Não achei que você viria – o Senhor das Brumas escutou. Sem que percebesse, havia um homem sentado no alpendre de sua casa.

– Também não achei que você viria, Bóreas – o Senhor das Brumas saiu da casa, parando ao lado do invasor.

Bóreas era um homem alto e forte, de pele bronzeada, cabelos crespos e negros. Seus olhos traziam malícia e inteligência. Usava roupas pesadas contra o frio. O sobretudo possuía ombreiras metálicas e um colete reforçado protegia o peito, onde havia o símbolo rabiscado de três cabeças de cachorro.

– O Quinto Império não aprova nossa aliança, mas também não pode deixar passar a chance de vitória. Quais seus termos? – Bóreas se levantou. As botas de cano longo estavam sujas, espalhando neve e lama no alpendre.

– Eu não vou tomar frente nas missões, Bóreas. Serei o rei do inverno, o regente de Eisland. Vocês deixarão *Shum Davar* livre também – o Senhor das Brumas propôs.

– Posso assegurar as duas primeiras, a terceira deve ser analisada. O Quinto Império não vê com bons olhos a liberdade de um Titã – Bóreas anotou os termos em um calhamaço de papel.

– Mas fazem vista grossa ao Dragão-Rei de Kuronaya e ao *daimyō*-Tigre de Koshogatsu – o Senhor das Brumas devolveu.

– Kuronaya tem exército para impedir um ataque, Eisland não – Bóreas manteve os olhos no papel.

– Equipados com pedaços de pau e bolas de neve, os *khans*

impedem seus avanços há trinta anos – a conversa seguia um rumo diferente da que esperava, mas o Senhor das Brumas sabia se comportar perante os *bnei shoah*.

– Quais as novidades? – Bóreas perguntou, traçando uma linha no calhamaço.

– A Rainha Branca enviou duas missões para o sul, ambas são importantes. A primeira delas quer encontrar a galeria submersa que levaria os *khans* ao meio do Quinto Império. A segunda missão visa os Portões do Sussurro.

– Achei que fossem uma lenda. – Bóreas rabiscava.

– Todos são verdadeiros. O Quinto Império possui três em seus territórios. Vocês derrubaram o do leste ou do Oeste? – O Senhor das Brumas observava o aeronavio enquanto perguntava.

– Ambos. Por favor, continue – Bóreas estalou o polegar, fez mais anotações.

– Os Portões do Sussurro são uma porta para *Njodir,* o mundo dos deuses. Ao abri-los, os *khans* vão trazer de volta as criaturas que vocês se acostumaram a chamar de Titãs. Imagine, Bóreas, os exércitos bárbaros acompanhados por uma centena de Deuses, marchando em direção ao Quinto Império com um poder jamais visto – o Senhor das Brumas esperou as palavras surtirem efeito sobre o futuro aliado. Apesar de tudo, o medo pelos Titãs era inerente nos povos do sul.

– O Quinto Império não vai permitir – Bóreas murmurou, pela primeira vez desconcertado. Enrolou o calhamaço e esperou pelas próximas palavras do comparsa, que vieram como uma constatação do óbvio.

– Seus homens serão informados de cada passo dos escolhidos. Meu nome nunca deverá ser citado, nem registrado por qualquer meio. Eu sou o Senhor das Brumas e ponto final.

– Concordo, mas se você nos trair, vai sofrer as consequências – Bóreas ameaçou.

– Seus Cães de Caça são o suficiente? – O Senhor das Brumas prestava atenção no lábaro vermelho com a cabeça preta de cachorro. No castelo de proa do aeronavio se destacava um canhão de três bocas com o formato do mesmo cachorro. Não conhecia aquela raça.

– O Cérbero é o mais poderoso aeronavio do Quinto Império – Bóreas apontou o convés de madeira negra com entalhes de bronze. Três canhões de cada lado, além de disparadores de arpões. Entre os mastros, havia redes grossas presas a estruturas com roldanas, usadas para pescar fugitivos.

– Um navio não faz a tripulação melhor – o Senhor das Brumas devolveu.

– Meus soldados já encontraram mais homens do que seus lobos, feiticeiro – Bóreas continuou. Dessa vez, apontando para a carranca – uma cabeça de cachorro com a mandíbula aberta e com um canhão dentro. Na parte inferior, havia duas lâminas compridas.

– O combustível? – O Senhor das Brumas pegou o cajado, apontou para a máquina voadora.

– Névoa, mas creio que você vai nos ajudar – Bóreas sorriu, indicando a bodega, onde ficava o tanque de combustível. Havia ansiedade na voz dele, esperava pela surpresa do Senhor das Brumas.

– Claro que vou – o Senhor das Brumas apontou o cajado, de onde se projetou um feixe de energia multicolorida. Azul, preto, vermelho, dourado e branco. A energia escorreu pela bodega emitindo um chiado de chaleira. O motor do aeronavio roncou, a estrutura interna tremeu.

– Nós vamos aguardar suas informações, Senhor das Brumas. Em nome de Noah Ahsverus e do Quinto Império, vamos honrar o compromisso de encontrar e destruir os escolhidos de *Järvenden* e trazê-los à justiça – Bóreas mudou a postura, assumindo um tom mais respeitoso com o Senhor das Brumas.

Paz

A ideia que Sehn tinha das dez maiores *sheyvet* imperiais era muito diferente do que via à sua frente. Pelas contas, a Rosa Púrpura exterminara mais da metade do exército Legislador. Um anel de fogo crescia ao redor de Safed, lambendo os cascos do Beatrix e a terra inferior do arquipélago. Canos escapavam em certos pontos, denunciando o maquinário que flutuava as ilhas. Um apito soou nas casas mais altas da principal, repetido pelas menores. Engrenagens nas laterais dessas residências se movimentaram enquanto os canos tremiam. A *Nepl* passava por eles, ativando os motores subterrâneos. A cidade *yoresh* levou consigo os aeronavios atracados, deixando para trás aqueles que tentaram se soltar. Livres das chamas, os tripulantes se sentiram aliviados, uma vez que a Névoa era altamente explosiva e qualquer vazamento aumentaria o desastre.

– Conhece alguma delas? – apontou Sehn.

– Já conversei com Anik Ruiz. Uma *mashiyrra*, acho – lembrou o *kiy*. Na verdade houvera uma discussão entre ele e a garota por causa de Edgar. Na época, pareceu um assunto de extrema importância, mas, agora, nem se lembrava.

– Achei que meus irmãos de *sephirah* amavam a vida – lamentou o jovem Hadjakkis.

O tio retomara o controle do aeronavio. Devagar, devido ao excesso de veículos espalhados ao seu redor, procurava um lugar seguro para atracar. Seu tamanho avantajado o impedia de passar entre os sobreviventes sem oferecer risco de mais explosões. Phoynikes temia que sua falta de habilidade provocasse mais um desastre, diminuiu tanto a velocidade, que o Beatrix estacionou.

– Nós já vencemos! – Esticando o braço dracônico, o *mashiyrra* gesticulava para uma ruiva. Ela ignorava.

A raiva por permitir aquela atrocidade aumentou. Era função da *Kabalah* proteger o cidadão, não oprimi-lo. O que aprendera no Cenóbio de Ahator era dar sua vida pelo bem dos *ggoyim*. Pensou em sacar a espada e partir para cima delas, apesar da distância que os separava. Mudou de decisão ao ver alguém acenando.

Uma garota de bandana acenava de volta. Usava um vestido roxo-escuro com detalhes negros. Revólveres presos em um cinturão de couro marrom e botas longas compunham seu visual. Mostrava uma área livre, mas, para chegar lá, a barcalma teria de passar por debaixo das ilhas.

– Preferia que Dante fizesse isso – as manobras de pouso exigiriam muito de Phoynikes. Ele largou o leme com Kadriatus e correu para chamar o capitão.

Os veteranos voltaram pouco tempo depois com Diren em seu encalço. O *arur* sinalizou que os tanques de contenção estavam bem e não conseguiu disfarçar o assombro frente à destruição. Mesmo alarmados, tomaram seus postos à primeira ordem do *sepher*.

– O mais importante é manter os reféns a salvo, vamos distraí-las enquanto os velhos e crianças fogem – explicou Sehn, impressionado pela inversão de valores. Nunca se imaginara naquela situação, protegendo os Legisladores que tentaram matá-lo há poucos dias.

A esposa repassaria as ordens aos prisioneiros, adicionando que deveriam largar as armas no convés do Beatrix, se encaminhar a Farhan e pedir anistia.

– Será que dá certo? – indagou Kadriatus, ao escutar a conversa.

– Sem dúvida. O Quinto Império quer erradicar este movimento há tempos e prefere ter os nomes das alianças a prender os subordinados. Esse pessoal está tão desesperado para não morrer que vai entregar até quem, um dia, simpatizou com suas ideias – Sehn adivinhava as negociações.

Aguardaram Dante passar a barcalma entre as ilhas e aportar no meio de duas casas grandes, onde os moradores os receberam com desconfiança. Quieto, Sehn passou entre eles com o resto de seus companheiros, notando bandeiras pretas com engrenagens douradas penduradas por toda Safed.

– Conhece? – perguntou, movido pela curiosidade.

– Nunca vi – respondeu o tio.

A pistoleira aguardava em cima de uma ponte que ligava a ilha menor à principal. Suas companheiras aguardavam em uma praça, conversando com a população que deixava as casas para vaiar os fugitivos e ofender os prisioneiros. Pelo sorriso contagiante das *bnei shoah*, pouco fariam para impedir um linchamento, caso o povo tentasse.

– Obrigada pelo apoio, garotos – a morena piscou, liberou o caminho, mas continuou na ponte, cumprimentando cada um. Assoviou para Diren e piscou, roçando sua mão na dele.

– Boa, lobão, manda flores para ela – Dante deu-lhe uma cotovelada leve nas costelas. O *arur* se envergou, escondendo o rosto entre as mãos.

– Será que elas sabem por que Farhan está incomunicável? – Kadriatus perguntou quando pisaram na ilha central.

– Provável – Sehn respondeu distraído.

A ruiva era pouco mais alta que Maya. De olhos negros, nariz fino e pequeno, vestia uma camisa de manga longa e corselete preto. A saia longa rebitada com placas protetoras, botas sobrepostas por grevas. A ponta de sua espadasserra protegida por uma espécie de tampa de madeira que permitia à garota usar a arma como bengala.

– *Sepher* Hadjjakis, que Shoah o abençoe pela ajuda e presença neste momento de dificuldade – sua voz suave e infantil pouco condizia com a formalidade.

– Senhorita Anik, a Canção do Silêncio se alegra em ajudar irmãos de sangue nesta batalha e se felicita por nenhum sangue *bnei shoah* ser derramado – Sehn respondeu. Tinha certeza de que a esposa o interrogaria sobre essa história de sangue *bnei shoah* e se os *ggoyim* estavam inclusos neste discurso. Só esperou que ela se contivesse agora.

– Nada derruba a *Kabalah*! – anunciou a loira pouco atrás. Alta e forte, com uma cabeleira rebelde, olhos grandes com pupilas que cresciam conforme a incidência de luz. Lembrava a Sehn um felino que vira certa vez no zoológico, uma leoa. Os machos possuíam uma juba de fogo enquanto as fêmeas tinham caudas que terminavam nessas mesmas chamas, crescendo e diminuindo conforme seu humor se alterava. A mulher possuía cauda, escapando pela saia média, mas não pegava fogo. As armas dela eram uma pesada maça prateada e um escudo circular com bossa de ferro.

– Minha empolgada companheira, Elener Kallen – comentou a *mashiyrra*.

– É um prazer conhecê-las – Sehn respondeu. Em seguida, apresentou os companheiros. Houve um sutil desconforto entre Elener e Diren, muito mais por suas naturezas opostas do que por inimizade. Era normal que *arur* reagissem dessa forma, uma vez que seus instintos animalescos se sobrepunham à racionalidade.

Apesar disso, o incidente que mais chamou a atenção de ambas as *sheyvet* foi o desconforto de Anik ao cumprimentar Kadriatus. O Guardião manteve o sorriso, abusando de seu vocabulário refinado, mas a garota se limitou a um aceno e depois se voltou a Sehn, confirmando o que ele adivinhara perante o ataque das cornetas de bronze.

– Eles ameaçaram explodir Safed se interferíssemos em seus planos. Aguardávamos um momento favorável, que vocês criaram.

– Foi o que imaginamos – Kadriatus foi ignorado por ela. No clima pesado, o *kiy* sinalizou aos amigos de que pouco sabia o motivo daquela raiva.

– Nenhuma *sheyvet* passou por aqui essa semana? Onde está sua *sepher*? – Sehn disfarçou o mal-estar. Também evitava o assunto do massacre. Não era hora para brigas internas, apesar de sua vontade ser de enfiar o dedo na cara delas e acusá-las de assassinato.

– Nossa líder e uma de nossas companheiras estão no porão, levamos um inimigo perigoso para ser julgado em Farhan e nos dividimos em turnos de vigia. A título de informação, os Legisladores cortaram a comunicação do Baronato de Shoah com o restante do império – ela explicou.

– Por obséquio, do que está falando, senhora? – interrompeu Kadriatus. Às vezes voltava ao seu vocabulário sofisticado, misturando-o às palavras coloquiais. Anik lançou-lhe um olhar de reprovação tão intenso que ele recuou assustado.

– *Hafraá* – Anik respondeu, sucinta. O *hafraá* era uma perturbação. Quando uma das *sephiroth* sofria muitas baixas, desequilibrando o número de soldados em campo. Sehn conhecia o efeito pelos livros, nunca o presenciara.

– Explique melhor – ele ordenou, cansado daquele jogo entre a mulher e o guardião. Ela continuou.

– Os Legisladores pretendiam lançar um ataque à capital, mas foram descobertos pelos *yoresh* e repelidos antes de se organizarem.

– E como aconteceu a *hafraá?* – Sehn interrompeu mais uma vez, detestando aquele mistério. Se Anik continuasse falando daquele jeito com seus subordinados, interviria.

– Nossos espiões tentaram comunicar ao Baronato de Shoah o mais rápido possível, mas a pressa deles os expôs demais e os inimigos aproveitaram para exterminá-los. Mais de setenta *yoresh* morreram no processo, enquanto outros cinquenta estão desaparecidos – a *mashiyrra* explicou.

Desta vez foi Dante quem se pronunciou, incrédulo.

– Impossível, nem todo o contingente desses palhaços faria isso! – Sem perceber, erguera a voz tão alto que chamou a atenção das pessoas.

– Lamento, mas é verdade. Recolhemos os corpos, erguemos as fogueiras e chamamos as famílias. Dos pouco mais de duzentos *yoresh*, sobraram sessenta. Não sei como os Legisladores fizeram isso, mas o imperador declarou a *hafraá* – Anik se compadeceu da fúria de Dante, afinal, a pistoleira em sua *sheyvet* também era uma espiã e partilhara deste sentimento.

Amparado pela população, Phoynikes pediu abrigo para cuidar de Dante. Os veteranos sumiram de vista, arrasados pela nova informação. O nó na garganta dos *bnei shoah* não permitiu que continuassem a falar, eles acompanharam Anik pelas ilhas, verificando como estavam os cidadãos e se alguma delas precisava de reparos mais urgentes. Um grupo de mecânicos se predispôs a consertar o Beatrix.

– Minha sobrinha, Ann d'Fiory, acabou de terminar o Cenóbio – Anik explicou quando uma *kohanim* jovem e loira veio avisar que o aeronavio estava pronto.

A sacerdotisa usava uma armadura cor de ouro envelhecido, porém feita de aço. Possuía uma elevação peitoral que lhe dava formas mais femininas. Das ombreiras, saíam tubos de *Nepl*, que se ligavam às costas, onde um pequeno motor roncava. A cintura estava protegida por um saiote de filamentos, com bainha para espada do lado esquerdo. A arma era de vidro acinzentado, assim como o escudo. Este tipo de equipamento tornou-se famoso entre os *bnei shoah* depois que eles passaram a forjá-lo com lava vulcânica e *Nepl*. As peças eram caríssimas porque poucos artesãos tinham a habilidade e o material necessário para sua fundição e manuseio.

– Coloquem as caixas no porão, pessoal. Não deixem muito perto dos prisioneiros – Anik organizava os estivadores, sem prestar muita atenção nos soldados.

– O prazer é nosso – brincou Sehn. Tentava diminuir a tensão, pois a mudança na estrutura dos *yoresh* afetaria o exército. O mais provável era que Noah convocasse os espiões e os colocasse sob proteção até os aspirantes no Cenóbio se formarem.

Perdendo *yoresh*, o império recuaria, enviando *sheyvet* inteiras para o Baronato de Shoah e outras regiões distantes. Só que isso demoraria mais de um mês, pois havia guerras intensas em Eliath e conflitos civis em Kuronaya. Noah só poderia contar com os soldados que estivessem na capital, e, mesmo assim, resguardando alguns deles para segurança.

– A Fênix Morta e os Legisladores despertaram dois Titãs, mas nós conseguimos impedi-los graças a nossa barcalma – explicou Sehn. Diren pediu-lhe para ajudar a sacerdotisa, com o consentimento do líder, juntou-se ao grupo. A pistoleira apareceu rápido, afastando um estivador para ajudar o *arur*. Anik revirou os olhos, enfastiada com aquela demonstração de amor juvenil.

– Dois Titãs? Deve ter sido uma batalha digna – Anik parou, Elener ao lado. Sentaram-se na borda de outra fonte, onde havia a estátua de um velho capitão e seu aeronavio.

– E foi – Sehn completou, cansado de fingir humildade. Escondeu os detalhes sobre a fábrica e Tesla, exagerou as lutas de seus amigos, principalmente Kadriatus. A *mashiyrra* virou de costas ao escutar o nome do guardião. Uma falta de respeito que não passou despercebida.

– Algum problema com meu irmão? – interpelou Sehn.

– Drachenfels? – ela devolveu, sob o olhar irritado dos três que continuavam por perto, Sehn, Kadriatus e Maya, em quem demorou um pouco mais o olhar.

– Sim, comigo, senhorita Anik Ruiz – o guardião pronunciou. O tom seco dela incomodava. Ainda tentava lembrar o motivo da discussão quando crianças, mas foi ela quem tomou a iniciativa.

– Um menininho rechonchudo, prepotente e grudado na saia

aristocrática da mãe – aquilo soou como uma ofensa sem tamanho, que os expectadores decidiram interromper.

– Como é que é? – Kadriatus passou pelos amigos, colocando-se à frente dela. Elener também avançou em desafio. Anik manteve o sorriso, destilando seu veneno contra o rapaz de olhos brancos.

– Não se lembra de nossa conversa? Discutimos quando crianças algo que influenciaria nossa vida para sempre. Você nem se lembra do dia?

– Perdoe este débil cavalheiro se a face de Edgar Crow não lhe é aprazível, mesmo quando Legisladores e Titãs retornam soçobrando a paz imperial. Quereria eu que o homem se prendesse a tais detalhes insignificantes – ele retrucou, evitando a *arur* em seu caminho.

– Quem bate, esquece – Anik citou.

Sehn, absorto, imaginava se Kadriatus agredira a garota no Cenóbio. Maya o questionou, aquilo era um mistério até para o *sepher*.

– Nunca encostei em uma mulher! – Kadriatus se defendeu.

– Seu idiota! – ela sibilou, deixando a pose madura e assumindo sua pouca idade. – Nossos pais nos prometeram em casamento, Kadriatus Drachenfels! Não lembra? Nossa discussão foi porque eu era uma das fãs de Edgar e queria me casar com ele! Você ralhou comigo, dizendo que meu marido era você, por toda eternidade!

A máscara impassível da *mashiyrra* sumiu. A tristeza dela por ele não se lembrar contagiou até Maya. Ela, como mulher, entendia a sensação de perder seu amado e depois reencontrá-lo, achando que jamais ficariam juntos.

– Por favor, eles nem lembram disso – o *kiy* tentou consertar. Amava Nadja, não aquela garota estranha à sua frente.

– Pessoas honradas mantêm suas promessas – ela retirou um anel de prata do bolso, entregou a Sehn, que era autoridade maior sobre Kadriatus. Na parte interna do objeto, estavam gravadas as iniciais dos prometidos: K.D. e A.R. O *mashiyrra* engoliu em seco, dando o anel para a esposa.

– Seu canalha! – Maya jogou o anel nele bufando. Largou o marido e se juntou às garotas da Rosa Púrpura, que seguiram para um dos bares. Entraram batendo a porta e fecharam as janelas.

– O que diabos foi isso? – Kadriatus balbuciou.

– Não faço ideia – Sehn gargalhou, tentando retomar o controle. Desistiu, apoiou no amigo e desatou a rir até a barriga doer.

– Dá pra parar? – O guardião retrucou, indisposto a acompanhar o *sepher*.

– Não – Sehn engoliu a respiração.

– Juro que não me lembrava disso, você me conhece, jamais trataria uma dama desta maneira e... – Kadriatus continuou reclamando, mas nada adiantava. A situação era ridícula demais.

– Como assim você é prometido em casamento? – Dante falou tão rápido que teve de repetir a frase, engasgando de tanto rir em seguida. Phoynikes, de sobrancelhas erguidas, emudeceu com a boca aberta.

– Eu sou prometido a Anik Ruiz, Dante – explicou o guardião pela sétima vez, consciente de que tradições orais eram mais fortes que leis escritas. A ofensa em romper com a família Ruiz poderia arruinar os Drachenfels.

– Eu ia fazer piada, mas a situação é ruim demais para isso – falou o capitão, em uma piada involuntária.

Voltaram a falar do caso dos espiões, cientes de que mais alguém atuara com Edgar e Tesla. Afinal, não fazia parte da estratégia deles destruir a *Kabalah*, mas torná-la um aliado contra os *ggoyim*. Se encontrassem essa pessoa, dariam um basta nos Legisladores.

– Deve ser alguém do alto escalão convencional, vários deles simpatizam com o movimento retrógrado e se mantêm distantes para não criarem provas contra si – raciocinou Phoynikes.

– Como pegá-los? – Sehn raspava a garra dracônica na mesa.

– Sinceramente? É impossível levá-los ao tribunal. O melhor seria julgá-los sem a intromissão do exército – Phoynikes aconselhou.

– Você está dizendo para, se encontrarmos um destes líderes em missão, aniquilá-los sem a justiça imperial? – Parando de riscar a mesa, o *mashiyrra* ajeitou as costas.

– Sim – Phoynikes respondeu sucinto.

Alguém batia na porta. Kadriatus foi atender e se deparou com Anik.

– Reunião na taverna – a garota anunciou, depois saiu mancando, a espadasserra sempre como apoio.

O guardião permaneceu imóvel, ia repassar a notícia aos companheiros, mas eles riam se arrumando para sair.

– Ela faz eu me sentir pior do que os Legisladores – ele lamentou.

– Não, imagina, eles ainda têm ética – Dante replicou.

A taverna ficava do outro lado da rua em um prédio de dois andares. Bateram antes de entrar, mas ninguém os recebeu.

– Entra primeiro – Dante pediu a Kadriatus, que recusou.

– Parem com isso – Sehn passou por eles, entrou.

As mesas organizadas para dar mais espaço à *Kabalah* enfileiravam-se no canto oposto ao balcão. As mulheres da Rosa Púrpura mal os cumprimentaram. Sehn notou que a esposa conversava animada com a *yoresh* pistoleira que simpatizara com Diren.

Anik começou a reunião antes de eles se ajeitarem. De propósito, os recém-chegados arrastaram as cadeiras e as mesas, provocando o máximo de barulho possível. Como se a culpa fosse de Kadriatus, a *mashiyrra* ralhou.

– Você não poderia erguê-la?

– Você não poderia esperar? – ele devolveu. Anik bufou, virando os olhos. De vez em quando, deixava escapar seu humor adolescente. Não era muito mais velha que os membros da Canção do Silêncio. Na verdade, Sehn presumia que ela tivesse a mesma idade do guardião, uns dezenove anos.

– Mês passado Noah Ahsverus foi a Latakia propor casamento à princesa Horvath. O parlamento acredita que esta união possa diminuir a tensão entre o Quinto Império e os *syrians* – Anik explicou antes dos homens se ajeitarem totalmente.

Coberto por uma camada artificial de nuvens, Latakia era habitada pelos *syrians*, um povo avesso à luz solar e que se alimentava de sangue. Os problemas entre as duas nações começaram quando a imigração para o reino sombrio aumentou, já que a taxa de emprego subiu vertiginosamente após a descoberta de um combustível que disputaria espaço com a névoa – o petróleo.

Entretanto, os *syrians* cobravam dos humanos comuns um "Tributo de Sangue", que toda pessoa normal deveria pagar em ciclos de três meses. Este tributo nada mais era que uma doação de sangue ao governo para alimentar a casta dos nobres. A estratégia diminuiu a taxa de ataques à população quase a zero.

Havia uma diferença entre os termos "latakiano" e "*syrians*". Os primeiros eram humanos normais que viviam no reino, trabalhavam para a casta nobre e recebiam o título de cidadãos honorários. O segundo grupo era imortal. Mais forte e ágil que humanos comuns, dependiam de sangue para se manter vivos. Foram eles que dividiram a sociedade em castas e descobriram o petróleo nas entranhas de seu reino.

Era possível que um latakiano se tornasse um *syrian*, mas precisava de uma permissão governamental e provar relações duradouras com uma destas criaturas, casando-se com ela durante o ritual de conversão.

– Uma união entre a princesinha deles e o nosso imperador pode impedir uma guerra que se anuncia há anos – Anik dava ênfase à palavra "casamento", o que fez Kadriatus prestar muita atenção em uma mancha na mesa.

– Sim – concordou Sehn. Apesar de engraçado, não aguentava mais a falta de comprometimento de Anik.

– Mais alguma novidade? – interpelou Phoynikes, sério. Pelo menos os mais velhos se concentravam no assunto. A queda dos *yoresh* era mais importante que uma promessa infantil.

– Sobreviventes de Desdalain chegaram há pouco tempo, espalhando a notícia que foram salvos por vocês. Pelo menos, essa vitória, somada à empolgação pelo casamento de Noah e a libertação de Safed, vão transformar a Canção do Silêncio em heróis. Preparem-se para entrar para a lista dos dez mais – Anik concluiu sorrindo, mas fechou a cara quando seus olhos pousaram em Kadriatus.

– Isso aqui está beirando o ridículo – ele murmurou para Sehn.

A porta da taverna abriu antes que outra discussão começasse. Stephanye, a *yoresh*, chamou as companheiras, avisando que o aeronavio estava pronto para uso. Já que o delas tombara no ataque dos Legisladores, usariam um deles.

– Então nos dividimos, com votos de que a Canção do Silêncio e a Rosa Púrpura mantenham relações amigáveis por toda sua existência – brindou Phoynikes.

– Que se faça a vontade de Shoah – confirmou Anik, muito mais por etiqueta que pelo desejo real de união.

– Nós também vamos embora. – Sehn cogitara embarcar as

mulheres no Beatrix, mas além da tensão havia o segredo no porão e seria muito estranho passar a viagem inteira impedindo-as de acessar uma área tão comum.

– Não temos como sair, pelo menos nos próximos três ou quatro dias. A porcaria do motor fundiu de vez – interrompeu Dante. Havia algo mais em suas palavras, mas o *sepher* não captou.

– Como faremos, então? – indagou Kadriatus.

– Venham conosco, será uma honra escoltá-los – ofereceu Anik, surpreendendo o grupo. Talvez uma maneira de pedir desculpas pela agressividade anterior. Kadriatus achou tratar-se de uma armadilha, soletrou um "não" para Sehn, que ignorou.

– A honra será nossa.

Combinaram de se encontrar duas horas depois. A Rosa Púrpura passou a responsabilidade de Safed para Dante, Phoynikes e Diren, que ficariam para cuidar da barcalma. Em um gesto de solidariedade, Anik permitiu que Stephanye permanecesse para ajudá-los. O *arur* reclamou com Sehn, mas nada pôde fazer a respeito.

Vendo a *sepher* reunindo seus pertences, Kadriatus segurou o braço humano de seu líder e confidenciou.

– Eu te odeio, Sehn Hadjakkis.

Aliança

A consciência de *Tehom* saboreava o efeito de seu pronunciamento quando sua intuição o alertou para os feixes de luz que escapavam entre as frestas da janela. O ar entrou numa lufada rápida, derrubando os papéis de cima da mesa. As persianas soltaram da parede e o vidro trincou, estilhaçando-se em seguida.

Tehom assumiu o controle do corpo e jogou a mesa de lado antes que o fogo o atingisse. A onda de calor passou ao seu redor, derretendo o acolchoamento da sala, arrebentando as lâmpadas e estourando o rádio e o microfone. Um jorro quente atingiu o olho mecânico do soldado, que aguentou a dor, esperando a explosão terminar.

O prédio tremeu. Metal rangeu e se partiu. Os cabos das antenas de comunicação se romperam, enrolando em um poste e a jogando em cima do reservatório de água. A enchente evaporou antes de chegar ao chão, liberando uma nuvem de vapor.

Acabou tão rápido quanto começou. As chamas desapareceram, deixando como legado um rastro de fumaça e cinzas, que sufocavam Bernard. Mormaço subia do metal, dissipando-se aos poucos, para surpresa, os únicos danos ao M.E.C.A.S. eram arranhões na lataria.

Por precaução, saiu logo da base para encontrar o autômato, caso houvesse outra explosão, se esconderia dentro dele. O olho mecânico desativara, diminuindo sua visão. A perna esquerda rangia, os pulmões ardiam e o fôlego o abandonava. Sentiu o mundo girar ao seu redor e raiva do frágil corpo humano.

– *Abwehr Firth!* – o dragão forçou o controle, sentia o humano desistindo. Intensificou seus sentimentos e forçou sua mente a entender que o sacrifício de poucos valeria a proteção de muitos. A bengala rachara, sem quebrar, e o casaco desaparecera.

Voltou para o M.E.C.A.S., percebendo que um caminhão tombara ao lado dele e a *Nepl* aumentara as chamas. Curiosamente a estátua do soldado na boleia sobrevivera, exceto as pernas, desfeitas pelo vento.

Ligou o autômato e voltou para o centro de Latig. A estação de trem era a menos atingida, mas os trilhos se espalhavam pela área mais próxima. O prédio principal perdera o hall de entrada e a escadaria frontal, mas o grande relógio da estação tiquetaqueava.

Ao leste, os aeronavios da *Kabalah* formavam uma pilha destroçada. Bernard divisou o aríete do Punho de Shoah e o casco da Víbora de Prata. Tentou lembrar o nome dos veículos por distração, já que seu interesse maior era saber se havia sobreviventes. Pousar era arriscado. Estava em menor número e não sabia se a explosão causaria danos internos ao M.E.C.A.S., mas, por fim, continuou.

A cratera lhe dava uma ideia do que acontecera. A grande estação portuária despencara, virando um rio de ferro fundido ao longo da rua principal. O prédio do Ministério Público continuava de pé, mas as janelas e portões sumiram. Grandes pedras resistiram ao fogo enquanto as pequenas enegreceram e racharam.

Bernard pousou no limite da cratera, cuidadoso para não escorregar no terreno acidentado. Seus sensores captaram a movimentação de Sardeck, cujo autômato saía de dentro de um prédio.

– *Informações, major* – ordenou Bernard, pouco se importando com o bem-estar do soldado.

– Eles nos pegaram, senhor – Sardeck perdeu força, a máquina estalou, recuou e caiu sentada, provocando uma nuvem de poeira. A cabine de controle faiscou e fogo crepitou no ombro esquerdo. O marechal jogou terra em cima dele, apagando-o.

– *Vocês perderam?* – Bernard indagou incrédulo. A fúria foi, aos poucos, nublando a razão.

– Não, senhor. Nós vencemos, mas a um alto custo – o major chutava a cabine, cujo sistema avariado não permitia que ele saísse. Bernard sinalizou para que se protegesse e arrancou o vidro.

– *O plano era simples, major. Lutar enquanto eu fazia o pronunciamento, impedir a Kabalah e esperar que eu atacasse pelo sul* – a raiva fez o Marechal jogar o vidro longe e se inclinar sobre o subordinado. Sardeck tremeu, mas reuniu coragem e explicou.

– Lyona me desobedeceu e atacou sem esperar as ordens. Então a *Kabalah* jogou um aeronavio em cima dela, senhor – uma máscara de sangue se formara em seu rosto, mas, além do corte na testa, não havia ferimentos graves. Em uma das mãos, a foto da família.

– *Impossível, ela...* – Bernard se interrompeu, devia manter os planos em segredo até chegar a hora derradeira. O aspecto cadavérico de Sardeck o lembrou de outro instrumento da União, mais importante que máquinas e rebeldes.

– *E quanto a Albert?* – Afastou-se. O marechal procurava contato visual.

– Perdi contato com ele desde a explosão, senhor – Sardeck confirmou, baixando a cabeça.

Apesar de Albert ser de posto militar inferior, era o mais famoso dos três e a peça chave para mover os planos da União. Perdê-lo agora arruinaria as ideias de Bernard. A preocupação aumentou. Lyona já era de lamentar, mas a segunda perda era inconcebível. Deu um murro na cabine e o M.E.C.A.S. imitou o movimento contra o chão.

– Vou procurá-lo a pé, senhor – disse Sardeck, em tom de desculpas. Como o superior não protestou, afastou-se para o local onde vira Albert pela última vez.

– *Irei com a máquina* – avisou Bernard em tom áspero.

A busca demorou menos do que acreditaram. Alguns minutos mais tarde, Sardeck chamou pelo comunicador. Avistara uma perna mecânica saindo de dentro de um casarão. Usaram seus autômatos para desenterrar o M.E.C.A.S. do companheiro. Os ligamentos do braço esquerdo rompidos, o peito rachado e a cabina transpassada por vigas de ferro. O piloto sumira, Bernard usou a visão ampliada de seu capacete para discernir pegadas humanas ao seu redor. Captou o trajeto que elas faziam até uma das ruas paralelas.

– *Para lá* – apontou em direção a um discreto templo de Shoah, que também sobrevivera à explosão. Pegou duas pistolas e a bengala, sentindo que encontraria problemas. Desceu do veículo e se juntou ao subordinado.

O local era modesto, um prédio quadrado cercado por jardins, que sumiram embaixo do pó. Ao invés de possuir colunas na entrada, havia duas estátuas idênticas de um homem careca e de túnica com os pés e braços acorrentados. Por costume, Sardeck o reverenciou, Bernard permaneceu impassível.

A nave do templo se encontrava preenchida com longos bancos de madeira e genuflexórios. Nas paredes, incrustados nas colunas de sustentação, havia estátuas dos seguidores de Shoah. Sardeck, dessa vez, se esforçou para não reverenciar cada uma.

– *Nosso alvo* – Bernard apontou o púlpito. O altar imitava uma urna de madeira com fechos de aço. Ao lado dele, uma Árvore da Vida feita de bronze e folhas de ouro, possuía dez galhos, representando as *sephiroth* da elite. Ao darem o primeiro passo, escutaram uma voz grave reverberando pelo templo.

– Yoresh Sorah Ibrahim serviu a Shoah como espião quando a guerra começou. Diz a lenda que era tão furtivo que seus irmãos não notaram sua presença embaixo da Árvore da Vida.

Sacaram as armas, esperando um ataque. Lembraram que talvez houvesse um *bnei shoah* sobrevivente atrás deles.

– *Quem está aí?*– indagou Bernard, disparando contra uma sombra que correu entre as colunas opostas. Acertou uma estátua, arrancando seu braço. Novamente, o pronunciamento, mas, desta vez, por uma voz mais fraca e acompanhada de um acorde musical.

– Como todos os membros da *Kabalah*, Yoresh foi programado para exterminar os Titãs e criar uma nova sociedade, baseada no bem-estar e na liberdade igualitária.

Dessa vez Bernard e Sardeck atiraram em direções diferentes. As balas ricochetearam, quase atingindo um ao outro. Sardeck avançou para o púlpito, usando os bancos como proteção. Arranjou um lugar para ficar e deu cobertura a Bernard. O marechal teve dificuldades por causa da perna, mas o alcançou. Agachou-se ao lado do major e contou as balas, precisava terminar logo com aquilo.

O terceiro pronunciamento veio acompanhado de um ronronar felino.

– Yoresh ensinou a seus irmãos a arte de se esconder e revelar segredos. Ensinou aos *bnei shoah* os mistérios da vida e da morte, o segredo da Névoa e da Eternidade. Dizia-se que *Ein Sof* falava com ele nos sonhos, revelando tantos segredos quanto há de estrelas no céu. Mas isto é mentira, pois todos os *yoresh* são mentirosos e trapaceiros – ao fim, um rugido, que acelerou o coração dos militares.

– *Apareça, desgraçado* – invocou Bernard.

– Por que eu deveria aparecer, quando meu inimigo oculta a verdade? – anunciou a primeira voz, a mais potente das três. Em algum lugar uma arma engatilhou.

Sardeck aproveitou a distração e correu até o púlpito. Seu plano era carregar Albert para fora enquanto o marechal distraía os adversários. Jogou o corpo por cima do ombro e voltou, mas, ao passar o primeiro degrau, um chute o desequilibrou. Sem conseguir olhar o agressor, caiu em cima de um banco e soltou o companheiro. Gritou e Bernard veio em seu auxílio. O atacante era um homem careca e de barba vestindo uma túnica vermelho-sangue. Apesar da idade, lutava como um jovem.

Ele desarmou Bernard. Os dois se engalfinharam com murros fortes, que partiriam as costelas de um homem comum. Mesmo assim, nenhum deles cedeu, batendo cada vez com mais violência. Em dado momento, o militar sacou a outra pistola e pressionou a têmpora do velho.

– *Acaba aqui, bnei shoah.*

– Não – antes que Bernard apertasse o gatilho, o velho tocou a arma com a mão esquerda. Houve um estalo. Depois, mais outro. A pistola desmontou, os menores parafusos escorregaram entre seus dedos e a pólvora vazou dos cartuchos, sujando suas luvas.

– *Como você...* – ia falar, mas levou um chute na boca e caiu por cima de Sardeck. Humilhado, apertou um botão na parte superior da bengala, soltando a madeira e transformando-a em uma espada.

– Posso ver o que sua alma se tornou, Bernard Firth. Por isso, estou aqui – o velho sinalizou para os fundos do templo, despreocupado com a ameaça da lâmina. Dois rapazes saíram de trás das pilastras. O mais alto deles com um banjo e o menor acompanhado por um tigre negro com asas de morcego.

– *Você sabe?*– Bernard tartamudeou, a consciência de *Tehom* se recolheu e ele sentiu o controle pleno de seu corpo mais uma vez. Ainda assim, o dragão estava lá, observando das profundezas o recém-chegado.

– A *Kabalah* enganou os *ggoyim* por anos, dominando seu povo enquanto o que deveriam ter feito era obedecê-lo. Os *bnei shoah* foram um erro e nós estamos aqui para corrigi-lo – O velho sentou no banco mais próximo, finalmente demonstrando exaustão.

– *Mas, quem são vocês?* – Bernard se recompôs. O velho respondeu.

– Nós somos a *Qliphoth*, a *antiKabalah*.

A noite tomou o céu devagar, como se o sol resistisse à sua chegada. Era quase oito da noite e discretos raios alaranjados ainda se espalhavam pelo horizonte. Bernard ficou quieto, ainda preocupado com a tríade, mas fez uma anotação mental para investigar esses estranhos fenômenos.

Por insistência de Abaris, deixaram Albert no púlpito. A camisa do soldado, empapada de sangue coagulado, e um ferimento no pescoço denunciavam que, se não fosse pelo tratamento dos homens de vermelho, teria morrido na cabine do M.E.C.A.S.

O líder da *Qliphoth* se impressionara com as grandes máquinas, comentando que a tecnologia a *diesel* era de grande valia na guerra vindoura. Elogiou a estratégia política de Bernard e a forma como ele manipulara os parlamentares para aprovar a União. Essas demonstrações de conhecimento perturbaram o marechal, que aguardou o velho revelar seus planos.

Ouviu os elogios. Ainda que Abaris parecesse de confiança, suas palavras o incomodavam. O líder vermelho alertou que, apesar de possuir todo aquele equipamento, ele seria insuficiente para deter a *Kabalah* e para isso estava ali. Desejava ajudá-lo a combater este mal antigo e extirpá-lo de Nordara.

– Enfrentar a *Kabalah* de frente é suicídio – finalizou Abaris.

– *O que você deseja, velho? Não podemos esperar mais. O ataque dos Legisladores os enfraqueceu e estamos no momento propício para uma revolução. Temos também um herói em nossas fileiras* – retrucou Bernard, irritado pelo que achava serem palpites de um louco.

– Eu lhe disse para esperar? Avisei que um ataque direto é suicídio. Apenas isso, rapaz. O momento não poderia ser melhor. Se a *Kabalah* enfraqueceu por causa de Desdalain, melhor ainda, mas o que eu procuro é algo mais profundo, que poucos conhecem – Abaris parou, fitando um M.E.C.A.S.

– *A máquina do mundo* – Bernard estremeceu, cruzou olhares com o líder vermelho, ambos cientes de que buscavam a mesma coisa.

– Exato. Ela é a fonte de poder dos *bnei shoah* e, através dela, podemos mudar e vencer esta guerra antes que comece – os olhos de Abaris brilhavam, contendo a mesma raiva que Bernard guardava em seu âmago.

– *Por que tanto interesse em destruí-los?*

Entendia os Legisladores como retrógrados perigosos, com pouco conhecimento do avanço que a queda dos Titãs trouxera. Também entendia a União como um grupo separatista que não aceitava mais o domínio *bnei shoah*. Porém, a *Qliphoth* era um mistério.

– É o nosso legado, Firth. A *Kabalah* foi criada como um instrumento para proteger os *ggoyim*. Shoah é apenas um *golem*, um ser artificial programado para derrotar os Titãs. Você sabe disso, não? Encontraram a Fábrica e a verdade sobre os Seguidores – Abaris falou.

– *Não vou responder até você confessar como sabe de tudo isso, velho. Diga-me, onde estão seus informantes?* – Bernard retrucou, afastando-se o suficiente para ter uma reação, caso o outro atacasse. Isso não aconteceu, com naturalidade, Abaris confessou.

– A *Qliphoth* está infiltrada em sua sociedade desde a morte de Shoah. Passando despercebidos até aos *ggoyim*, devido à nossa posição social inferior. Rastejando atrás dos *yoresh* sem deixar pistas de nosso ódio.

Bernard digeriu o discurso, sem uma resposta sensata. Para que a *Qliphoth* se furtasse, deveria agir com tanto cuidado que restavam poucas opções de vida aos seus integrantes. Não estranharia se Abaris dissesse que desconhecia alguns de seus membros, afinal, um segredo tão bem guardado conteria certas incoerências. Assim, ocorreu-lhe uma ideia.

– *Vocês se escondem no próprio exército...*

– Camareiros, cozinheiros, limpadores de vidro, engraxates de botas. Invisíveis, como eu disse. Nem vocês prestam atenção no populacho. Nos veem como nada, como mobília de suas casamatas. A *Kabalah* nunca notou que seus camareiros são um exército inimigo, porque, para ela, inexistimos – Abaris sorriu, com desprezo, mas, ainda assim, envolvente.

– *A máquina será minha, entendeu?* – ameaçou o marechal. Não gostava de perceber que havia uma revolução infiltrada na sua.

– Veremos, soldado. Por enquanto, precisamos formar uma aliança para derrubar um inimigo em comum – insistiu Abaris, dando pouca atenção à ameaça.

– *Por que confiaria em vocês? Já tenho a localização da fábrica, os M.E.C.A.S. e o Shemém. Meu poder de fogo é imbatível* – Bernard demonstrou a confiança que sentia na União.

Abaris lhe ofereceu os restos da pistola que destruíra. Sereno, alertou.

– Você guarda um Titã em sua alma, Bernard. Posso sentir o poder daqui. Vamos fazer um trato. Conceda-me abertura para entrar em Farhan e apoiar a União em segredo e eu não conto a ninguém que *Tehom* foi quem criou a União.

– *Ofereça-me sua lealdade, Abaris, e veremos até onde a Qliphoth honrará seus deveres* – Bernard ofereceu, interessado no possível aliado. Sabia que sua resposta decidiria o fim daquele dia. Pensou direito, não tinha nada a perder e ainda contaria com o poderio da *Qliphoth*, que odiava a elite tanto quanto ele.

– Vamos chegar em três dias – falou o velho.

– *Mantenha nossa aliança em segredo. Não quero que Albert e outros convencionais de posto menor saibam quem são vocês até atingir meus objetivos. Entendeu?* – Bernard completou.

– Esteja preparado para receber sua guarda pessoal, *Abwher Firth* – Bernard se surpreendeu com mais uma revelação do velho. Em breve saberia de onde retirava tantas informações, mas, por enquanto, engoliu o orgulho.

Uma caixa de primeiros-socorros ficou com os convencionais após os membros da *Qliphoth* partirem. Bernard observava-os cavalgar até sumirem de vista. A perda de Lyona fora amenizada por essa revelação. Um pequeno exército pessoal faria toda a diferença quando a Guerra da Sucessão explodisse. Tinha certeza que um banho de sangue se aproximava e estava disposto a ser o homem que o iniciaria.

Virou-se em direção às montanhas. Em algum lugar dali, a Máquina do Mundo se escondia e seus espiões percorriam cada caverna, vale e rio nas entranhas de Hellyah atrás dela. Era questão de tempo até controlá-la e dar a imortalidade aos convencionais.

Os *ferds* ainda ecoavam, perturbando a paz de Latig. O metal contra pedra era um som terrível, que lembrava ao marechal sua verdadeira natureza. Ele precisava arranjar um jeito de eliminar o controle do Titã em sua consciência, só assim teria plenos poderes sobre a União e seu plano.

– Senhor, recebi uma chamada. Nossos confrades se aproximam com reforços – Sardeck interrompeu seus devaneios.

– *Excelente, mas não voltaremos a Desdalain. Nosso destino é a capital. Avise-os de que todos os aeronavios fiéis à União devem se encaminhar a Farhan.* – ordenou o marechal, voltando a ser controlado por *Tehom.*

– Senhor? – Sardeck estranhou aquela mudança repentina.

– *Major, a* União *tem a força necessária para dominar o Parlamento, principalmente agora que suas lideranças foram assassinadas pela Kabalah. Minha mensagem se espalha pelo império enquanto conversamos. Se Noah quiser nos enfrentar, que assim seja, mas lutaremos com política, antes de usarmos armas.*

Sardeck tremeu e perguntou:

– É hora de dar o sinal?

– *Sim.*

Silente, o major girou nos calcanhares e se encaminhou para o M.E.C.A.S. de Albert. Havia um botão embaixo do painel de controle, protegido por uma tampa de vidro. Apertou-o e um facho de luz emergiu da cabine, preenchendo o céu com uma esfera dourada. Andou até seu próprio robô e repetiu a ação. A luz formou uma engrenagem dentro da esfera. Sardeck lamentou por Lyona, pois cada um deles contribuía para a formação daquele ato.

Sem que chegasse perto do M.E.C.A.S. de Bernard, viu-o acender. As máquinas formavam um triângulo luminoso em Latig e, no céu, se destacava o símbolo da União, mas sem a asa esquerda. Os dois militares fizeram silêncio, em homenagem à tenente Lyona Jevons. Sua perda seria lembrada como o sacrifício derradeiro pela ideologia do partido.

Solidão

Eleniak calculou quantos metros o separavam da árvore solitária que despontava no alto da vertente. Era uma tarde morna, indicando que o inverno estava para terminar e a primavera chegaria com força total. Eles já podiam escutar os primeiros pássaros e, em seu caminho, tinham visto alguns esquilos e pegadas de alces.

– Acha que consegue? – Dedrick esbarrou nele, bateu palmas e sorriu. O grandalhão era um sujeito de riso fácil, tão simpático que era difícil acreditar em sua mente estratégica e habilidade guerreira. Talvez, por isso, a eficiência. O inimigo só tinha ideia do que estava acontecendo quando já era tarde demais.

– Vencer meu *krigare?* – Eleniak retrucou. Fora escolhido como líder do grupo enquanto Dedrick era o chefe de guerra.

– Vamos lá, *jhar* – Dedrick continuou provocando.

– Então, *jhar!* – Eleniak empurrou o ruivo para o lado, jogando a mochila e a espada para Vikko.

Os outros riram vendo a tentativa frustrada de Dedrick em acompanhar Eleniak. O *jhar* disparou como uma flecha, vencendo por mais de dois metros.

– Foi seu nariz que venceu, *krakki!* – Dedrick reclamou ao alcançar o adversário. Arfou, apoiou-se na árvore e deu um soco leve no ombro dele.

– Transforme-se em lobo e corremos de novo, *hårete* – Eleniak brincou sobre os pelos excessivos do companheiro.

– Quando quiser, *krakki* – Dedrick repetiu a ofensa, chamando o líder de menino. Deixou-se levar pelo bom humor e o abraçou.

Erinjhar verificou o mapa, com Vikko ao lado. O jovem druida parecia querer desafiá-lo a uma corrida também, mas desistiu quando Erinjhar suspirou entediado.

– Mais um dia de caminhada e entramos na área de Yenillor – o batedor comentou.

Vikko esticou o pescoço para ver melhor. Quando ia palpitar sobre a rota, Sombra de Inverno passou por eles sacando a maça e a foice.

– Anões Brancos! – Ela cobriu Vikko, desviando uma pedra certeira.

Crateras se abriram no chão e os anões emergiram como toupeiras. Tinham um metro e vinte de altura, cabelos loiros esbranquiçados e olhos brilhantes como joias. Os corpos eram robustos, com mãos e pés que terminavam em unhas grossas e compridas.

Um machado rasgou o mapa ao meio. Erinjhar jogou o pergaminho na cara do anão e o chutou. Cravou a espada em seu pescoço e juntou as costas com a *Valkyria*. O corpo do anão se tornou uma estátua de gelo e se espatifou quando Vikko esbarrou nele.

– Emboscada, reagrupar! – Escutaram Dedrick gritar.

– Armas! – Eleniak pediu, mas havia uma fileira de inimigos entre eles e os companheiros.

– Pegue a minha, Eleniak! – Erinjhar jogou a espada negra no ar e pegou Nihar, a arma de Eleniak.

– *Afkast!* – O *jhar* esticou a mão e gritou. A arma negra voou para suas mãos. Ele golpeou os anões, deixando para Dedrick o trabalho de estourar as estátuas de gelo que ficavam para trás. O grandalhão jogou as lascas de gelo nos outros anões, atrapalhando-os.

Por um instante, tiveram medo. Eram mais de vinte anões cercando os com espadas velhas e estilingues. Mesmo que não matassem de uma vez, minariam suas forças. Eles perderam terreno, até que Sombra de Inverno se destacou na luta e fez os pequeninos brancos recuarem Um azarado tropeçou e foi cortado por sua foice; outro, jogado longe pela maça. Um terceiro voou em pedaços quanto tentou saltar sobre ela com uma faca. Em menos de dois minutos, os trinta anões diminuíram para quinze.

Os homens pararam. Olharam para Sombra de Inverno, que mergulhara no círculo de anões e tirava-lhes as vidas. Depois de um tempo, eles começaram a puxar os anões sobreviventes para trás, até que a garota parou de atacar e gritou desafios:

– Venham, miseráveis!

– Que aconteceu com ela? – Dedrick perguntou, chutando um anão assustado para longe.

– Não sei, mas funcionou – Eleniak respondeu.

Deixaram os sobreviventes fugirem, pois não precisavam terminar o dia em uma carnificina sem sentido.

– Odeio Anões Brancos – Sombra de Inverno falou, limpando o corpo com a neve.

– Percebi – Eleniak ofereceu o manto para ela se enxugar. Respirou fundo. Queria perguntar a razão de tamanha violência, mas ela falaria quando fosse o momento. Uma coisa que aprendera liderando soldados era que, por mais reclusos que fossem, uma hora desabafavam.

Caminharam em silêncio até o fim da tarde, quando encontraram uma formação rochosa para passar a noite. Erinjhar foi procurar gravetos para acender uma fogueira. Voltou meia hora depois, correndo esbaforido.

– Recolham tudo, vocês precisam ver isso – ele falou, ajudou-os a recolher os pertences às pressas e partiu com o grupo para o sul. Quinze minutos depois, estavam em uma formação rochosa que despontava em uma grande cratera. Nos fundos dela, destroços de um aeronavio.

– Como isso veio parar aqui? – Eleniak indagou enquanto desciam para averiguar.

– Deve ser da guerra, quanto mais ao sul, mais fácil achar essas coisas – Erinjhar respondeu.

– É seguro dormir aqui? Não gostei – Sombra de Inverno já estava com as armas nas mãos.

– Verifiquei a área, não há marcas de pegadas e todas as coisas de valor já foram roubadas. O que acha? – Erinjhar sugeriu. Era melhor que passar a noite ao relento.

– É difícil de fugir se formos atacados. O lado ruim do aeronavio pode ruir a qualquer momento, a neve pode escorregar pra cima da gente – Sombra de Inverno reclamou.

– Vamos arriscar – Eleniak jogou o equipamento, esticando o saco de dormir.

O aeronavio era grande, mas se abrira em dois. O lado que eles conseguiam usar era o do porão, com espaço suficiente para dormirem em fileiras. Procuraram um símbolo que pudesse identificar a quem pertencera aquela máquina, mas não encontraram pistas. Até a carranca fora levada.

– O primeiro turno é seu, Erinjhar – Eleniak ordenou.

O grupo dormiu rápido. Nada aconteceu nas primeiras horas, exceto por um alce que apareceu na orla da cratera, mas foi embora desinteressado. Quando o turno de vigia acabou, Erinjhar acordou Eleniak.

– Montar guarda aqui é quase perda de tempo, ninguém virá – Erinjhar bocejou.

– Muito me admira um batedor falando desse jeito, Erin – Eleniak devolveu. Esfregou os olhos e ficou andando ao redor do aeronavio. Mas depois percebeu que era verdade, não havia pegadas na neve, exceto as suas.

– *Järvenden* colocou homens comuns ao seu lado, enquanto dezenas de *jhars* se banqueteiam em casas quentes. Isso é justo, Eleniak Sadhart? – a voz que proferiu essas palavras vinha da escuridão. Eleniak sacou a espada e jogou uma tocha nas sombras, iluminando um homem de vestes negras que se aproximava devagar.

– Não existe rei além do lobo – Eleniak devolveu, incomodado.

– E o Rei do Inverno? – o homem respondeu. Mesmo na penumbra, Eleniak sabia que ele sorria.

– Não passa de uma lenda – Eleniak murmurou. Preparou-se para atacar. Notou que uma camada de névoa se espalhava sob seus pés. Virou-se para chamar os companheiros, mas eles tinham desaparecido.

– O Senhor das Brumas diz que não. Talvez você possa ostentar o título, Sadhart – o homem ofertou.

– Quem é você? – Eleniak gritou e correu, colocou a espada no pescoço do invasor. Porém, a semente da dúvida o impediu de terminar o golpe.

– Me chamam de feiticeiro, trapaceiro, orador, vira-casaca, Senhor das Brumas. Vim fazer um convite, não ameaças – o homem usou o dedo indicador para afastar a lâmina, Eleniak já não colocara tanta força nela.

– Jamais – Eleniak rilhou os dentes.

– Se não vier, esta cratera será seu túmulo – o Senhor das Brumas murmurou.

– Traga seus lacaios, maldito, vamos ver se eles me levarão – Eleniak atacou, mas o homem se desfez em uma névoa gélida, que se espalhou pela cratera e foi levada pelo vento. Dedrick se levantara, observando-o sem dizer uma palavra. Eleniak acenou, se deitou, mas antes de pegar no sono escutou uma risada estridente ecoando nas trevas. Teve medo, não pelo invasor, mas por almejar ser rei.

Em seu turno, Sombra de Inverno preferiu se afastar um pouco. Tivera a sensação de estar sendo observada e queria surpreender os inimigos, se fosse verdade. Os companheiros estavam tão cansados que não deram ouvidos a suas reclamações. Aquilo a irritou um pouco, mas aprendera a conviver em grupo, como todo *khan*. Depois pensou neles como os escolhidos dos Deuses, então estariam a salvo de qualquer perigo, pois era seu destino que salvassem Eisland.

Uma hora depois, a sonolência a tomou. Piscava, jogava neve no rosto, via as sombras se moverem. Concentrou-se, rezou para *Järvenden*.

– Dê-me forças, pai – uma aura esbranquiçada a cobriu. A energia divina a reconfortou. Ela se sentiu forte e alimentada.

Uma hora se passou e nada aconteceu. Sombra de Inverno começou a achar que a mente lhe pregava peças, baixou a guarda e relaxou. Talvez a cratera fosse segura por uma noite ou duas. Faltava pouco para seu turno acabar quando escutou um ruído.

Uma camada de neve deslizou pelo chão, vindo da boca da cratera. A *valkyria* decidiu não acordar os aliados, pegou o arco e a aljava de Eleniak, andando com passos vagarosos em direção ao aeronavio.

O vulto passou rente às tábuas, Sombra de Inverno cravou a flecha em uma coluna. O erro a tirou do sério. Ela esticou o braço para puxar a próxima flecha, mas levou um golpe na boca e caiu desnorteada. Sentira o aço frio da própria maça e se sentira uma tola pela distração.

Anões Brancos emergiam do chão e das vertentes da cratera. Antes que ela pudesse gritar, eles jogavam redes em seus amigos. Eleniak buscou o arco, não o encontrou, foi puxado com força para os buracos. Erinjhar se transformou em lobo, fugiu para o outro lado do aeronavio, mas os anões quebraram as vigas de sustentação e o soterraram. Dedrick partiu em seu auxílio, levantando os anões consigo, mas eles caíram sobre o ruivo em uma avalanche de pancadas que não pôde resistir.

– Melhor me matarem, desgraçados – ela sussurrou quando o círculo de anões se fechou com olhares gananciosos e sorrisos mesquinhos. Caiu de joelhos, tentando suportar os golpes que vinham por todos os lados. Deu alguns passos, saindo do porão do aeronavio. Estava disposta a sobreviver ou morrer tentando, mas o corpo falhou e ela caiu de joelhos no meio da neve.

– Não – um dos anões falou, dando-lhe uma marretada no peito.

Ela deitou de cabeça na neve, esperando a morte. Os anões ergueram seus pertences como troféus, festejando a conquista. Os olhos da *valkyria* se depararam com Vikko, deitado imóvel à sua frente. Ele estava pálido como a neve. O talho em sua cabeça vinha de trás da orelha até a boca, com a profundidade de um dedo.

Esforçando-se para partir como uma *valkyria*, se levantou e gritou um desafio. Cambaleou em meio aos anões, caiu com o rosto virado para a outra parte do aeronavio, escutou uma explosão.

Metade dos anões se desfez em gelo, a outra correu desesperada de volta para o buraco, largando os prisioneiros onde estavam. O grupo se recuperava, retirando as redes e se erguendo, quando um aeronavio apareceu.

Um segundo disparo quase os matou. Viram a carranca de um aeronavio aparecer pouco acima da cratera. A frente imitava três cabeças de cachorro e possuía lâminas inferiores para abalroar outros aeronavios. Antes que ele se revelasse por completo, o grupo recuou para dentro dos destroços.

Cuidado com os canhões – Eleniak ficou por último, distraindo os adversários, que atiravam com baionetas. Dois soldados pularam em sua direção. Ele cravou a lâmina no primeiro e teria sido atingido pelo segundo, se Sombra de Inverno não tivesse disparado uma flecha.

– Recue – ela ordenou, preparando outra flecha. Avançou para fora do esconderijo, onde Dedrick, Erinjhar e Vikko traçavam um plano de fuga. Seu coração quase veio à boca quando o aeronavio parou em cima da cratera.

Das laterais do convés saíam correntes grossas que desciam para baixo do casco e seguravam uma jaula enorme. Dentro dela estava *Järvenden*, desacordado.

– Heresia – Eleniak murmurou, baixando a voz.

– Nós capturamos seu Deus, entreguem seu escolhido – a voz metálica saiu do aeronavio.

– Jamais – Sombra de Inverno escutou Eleniak respondendo e avançando. Ela quis alertar, mas era tarde demais.

Seis soldados apareceram na amurada do aeronavio e atingiram Eleniak em cheio. O *jhar* rodopiou e caiu abraçado à espada, respirando fundo. Ele tentou se mexer, mas uma nova tempestade de balas pôs fim à sua jornada.

– Não! – Vikko gritou com os olhos tomados de lágrimas.

– Recuem para o abrigo – Sombra de Inverno escutava Erinjhar ordenando enquanto Dedrick segurava Vikko e o puxava para fora do alcance de tiro. Ela quis ficar, mas estavam expostos demais para resistir. Correu, abrigou-se da saraivada de tiros.

– O que faremos? – Dedrick perguntou.

– Nós não podemos ficar aqui, aquelas cabeças de cachorro são canhões. – Erinjhar explicou.

– Eles têm *Järvenden* – Vikko balbuciou.

Escutaram o som dos motores diminuir e uma voz alertar.

– Entreguem o escolhido e vocês podem ir embora – não parecia uma ameaça, mas a voz traiçoeira dos *bnei shoah* nunca inspirava confiança.

Entreolharam-se, Erinjhar tomou a frente.

– Vocês mataram o único escolhido. Eleniak era nosso líder.

Houve um silêncio incômodo que perdurou por tempo demais. Quando eles decidiram olhar, um tiro de canhão destruiu metade do abrigo. Caíram em lados diferentes, mas rastejaram de volta para perto um dos outros.

– Eles não sabem quem é o escolhido, mas sabem que é um dos sobreviventes – Erinjhar falou, puxou Vikko para perto de si. O druida chorava de maneira incontrolável.

– Eles mataram Eleniak – Vikko engasgou.

– Nós temos que afastá-los a qualquer custo – Sombra de Inverno falou, escutou Erinjhar respirar fundo e o viu apoiar a cabeça na coluna do aeronavio destruído. Os dedos do batedor acariciaram os cabelos de Vikko, com um afeto que ela só vira entre irmãos.

– Fique com isso, Sombra – Erinjhar se levantou, entregou a

espada negra à *valkyria*. Ela balbuciou desordenada, sem conseguir se expressar, enquanto Erinjhar caminhava para fora do abrigo.

– Meu nome é Vikko, eu sou o Espírito da Tempestade, o Escolhido de *Järvenden*, O Emissário do Norte e me entrego à *Kabalah* – Erinjhar falou na língua dos *khans*, mas Sombra de Inverno escutou alguém traduzindo em voz alta para a língua dos sulistas.

Eles não podiam sair de onde estavam, mas escutaram o aeronavio pousar e viram Erinjhar avançando. Não houve tiros, nem gritos, nem lutas. Apenas um silêncio angustiante até os motores ligarem mais uma vez e o aeronavio subir.

O LOBO E A LADRA

– VOCÊ SABE DANÇAR? – A pergunta repentina desarmou Diren, que desacreditou nas palavras de Stephanye até vê-la sorrir e esticar a mão. Gostava daquele atrevimento da garota e da pose desafiadora que ela sempre mantinha.

– Nhá-não – respondeu, aceitando. Seus dedos se entrelaçaram enquanto passos tímidos os aproximaram. Sentiam o coração um do outro, batendo cada vez mais fortes.

Stephanye apoiou a cabeça em seu ombro esquerdo. Era pouca coisa mais alta que ele, mas, não se importava. Havia algo diferente naquele casal, uma força que crescera em apenas um dia e se tornara amor. Era como ver Sehn e Maya ou Kadriatus e Nadja. Um sentimento avassalador transpassava cada um de seus gestos.

Ele recuou o pé, ela avançou. Moveram-se com rapidez, rodando e circulando o boneco de neve. As garras aguçadas dele tomando cuidado para não machucar a pele delicada dela. A respiração acelerada, pequenas nuvens de vapor separando suas bocas.

Um gramofone foi ligado perto deles. O silêncio na praça era tamanho que a música ressoou rápido. Diren parou, sussurrou algo no ouvido da morena e ela assentiu. Trocaram as mãos de posição. Ele conduzia, o corpo dela acompanhava com sincronia.

Diren gostou da sensação, os instintos o guiavam. Mão na cintura, a outra pouco erguida. O coração dela acelerado, o dele retomando o controle. A neve caía discreta ao seu redor, pegadas tracejavam sua dança. O vapor diminuindo.

Ele a puxou para si, desejando que aquele momento nunca

terminasse. Era assim que Kadriatus se sentia? Perder Stephanye era inconcebível, sua mente jamais suportaria. Apertou sua mão com firmeza, mas não com força. Os corpos tremeram, as marcas dos pés na neve se confundiram quando repetiram os passos. O vapor era apenas uma linha.

Ousado, Diren empurrou a *yoresh* e soltou a mão direita, prendendo--a com a esquerda. Ela arregalou os olhos, achando que cairia na neve, mas ele a segurou com delicadeza e aproximou o rosto do seu.

– Am'ocê – ronronou.

– Eu também – ela segurou seu ombro enquanto seus lábios se aproximavam. Não havia mais vapor.

O vento frio congelava os ossos. Dante presumiu que eram os resquícios do inverno que acabava, mas o surgimento de uma nevasca incomum nessa época do ano o preocupou.

– Você também percebeu? – Phoynikes bafejava na janela. A jaqueta de couro dourado escuro combinando com as grevas e o saiote da armadura. Bebericava o chá para se aquecer naquela manhã anormal.

– Sabe quando isso começou, né? – Dante replicou.

– Logo após a derrota dos Titãs. Notei os dias mais frios e as noites mais demoradas. E essa porcaria de inverno que já avançou duas semanas – Phoynikes confirmou. Acenou para Diren e Stephanye, que terminavam um boneco de neve em frente à estalagem.

– Moleque esperto esse aí – Dante brincou.

Você não acha que eles foram meio rápidos? Um dia e já estão namorando – devolveu o sacerdote.

– A vida na *Kabalah* é intensa demais para nos preocuparmos com essas coisas. Conheci Beatrix de manhã, namoramos à tarde e nos casamos à noite. Preciso lembrá-lo de quem foi o sacerdote que nos abençoou? – Dante sorriu daquele jeito malicioso que só ele tinha.

– Eu estava bêbado – Phoynikes se defendeu.

– Vai dar tudo certo com eles. Imagina? Um exército de lobos atiradores na *Kabalah*? – Dante virou o chá, fazendo careta pelo calor que o invadiu.

– Invejo seu otimismo eterno – Phoynikes sorriu, um hábito que tentava retomar com mais frequência desde a morte do irmão.

– Otimismo? A garota é ótima! Roubou minha carteira enquanto conversávamos e nem percebi – Dante celebrou.

– Que parâmetros você usa, afinal de contas? – Phoynikes replicou, o clima descontraído entre os amigos retornava, lembrando-os dos velhos tempos.

– Já ouviu falar na Teoria dos Ecos? Apesar dos sacerdotes a acharem ridícula, eu sempre acreditei em parte dela – Dante amarrou os cabelos e serviu-se de um pouco mais de chá. Desconversou para não se perderem em saudosismo novamente.

– Li a respeito, mas não sei o que pensar. Essa história dos Titãs serem manifestações físicas de aspectos da criação me incomoda. Se é verdade, então qual a função do *Ein Sof?* – Phoynikes, como sacerdote, defendia a todo custo a origem da criação ligada a um deus único, considerado o pai de Shoah e a entidade que escolhera os humanos como regentes de Nordara.

– Confesso que acredito nela, mais do que em um ser superpoderoso e vigilante – cético, Dante contrariou.

– *Ein Sof* tem suas maneiras de agir, meu amigo. Nem todas podem ser compreendidas, mas é nosso dever respeitá-las e amá-lo pela liberdade que nos deu – respondeu Phoynikes, um texto decorado pela maioria dos *kohanim*.

Dante teve vontade de atiçar a discussão falando sobre a Máquina do Mundo, mas alguém bateu na porta com tanta insistência que era impossível ignorar. Entreolharam-se, o capitão levando as mãos às espadas e Phoynikes colocando as luvas.

– *Sinhor*, *sinhor*, vem rápido! – Esbaforido, um menino gorducho, de cabelos amarelos, abriu a porta antes que se mexessem.

– Que foi, moleque? – Dante o conhecia, era o filho de um dos mecânicos que consertava o Beatrix, mas não lembrava seu nome, nem o do pai.

– Chegô uma mensagem esquisita lá no rádio, sinhor. Meu pai mandô te chamá rapidinho! – O menino chacoalhava as mãos enquanto falava. Dante quis rir, mas o olhar preocupado de Phoynikes alertou para a emergência.

– Melhor verificarmos – o sacerdote prendeu as luvas e deu a última golada no chá. Saiu atrás do menino enquanto Dante se alongava.

– São do Império? – perguntou o capitão assim que chegaram à rua.

– Num sei, senhor. Vem rápido! – O menino disparou de volta para o prédio central, onde havia a torre de comando. Safed precisava dela para, na alta temporada, organizar os aeronavios que enxameavam sua rota.

Os moradores saíam armados, prontos para enfrentar problemas. Os motores inferiores das ilhas se moviam depressa, o sistema de proteção fora ativado. Pequenos barcos de fuga se preparavam nas saídas dos portos e canhões se revelavam no alto dos prédios. Dante viu certo exagero nisso, mas pensou melhor antes de repreender os cidadãos.

– Mais Legisladores? – Phoynikes perguntou. Entravam na torre de comando, uma estrutura metálica que se destacava na ilha central. De longe, era um prédio comum cheio de antenas, mas, por dentro, abrigava estações de recepção de sinal, laboratórios de som e a sala do prefeito.

– Duvido muito – Dante respondeu ao amigo, depois se dirigiu ao menino. – Quem está no comando?

– Meu tio – foi a resposta. O *yoresh* esperou que completasse, mas a frase acabou ali. Saltavam os degraus para ir mais depressa.

A sala principal era circular e de vidro, dando visão periférica do arquipélago. Embaixo dela, havia as mesas de comunicação, cheias de alavancas, telégrafos, receptores e emissores de sinal. Um painel negro com uma linha verde demarcava o som próximo das ilhas, indicando a chegada de veículos. No momento, apresentava traços contínuos e grossos, sinal de que algo se aproximava rápido demais. Dante sabia a função de cada uma daquelas máquinas e fez cálculos mentais baseando-se nas informações trocadas entre os controladores de voo.

– Outro ataque? – indagou, parando ao lado de um rapaz que posicionava aeronavios em miniatura em cima de um mapa. Arrumou dois deles.

– Não sabemos, senhor – o navegador respondeu.

– Vão chegar em poucos segundos. Contataram os capitães? – Dante reposicionava as miniaturas e traçava as rotas. Franziu o cenho; pela formação passariam no meio de Safed, mas os portos do arquipélago ficavam nas extremidades.

– Tentamos, mas eles só mandaram uma resposta esquisita, senhor – o navegador entregou uma folha aos *bnei shoah*. Phoynikes leu a mensagem em voz alta.

– "A União protege o cidadão." O que eles querem dizer com isso? – perguntou. Perdeu o ar quando Dante se jogou em cima dele. Os dois foram ao chão, escapando da saraivada de balas que destruiu a sala. O ruído de motores reverberou pela torre, abafando as ordens do *yoresh*.

– Desce rápido! – ele gritou na orelha de Phoynikes. Uma das casas vizinhas explodiu, seus destroços travaram a saída. Os veteranos estouraram uma janela, ferindo braços e rosto.

– Cadê o Diren? – O sacerdote tentava localizar os companheiros, sem sucesso.

– Ele sabe se cuidar, vamos para o Beatrix! – Dante ordenou, arrancando um caco de vidro do rosto. Uma das ilhas pequenas e afastadas tombou quando atingiram seu motor.

– O peso dela vai puxar as outras – Phoynikes preveniu. Era questão de tempo até Safed afundar.

– Não, as pequenas se soltam por segurança nesses casos. Mas temos que fugir antes que uma das médias ou as grandes caiam – Dante, irritado, empurrava o outro na direção que achava estar o veículo, sem tirar os olhos do inimigo.

Os aeronavios eram diferentes dos imperiais. Mais longos e finos, com proas iguais a agulhas e sem balões de ar. Hélices laterais em cilindros de ferro despejavam ar quente para trás, impulsionando-os. Passaram tão rápidos que as pessoas na torre nem tinham se recuperado quando retornavam.

Dante calculou que o segundo ataque destroçaria quem estivesse no caminho. Viu Diren e Stephanye correndo para o lado oposto, protegendo-se de um atirador. Não havia modo de ajudá-los; se conseguisse chegar até a barcalma, talvez mudasse a situação. Com as ilhas menores desprendendo, o arquipélago inclinava.

– Agora é que a gente tá perdido mesmo – anunciou, chegando à entrada do galpão, trancada por um cadeado. Amaldiçoou os mecânicos pelo excesso de zelo. Afastou-se e ,chutou a corrente, mas nada adiantou.

– Por que você não abre? – indagou Phoynikes.

– Falta de tempo – o capitão respondeu, e enfiou o sabre na fechadura. Com um pouco de sorte, morreriam tentando.

– Vai logo! – Phoynikes ativou o escudo bem na hora que atiraram contra eles. As balas ricochetearam, mas a força do impacto o jogou para trás. Sentiu o braço doer, mais tiros atingiram o escudo, quase rompendo sua guarda.

– Essa porcaria não colabora – Dante se inclinou para a lâmina entrar mais. Os dentes do cadeado cedendo, a barra antifurto travara de modo a impossibilitar sua abertura.

– Esquece a sutileza e arrebenta! – Phoynikes destruiu a fechadura e a porta com a espada de luz.

– Obrigado – cumprimentou o pirata.

O galpão era enorme, com pontes que cruzavam de um lado ao outro. Junto a guindastes, braços mecânicos se espalhavam em áreas remotas para acessar pontos difíceis dos aeronavios, coifas sugavam o ar viciado, expelindo-o pela chaminé, ganchos e cestos levavam ferramentas aos pontos onde os mecânicos trabalhariam.

– Cara, isso é muito lindo – os olhos do aeronauta brilharam por um instante. A parte traseira do galpão se abria em uma gigantesca porta dupla, perfeita para escaparem.

Os mecânicos reconstruíram a balaustrada do Beatrix, substituindo a antiga madeira velha por um material mais duro, porém, menos pesado. Pintaram-na de dourado escuro, com pequenos detalhes na base e no topo. Casco negro, com uma linha de metal que protegia a área côncava, onde a madeira se juntava, diminuindo a necessidade de calefação. As hélices laterais trocadas por modelos mais finos e as pás traseiras cobertas por um tecido negro e fosco.

– Olha só que graça, hein? – elogiou Dante.

– Linda demais – respondeu Phoynikes.

– Fica na tua, rapaz, tá falando da minha esposa! – o pirata devolveu, fingindo raiva. Segurou-se no amigo, a ilha inclinara de tal forma que as cordas prendendo o Beatrix arrebentaram e os guindastes viraram, quebrando o telhado. Um destroço acertou o ombro do *kohanim*, mas ele aguentou a dor para não deixar o amigo cair.

A ponte de acesso desceu sozinha. Dante segurou nela e puxou Phoynikes para si. Encontraram equilíbrio e pularam para o convés, o Beatrix movimentou-se para trás, liberando as últimas amarras.

– O que está acontecendo? – indagou Phoynikes, levantando-se. Os gritos da população chegavam até eles, ecos entre tiros. De repente, um rugido alto o suficiente para tremer as vidraças ao seu redor.

– A cidade vai cair! – berrou Dante. Por reflexo, o sacerdote ergueu o escudo, um cesto de parafusos bateu contra eles.

O teto do galpão atingiu os mastros do aeronavio, as paredes desceram rápido, empurrando-os com o vento. Neve invadiu o convés, pesando em seus corpos. Os gritos aumentaram e os adversários que passavam por debaixo das ilhas explodiram quando elas os amassaram. Já os mais distantes escaparam.

Os mastros quebrados do Beatrix consertaram-se sozinhos. A barcalma se afastou de Safed, esquivando dos destroços que choviam ao seu redor. O que sobrara do arquipélago era uma bola fumegante no meio da estrada.

– É bom ter você de volta, amor. – Aliviado, Dante beijou o leme.

As orelhas de Diren se eriçaram quando ele ouviu o ronco dos aeronavios. Um barulho distante que aumentou em poucos segundos até suprimir a música do gramofone e invadir a praça.

– Tá vindo – o *arur* murmurou. Virou a cabeça devagar e viu pontos negros se destacarem no céu matutino. A mão na cintura da namorada firmou-se, pronta para puxá-la quando fosse a hora.

Os pontos se tornaram manchas, Diren encaixou Stephanye contra si, recuou até baterem na fonte. A água fria cobriu seu corpo, era melhor que a saraivada de balas. Mais que a técnica, o instinto o salvou. O boneco de neve explodiu, lançando a cenoura que lhe servia de nariz a metros de distância.

O tiroteio começou tão rápido que até os mais preparados se assustaram. Os aeronavios equipados com armas giratórias de diversos canos fizeram chover balas sobre as ruas e levantaram uma camada de neve que atrapalhou a visão dos defensores.

– Beco – Diren falou, conduzindo a namorada. Havia pouco a

fazer, suas armas não alcançavam os adversários, e os cidadãos se encarregavam de revidar. Diren pensou em ajudá-los, mas a casa ao seu lado explodiu, impossibilitando o retorno.

– Temos que achar o Dante – Stephanye sacou as pistolas e atirou, acertando um soldado pela balaustrada do aeronavio. Diren anuiu e correram de volta para a estalagem.

A luta se acirrara. Inimigos pulavam com paraquedas, atirando com armas leves e rápidas. A população se desesperou, abandonando a formação de defesa. Mais uma ilha ruiu, levando consigo dezenas de moradores. Diren puxou Stephanye bem a tempo de se esquivarem da linha de tiro. Perceberam que outra rua fechara, então teriam de arranjar um local melhor para escaparem.

– Tenho uma ideia – a garota tomou a dianteira, correu para dentro do prédio e subiu três lances de escada. Diren a acompanhou, ouvindo o ronco dos motores do lado de fora. Ela estourou uma porta no chute e prosseguiu. A janela da sala dava para a escada de emergência.

– Pula! – gritou Diren, o prédio desmoronava. O canhão que o protegia foi atingido e descia por dentro dos quartos, arrebentando tudo em seu caminho.

Stephanye avançou para a escada, mas uma das tábuas afundou sob seu peso, fazendo seu pé descer e cortando sua canela. Enquanto os fios de sangue escorriam, ela apoiava na parede e se esforçava para andar. Perdeu o equilíbrio, caiu para trás, desesperou-se e agarrou o corrimão, que se soltou.

Diren surgiu em meio à poeira e a agarrou, puxou-a com toda sua força e a envolveu pela cintura, tirando-lhe o fôlego com um apertão. Ao invés de colocá-la no chão, ele pulou para o solo.

– Sté? – Diren beijou o machucado em sua testa.

– Tô bem, *zeev*, relaxa – ela apoiou as costas na parede e deslizou, sentindo a neve fria. A ilha inclinava, Diren teve de segurar a namorada quando uma lixeira passou ao seu lado. Sentiu medo, não fazia ideia de onde encontrar Dante e Phoynikes.

– Cuidado – ela alertou.

Farejando, Diren percebeu um forte cheiro de óleo. Usou a lixeira para se esconder quando a grande sombra tomou o beco.

Um humanoide de doze metros de altura, coberto por placas

reforçadas, cruzou a rua. A parte superior era a cabine, mas não dava para ver o piloto por causa do vidro reflexivo. O peito largo, com uma bola de vidro no centro, e os braços longos, terminados em lâminas muito maiores que espadas. As pernas também protegidas, os pés com dois dedos frontais e um traseiro.

Diren notou que a lataria estava avariada, com marcas de queimadura por toda sua extensão esquerda, onde o braço emitia um ruído quando se movia. Aquele ser fora gravemente avariado havia pouco e não sofrera reparos.

– Sinais de vida reduzidos, marechal Bernard – a voz metálica ecoou dos alto-falantes em seus ombros. De onde estavam, os *bnei shoah* não ouviram a resposta, mas presumiam que o tal major ordenara que voltasse porque o robô gigante começou a virar.

– Um minuto, senhor. Captando sinais da *Kabalah* – para temor deles, o piloto percebera. Tinham pouco tempo para agir.

– Atacamos? – sussurrou Stephanye.

– Não – Diren respondeu, colocou a mão para trás, sentiu uma maçaneta, virou-a devagar e abriu a porta com o calcanhar. Sem tirar os olhos do inimigo, puxou a namorada. Não teve coragem de fechar a porta, o robô estava perto demais, tentando localizá-los.

– Fica. Então, ataca – ele gesticulou o percurso que ela deveria seguir pelos corredores, sacou as machetes e deixou a namorada no salão do prédio.

Diren arrombou uma porta e saiu na mesma altura da cabine. Pulou antes que o inimigo percebesse e cravou as machetes nas frestas das placas.

– Encontrei o alvo, senhor. Preparando eliminação – a voz do piloto de novo. Não a conhecia, mas estava mais preocupado em acabar com aquilo logo. A estrutura corporal do robô era semelhante ao ciclope que matara anos atrás, por isso adotou a mesma tática.

Se não fosse tão ágil, seria esmagado. Saltava de um lado para o outro, se esquivando das lâminas, mas estava cansando. Em breve, o adversário o pegaria. Por mais que tentasse, seus golpes eram incapazes de feri-lo.

Um tiro. Stephanye distraía o piloto. Foi sorte. Diren se apoiara em seu ombro e quase fora atingido pelas garras. Correu para a lateral da cabine, atacando mais uma vez.

– Você é bom, mas eu sou melhor – o piloto chacoalhou o braço, jogando Diren para cima. Dessa vez, não teve como escapar. Descontrolado, caiu e levou um murro. O corpo estremeceu de dor e chão e céu se confundiram enquanto rolava pela neve. Uma das machetes quebrou, a outra voou longe.

– Diren! – Stephanye disparou, mas suas balas pouco avariavam a grande máquina.

– Vingança, enfim – anunciou o piloto.

– Mas não mesmo! – berrou Stephanye.

A *yoresh* correu até Diren, o abraçou e rolou com ele pelo chão, escapando dos tiros. Seu ombro sangrava, mas não se importou com a própria segurança. Diren era tudo em sua consciência e protegê-lo era o foco de suas ações. Stephanye não pretendia ficar sentada como uma donzela indefesa enquanto o amor de sua vida morria.

A sombra do robô os cobriu. Ele parou em frente ao casal, erguendo o braço direito. Rangia, mas tinha força o suficiente para terminar o serviço. A ilha em que estavam inclinava cada vez mais, as menores desapareciam e o entulho rolava para a imensidão abaixo. Os dedos dos pés do robô se cravaram no chão, impedindo que também caísse.

– Morram! – ele gritou.

– Achei! – Stephanye devolveu.

Sacou um dos revólveres e atirou na parte inferior do braço do inimigo, onde havia um sistema de engrenagens, cabos e pistões. A bala ricocheteou lá dentro, impedindo o movimento final.

– Sté? – Diren abriu os olhos.

Com um esforço terrível, o piloto forçou o braço a descer o golpe, erguendo uma camada espessa de neve entre ele e o casal. Quando a nuvem branca diminuiu, Diren e Stephanye estavam dois metros para trás; sujos, mas ilesos.

O pedaço de terra onde o casal estava despencou. Diren girou com Stephanye no ar. O robô se afastava e o chão se aproximava. Forçou o abraço, mas sentiu o vento mudar de direção quando o Beatrix passou por debaixo deles, levando-os para longe.

– O que seria desses moleques sem mim?

O *arur* se ergueu, deparando-se com o sorriso bobo e paternal de Phoynikes. No leme, orgulhoso de sua habilidade, Dante mostrava o dedo do meio para os inimigos.

Farhan

– Pelo menos, elas não tentaram te matar enquanto dormia – brincou Sehn, deitado. A cabine escolhida para viajar com Maya era o suficiente para uma pessoa, mas desconfortável para o casal.

– Isso se deve ao fato de eu dormir com a espada entre as cobertas – retrucou o guardião.

Apesar disso, a viagem seguira tranquila. Conheceram Vaz, a *sepher*, e Ninzz, outra *arur*. A conversa entre eles foi breve, pois as duas tinham acabado de sair da vigia ao prisioneiro. Falaram pouco do *milicida*, como se fosse obrigação do trio saber quem ele era. Seu único comentário foi sobre levá-lo a Farhan para encarceramento na Árvore de Shoah.

Diferente das prisões militares, a Árvore causava medo até aos mais terríveis bandidos e se tornara um mito fora do império. Uma estrutura de vinte metros de altura, feita de metal e imitando a Árvore da Vida, mas, na ponta de cada galho, havia uma esfera de vidro grande o suficiente para abrigar uma pessoa.

Ela transferia a *ruach*, alma, do prisioneiro para seu caule, impedindo quaisquer chances de fuga. A condenação era um recurso destinado somente aos piores vilões do Império, já que o prisioneiro perdia suas chances de defesa posteriores. A morte vinha com o tempo, por velhice, já que as esferas nutriam o corpo o suficiente para que não morresse de inanição.

– Ouviu isso? – Kadriatus abriu a porta, curioso.

– Achei que era impressão minha – respondeu o *mashiyrra*, captando estouros distantes.

Correram para o convés, deparando-se com as luzes artificiais que tomavam Nordara. Fogos de artifício explodiam ao redor do aeronavio em tons vermelhos, laranja e verdes, desenhando os símbolos da *Kabalah* entre as nuvens e a Árvore da Vida pouco mais adiante.

– Dia de festa? – Kadriatus indagou, tentando lembrar as datas comemorativas do calendário. O feriado mais próximo era dali a três semanas. Assim que se posicionaram no convés, viram Farhan.

Tudo na capital remetia à grandiosidade. Trilhos se espalhavam como teias de aranha na planície que a antecedia. As montanhas nortistas protegiam um de seus lados, ocupadas por mansões da alta sociedade. Rios nascidos em Hellyah serpenteavam em meio às ruas, passando por baixo de pontes erguidas por hélices.

Os torreões de proteção aliavam a antiga arquitetura de calcário ao concreto e vidro. Eram tão grandes que as casas dos soldados se amontoavam em suas bases, dando início a vilarejos que, mais tarde, se transformavam em bairros da capital.

Ao invés de dispararem balas de ferro, quando a Rosa Púrpura passava, enchiam o céu com fogos de artifício. As paredes da cidade enfeitadas com lábaros compridos, apresentando a Árvore da Vida e os símbolos de várias *sheyvet* envoltos em um círculo negro. Kadriatus se apressou em falar:

– O Círculo Interno – o nome era uma referência às dez maiores *sheyvet* imperiais, quando agiam em conjunto nas missões.

– Pelo jeito é alguma coisa importante – Sehn permaneceu afastado da esposa, cercada pela Rosa Púrpura. Escolhera dar um tempo para ela conversar com as outras guerreiras, pois aquilo lhe faria bem. Desde o casamento, passaram todo o tempo juntos e o que ela aprendera fora somente com ele. Um ponto de vista diferente poderia ajudá-la a se encontrar.

Sete aeronavios levavam uma jaula presa através de correntes em seus cascos. Pela distância, Sehn não conseguia ver o prisioneiro, mas era grande o suficiente para ocupar todo espaço. O primeiro deles tinha como carranca a cabeça de três cachorros.

– Nunca vi a cidade em tamanha euforia – Kadriatus apontou para as ruas tomadas de veículos militares e civis. Os dois *bnei shoah* tentaram encontrar uma explicação, mas a confusão era o suficiente para impossibilitá-los, a não ser que descessem e perguntassem.

– O castelo está abrindo caminho para eles – Kadriatus concluiu.

Os imensos prédios de vidro refletiam as paredes da casa imperial que rumava em direção a *Tel Aviv*, o bairro militar central. Ao seu redor o enxame de grifos dos *kiy*. Os rios abarrotados de gôndolas, o populacho se espalhava como formigas, sorrindo e apontando para os guerreiros. Em terra, as ruas paravam de tanta gente, caminhões com caixas de som tocavam músicas das rádios e locutores falavam tão rápido que era impossível discernir suas palavras.

– Algo tão grandioso não deveria passar despercebido, concorda? – Kadriatus dividiu com o amigo a desconfiança que surgira no começo da viagem.

Tratados pela Rosa Púrpura como se fossem invisíveis, os dois eram relegados a seus quartos, enquanto Maya recebia atenção em demasia. Talvez ela soubesse de alguma coisa, mas fora orientada a não falar. Desde a partida de Safed, elas não haviam desgrudado das armas e olhavam os homens com desconfiança.

– Também achava que elas escondiam alguma coisa, mas é absurdo demais pensar que trairiam o Império, não é? – Sehn baixou o tom de voz. Desnecessário, uma vez que a barulheira abafava sua conversa.

Antes que Kadriatus respondesse, Maya surgiu animada agarrando o braço humano do marido.

– Faz tempo que não vinha para cá. Vocês sabem o que está acontecendo?

– Farhan é um organismo vivo, Maya. Alguns dizem que é como uma mulher, cheia de segredos. Sempre tem alguma coisa acontecendo aqui – Kadriatus insinuou. Pelo olhar da ruiva, notou que algo se escondia, mas preferiu não forçá-la a nada.

Acenaram para os passageiros de uma aerobalsa, um veículo de grande porte, usado para transportar multidões. Pelas contas, uma delas levava em seu convés cerca de duzentas pessoas, fazendo o aeronavio militar parecer pequeno.

– Nem todas as mulheres têm segredos, Kad – Maya retrucou, prestando atenção às garotas. Sehn achou melhor intervir.

– Não sei o que elas te disseram, amor, mas tome cuidado. A Rosa Púrpura é conhecida por seu extremismo – ele se mantinha calmo, apesar dos estouros perturbarem seus sentidos aguçados.

Por isso, os *arur* evitavam conglomerados. A poluição era terrível para eles. Notou que Elener, a leoa, e Ninzz, a garota verde, também se incomodavam e se retiravam para seus aposentos. Maya as acompanhava com o olhar ao responder.

– Eu sei o que estou fazendo, elas só me ajudaram a treinar um pouco. Coisa que você prometeu e não cumpriu – a resposta surpreendeu os rapazes. Sehn chegou a dar um passo para trás. As costas pressionaram contra a balaustrada lembrando que atrás só havia o chão, muitos metros distante.

– Foi só um conselho – ele devolveu, magoado, sem deixá-la perceber.

– Um grifo se aproxima – Kadriatus, enrubescido com a discussão, interrompeu o casal.

O grifo deu a volta no aeronavio enquanto as tripulantes preparavam um lugar para que pousasse. O soldado em seu dorso o fez prender as garras no mastro principal, de onde a fera saltou com agilidade.

– Prezados *bnei shoah* é uma honra recebê-los de volta – ele cumprimentou, sem notar os olhos cândidos de Kadriatus. O longo sobretudo preto combinava com o chapéu tricorne e as botas da mesma cor.

– A honra é toda nossa – Vaz assumiu a liderança.

Os rapazes permaneceram afastados o suficiente para ouvirem sem chamar atenção. Maya, todavia, se misturara às *bnei shoah*.

– Venho em nome do Quinto Império convidá-los à festa de comemoração do casamento de Noah Ahsverus e Isza Hovarth, princesa de Latakia – o guardião anunciou no tom pomposo que lhe era peculiar.

– É muito bom saber que o Império terá um herdeiro digno e Latakia finalmente será nossa aliada – Anik manteve as formalidades, fazendo uma mesura ao mensageiro.

– Sim, deveras agradável. Nas festividades amanhã à noite, haverá mais um pronunciamento, exclusivo para a elite, que trará felicidade aos corações guerreiros. Mas, basta olharmos para saber do que se trata – ele finalizou, voltando para o grifo e arremetendo.

Sehn estava para falar com a esposa quando os sete aeronavios se aproximaram. Desta vez, puderam ver o que eles carregavam.

A cela era mais uma gaiola com as barras contínuas de ferro. Grossas como os mastros principais dos aeronavios, não tinham encaixes. Eram fundidas pelo calor e dobradas nas pontas de modo que não havia como separá-las. O que impressionava era o prisioneiro, um gigantesco lobo branco de pelos iguais à neve. Os olhos, vermelhos como fogo, brilhavam a distância e os dentes pontiagudos se exibiam pelo canto do focinho enquanto rosnava. As garras da cor da lua raspavam contra as grades, sem arranhá-las. A cauda grossa desprendia flocos de gelo quando se agitava.

– *Järvenden* – murmurou Sehn.

– Não acredito nisso – emendou Kadriatus.

Os aeronavios passaram por eles, indo para o porto no Castelo de Ahsverus. *Järvenden* ficou pendurado em uma estrutura longa de ferro, exibido como um troféu para a população que observava do leito do rio.

– Mais uma vitória para o Império – Kadriatus tentava disfarçar o orgulho, mas seu sorriso o traía. Sehn adiantou-se à pergunta óbvia.

– Se fosse o contrário e perdêssemos Noah para eles, acha que lhes daríamos chance de comemorar?

Em menos de três dias a vida de Sehn virara de cabeça para baixo. Seu objetivo principal era descobrir por que Farhan não ajudara Desdalain contra os Legisladores. Coisa que a Rosa Púrpura explicara, assim como o fato de haver sobreviventes pelo Quinto Império tentando cruzar as fronteiras.

Depois achou que não se separariam, mas Dante, Phoynikes e Diren ainda estavam em Safed, cuidando da barcalma. Acalmava saber que em breve estariam juntos, mas preferia uma viagem tranquila e com uma chegada discreta. Se ainda houvesse Legisladores implantados nos grandes postos militares, a Canção do Silêncio estava em risco.

Por último, mas não menos importante, as pessoas no porão do Beatrix. Amigos e prisioneiros que ele precisava libertar a qualquer custo, mas não tinha ideia de como fazê-lo. Edgar e Tesla, considerados inimigos públicos, seriam um problema maior, mas não queria pensar nisso agora.

Sua atenção se voltava a arrumar as coisas. Na companhia de

Kadriatus, discutiam para onde ir e o que fazer. Pediriam asilo em uma das casamatas *bnei shoah* até a chegada do Beatrix; depois, em grupo, tomariam decisões melhores. Maya se despedia da Rosa Púrpura, insistindo com o marido para que aceitassem o abrigo oferecido. Sehn recusou; precisavam de liberdade para andar por Farhan e ele sabia que elas ficariam de olho em seus movimentos. Desconversou quando Anik foi incisiva no convite e repudiou os comentários da esposa, aumentando o desconforto entre ambos.

– Você está com ciúmes – dissera Maya, momentos antes de pousarem. Sehn queria responder, mas foi Kadriatus que assumiu a máscara de vilão.

– Não queremos dever favores a ninguém, senhora Hadjakkis.

A Rosa Púrpura encontrou local privilegiado para pousar. Sehn tinha noção de que, se fosse uma *sheyvet* comum, aguardariam mais de três horas por um embarcadouro. Vaz não desistiu, para aproximá-los indicaria os feitos da Canção do Silêncio para o Círculo Interno, de modo que eles pudessem ser avaliados em votações futuras.

– É o mínimo que podemos fazer – falou a *da'ath*, quando Sehn tentou convencê-la a desistir. Após uma rápida discussão com Maya, via o embate como uma vingança pessoal e não se achava no direito de reclamar sua glória.

Os gonfalões das sete *sheyvet* estavam presos em armações metálicas semelhantes a lanças. Havia espaço para mais três: o Punho de Shoah, a Sombra de Gelo e a Rosa Púrpura, a única presente.

– Em frente, guerreiras – ordenou Vaz, o queixo erguido, costas retas, passos sincronizados com as aliadas. Anik à sua esquerda, Ann à direita. Elener e Ninzz aguardavam o momento certo para trazer o prisioneiro.

A *da'ath* chamou Sehn, ordenou que pegasse uma lança de prata e prendesse o símbolo de sua *sheyvet* nela. O *mashiyrra* se surpreendeu, não era sempre que carregava um objeto daqueles.

– Siga-me para a glória – ela ordenou, erguendo seu lábaro. O movimento chamou a atenção do Círculo Interno, que recebia as ovações da plateia de cima de um púlpito. As pessoas abriram um corredor para as mulheres passarem, reverenciando-as.

Para surpresa de Sehn, Kadriatus apareceu com um gonfalão da Canção do Silêncio, o punho de dragão negro. Prendeu-o e indicou que deveriam seguir a *da'ath* em direção ao palco. Nervoso, o *mashiyrra* obedeceu, escutando a inventora enaltecer seus feitos.

– Nós, a Rosa Púrpura, atestamos a veracidade destes fatos. A Canção do Silêncio, nossa irmã de armas, derrotou a Fênix Morta em Desdalain! – As vozes ao redor iam silenciando. Anik aproveitou a deixa e prosseguiu. – Atestamos que a Canção do Silêncio venceu Tesla Wadencliff, a serpente Multiforme, que atentou contra a vida dos *bnei shoah* – a ruiva evitou olhar para Kadriatus, mas deixara escapar um sorriso. No fim, a glória falara mais alto do que o orgulho.

Houve uma quietude inesperada, como se a Rosa Púrpura invadisse aquele momento solene. Por mais que os *bnei shoah* do Círculo Interno encarassem, elas não desviavam o olhar.

Sehn notou que a menção ao nome Wadencliff incomodou Vaz. Pensou em Edgar, ela esquecera a Fênix Morta? O pronunciamento de Ann, a novata, o trouxe de volta à cerimônia.

– A Rosa Púrpura assume a responsabilidade por estas declarações. Foi a Canção do Silêncio quem derrubou *Tehom*, o dragão negro, e *Desdalain*, o escorpião de ferro.

– Por estas palavras convocamos o Círculo Interno a aceitar a Canção do Silêncio em suas fileiras, para que recebam toda glória do império – Vaz finalizou.

As mulheres se afastaram, deixando o trio em seu lugar. Sehn não tinha ideia de como agir. Sonhara com aquele momento durante toda vida e oito das dez mais poderosas *sheyvet* agora o observavam. Precisava que alguém lhe dissesse o que fazer a seguir. Por sorte, Kadriatus o orientou.

– Agora nós atestamos os feitos delas.

Sehn arrumou a postura, ergueu a lança com seriedade, limpou a garganta, anunciou:

– A Canção do Silêncio confirma os feitos de sua irmã de guerra. – Olhou para o guardião, que emendou:

– A Rosa Púrpura derrotou e aprisionou um dos maiores inimigos do império, trazendo-o a julgamento entre os honoráveis *nookam.* – Ele sinalizou para Maya, que não esperava ter de falar, mas sobrepujou a vergonha ao parear olhares com Vaz e Anik.

– Nossa irmã traz a julgamento o *milicida!*

Desta vez, não havia como resistir. Os ouvidos de Sehn doeram ante a explosão de palmas que tomou o pátio. Até mesmo Maya e Kadriatus se deixaram envolver pela alegria do povo, os membros do Círculo Interno chegaram mais perto da beirada do palco para ver Elener e Ninzz se aproximando.

Entre elas havia uma cama metálica com rodas, empurrada de pé, para exibir o prisioneiro. O corredor de pessoas cuspia e xingava, atirava objetos e os mais ousados tentavam golpeá-lo. As guerreiras distanciavam estes últimos, sem muito esforço.

Algo naquela figura perturbou Sehn. Percebeu que os amigos dividiam a angústia, como se fossem eles presos naquela cama. Maya segurou sua mão humana, suava frio. O rosto do prisioneiro estava coberto por uma máscara de ferro com aberturas na boca e nariz. Braços cruzados em frente ao peito, mãos presas por algemas que enlaçavam correntes por trás do corpo e desciam até os tornozelos, onde se encaixavam em botas pesadas.

– O *milicida* – repetiu Vaz, orgulhosa de sua caçada. As companheiras ecoaram-na, bateram continência e viraram a cama em direção ao palco. Um *bnei shoah* moreno, de roupa preta e chapéu pontudo, murmurou para o companheiro. Riram, aguardando o desfecho da apresentação.

Sehn e Kadriatus percebiam a radiação que emanava do exército. Um tipo de alegria indescritível, que jamais tinham sentido. O corpo formigava: eles eram parte de algo maior e mais poderoso que uma *sheyvet*, eram especiais. Desde seu treinamento só conheciam lutas individuais e uns aos outros, mas, ali, em meio ao esplendor da *Kabalah*, sentiam-se invencíveis.

– Solte-o – Vaz ordenou. Sua mochila escalou o prisioneiro até o ombro esquerdo, a pata encontrou uma fissura na têmpora do capacete, por onde liberou o fecho. Ninzz ergueu a peça, revelando o *milicida*.

Sehn ficou desconfortável com o sorriso do prisioneiro, que escapava por debaixo daquele cabelo revolto. Olhos negros dardejando a fúria que restava em seu interior, as narinas abriam e fechavam, sorvendo cada instante de ar que lhe fora roubado pela peça metálica. Ele virou a cabeça devagar em direção ao trio e sua expressão mudou para um desespero infantil.

– Maya? – Sehn leu em seus lábios feridos.

Na mesma hora, voltou-se para a esposa, em choque. Fez a ligação entre os dois. Lembrou-se de seu *Mitzvah*, o menininho que observava sentado no muro era o mesmo rapaz que agora jazia acorrentado como inimigo do Quinto Império. Bem a tempo, agarrou a esposa, impedindo-a que avançasse.

– Luk? – ouviu-a murmurar. Conhecia a sensação de enfrentar adversários terríveis e ser incapaz de salvar a quem se ama. Virou-a para tirar o irmão do campo de visão, sabendo que isso pouco adiantaria para aliviar a dor.

– Me ajude – o cunhado pediu, Sehn negou com um gesto de cabeça. Quis se afastar, Kadriatus os guiou ao tablado. Notara algo errado, disfarçou.

– O que foi agora? – Ralhou com Sehn, que respondeu baixo.

– Meu cunhado é o *milicida* – Kadriatus gelou. Angustiado, guiava o casal Hadjakkis em direção ao Círculo Interno, onde Vaz anunciava.

– Que a Canção do Silêncio seja celebrada por suas vitórias e que Shoah lhes dê muitas conquistas pelo Quinto Império!

Por mais que a multidão e os soldados aplaudissem, a única coisa que o trio ouvia eram as últimas palavras de Lukas antes de ser levado a julgamento.

– Me ajude.

Retorno

SAFED ESVAECEU. UMA GRADIENTE cinzenta chegara com a noite escura, exceto pelo brilho distante das estrelas. Sombras rastejavam entre as copas das árvores, contrastando com a brisa quente que fugia por cima dos rios, como se o verão insistisse em sobrepujar o inverno, mas não conseguisse.

– Cinco minutos para Farhan – Dante rilhava os dentes, estremecia. Falhar significava a destruição daquilo que mais amava. Encontrou um ponto de fuga entre os aeronavios, de modo a colocá-los na linha de tiro uns dos outros.

– Volte, ainda há sobreviventes! – exaltou-se Phoynikes, ativando as armas nas luvas. Suava frio, revoltando com a fuga inesperada. Como *kohanim*, era sua obrigação proteger os mais fracos.

– Se voltarmos, eles nos pegam... e à carga também. – Decidido, o capitão mal pensou antes de responder. Os cabelos se soltaram, açoitando seu pescoço ao vento selvagem.

– É nossa obrigação – amargurou-se o sacerdote.

– Não vamos voltar, se os tanques caírem nas mãos deles não haverá sobreviventes em nenhuma parte do Império – Dante, escapando dos tiros com a agilidade renovada da barcalma, pensava no filho. Havia uma chance de tê-lo de volta sem o domínio de Namid e não iria perdê-la.

– Inimigo! – Stephanye sacara os revólveres. Uma sombra passou por baixo do Beatrix, sumindo de vista. O som forte de seus motores denunciou a localização. O primeiro tiro alertou para o perigo. O segundo chacoalhou o aeronavio, alterando sua rota.

Dante buscou novas formas de colocar o adversário na mira dos canhões. Stephanye correu para as escotilhas do porão, onde, apesar da dificuldade, havia a chance de revide. Os disparos criaram uma nuvem de fumaça, mas, ao passar por ela, a Canção do Silêncio se deparou com um humanoide metálico semelhante ao que os atacara antes. De placas azuis, asas nas costas e chamas que o mantinham no ar. Na mão esquerda, um revólver de seis canos.

– *Rendam-se, bnei shoah!* – ele ameaçou.

– Desculpa, aeronavio errado, os fugitivos foram por ali – Dante respondeu e apontou em uma direção aleatória. Ganhava tempo, torcendo para que o Beatrix ainda pudesse se transformar em robô.

– *Sempre espirituoso, senhor Wadencliff. Você vai rir quando recolher os destroços de sua barcalma?* – o piloto retrucou.

– Quem é você? – Dante franziu o cenho, largando o timão.

A cabine abriu devagar, o piloto se levantara, o uniforme branco com linhas roxas destacava-o em meio ao maquinário *diesel.* Um capacete de vidro escuro em "T" impedia de ver o rosto. Ele o tirou, revelando os traços sisudos de Bernard, cujo sorriso maligno escapava pelo canto da boca.

– *Não se lembra do rosto que destruiu?* – A seriedade do convencional assustou Dante, que não se deixou abalar. Virou um pouco a cabeça, fez um quadrado usando o polegar e o indicador das mãos, afastou--se, aproximou-se.

– Nunca vi mais gordo – confessou, por fim.

– *Você vai pagar por isso* – Bernard se irritou e puxou a arma.

Stephanye atirou antes, mas a bala se desfez no percurso, envolvida por uma nuvem de poeira negra. Surpresa, a morena baixou o rifle. Ao lado do militar, surgiu um homem de idade avançada e barba volumosa. À garota, pareceu uma versão mais velha de Diren. Uma das mãos espalmou em sua direção, olhos brilhando como brasas. Havia algo, por baixo daqueles panos rubros, que lembrava um lobo feroz.

– Tudo que a *Kabalah* cria, a *Qliphoth* destrói – ele recitou, pupilas voltando à coloração acinzentada.

– Abaris? – Dante procurou disfarçar a surpresa, sem sucesso. Trocou olhares com Phoynikes, o sacerdote se preparava para saltar contra o M.E.C.A.S.

– Onde está meu neto? – Abaris cruzou os braços, pouco se abalando com o chacoalhar do robô.

– Saiu, quer deixar recado? – brincou o *yoresh.*

– Suas piadas perderam a graça há muitos anos, pirata. Ninguém se lembrará de sua *sephirah* quando eu exterminá-la.

Abaris sinalizou para o aliado. Quando voltavam a seus postos na cabine, Stephanye atirou, mas, desta vez, a garota acertou o ombro do marechal. Aproveitando o sucesso, Phoynikes pulou no ombro do M.E.C.A.S., mas foi impedido de avançar para dentro da cabine quando Abaris investiu, aparando seus golpes com as mãos nuas e cobertas pelo pó negro.

Bernard agiu rápido e atirou no casco, provocando grandes furos, que se reconstruíam pela habilidade da barcalma. O combate intensificou quando Dante também pulou no M.E.C.A.S.

Os três veteranos digladiavam-se com golpes rápidos, mas cautelosos. Abrir demais a guarda os colocava em desvantagem. Phoynikes e Dante cercavam Abaris. O velho demonstrava sinais de cansaço, mas não arredava.

– Bernard, derrube-os e recue. Estamos próximos demais de Farhan – ele falou, dando uma rasteira em Phoynikes. Dante, obrigado a abandonar as investidas para ajudar o amigo, desistiu da luta.

– *Não, eles devem morrer aqui* – Bernard insistiu, sedento pela vitória.

– Pare de tolices, pegue o que lhe falei e volte.

Abaris correu pelo braço do M.E.C.A.S. e saltou para o porão do aeronavio através de um dos rombos. Deu uma cambalhota e chutou Stephanye, desviando seu rifle.

– Viva para a vingança – ele pronunciou, correndo em direção a um armário sujo.

– Impeça-o, Steph! – Dante, recuperado, pulou em seguida. O buraco no casco ainda não se fechara, mas ele se arranhou nas farpas da madeira. Correu, tirou a garota do caminho e abriu o armário com toda força, mas o avô de Diren não estava mais lá.

– Como ele fez isso? – Stephanye, surpresa, ao seu lado.

– Surpresas de família – explicou Dante, voltando à borda. Precisava salvar o *kohanim.*

Ainda no M.E.C.A.S., Phoynikes se desviou de um tapa. Usou o escudo para se proteger das garras, perdendo o fôlego com o impacto. Arrastou-se de costas, quase caindo; se as armas não estivessem presas às luvas, ele as teria perdido.

– Volta, seu louco! – Dante jogou uma corda. Bernard forçou o M.E.C.A.S. para baixo, tirando o chão do sacerdote, que esticou a mão, sem conseguir se agarrar. Estava tão próximo ao casco que as unhas rasparam enquanto descia, crente que era seu último fôlego.

– Nhá – Diren arrebentou a escotilha e o agarrou bem a tempo. Não havia como puxá-lo, mas pelo menos o manteria a salvo. Desfalecia, os ferimentos abriram, ensanguentando as ataduras.

Bernard cravou a mão no casco e segurou-se. Usou o revólver e suas balas estouraram o porão, revelando os tanques.

– *Então é isso que a Kabalah esconde?* – O marechal, triunfante.

– Me solte e tire-os daqui – Phoynikes desesperou-se que o inimigo atingisse os companheiros. Perdê-los após tanto sacrifício era inconcebível.

– Naum – reclamou Diren, usando os pés para se firmar.

O sacerdote forçava o corpo de propósito, tentando cair para dar ao *arur* a liberdade necessária. Cruzaram olhares, ambos decididos a salvar vidas. Diren baixou a cabeça, tonto. Prestes a desmaiar, teve uma ideia, soltou a mão esquerda e puxou o cinto.

– O que você está fazendo, solte-me e vá ajudá-los! – Phoynikes ordenou, vendo Stephanye e Dante sucumbindo a Bernard. O Beatrix parara, estavam mais próximos ao resto de Safed do que a Farhan. O exército da capital não podia vê-los ainda.

O *arur* deu um tranco no sacerdote, colando-o à escotilha e mantendo-o com as pernas. Em um movimento rápido passou o cinto ao redor de seus corpos, prendendo-o no primeiro furo. Arfou, chacoalhou a cabeça mais uma vez, tentando se manter desperto, mas não resistiu e apagou.

– Moleque danado – reclamou Phoynikes, tentando se soltar.

Bernard atirou contra Stephanye e Dante, mais para fazê-los recuar do que matá-los. Prendeu a arma em um gancho na perna e usou as mãos para aumentar o rombo. O Beatrix se regenerava, mas não conseguiu impedi-lo.

– *Você é meu, Wadencliff!* – Envolveu o tubo de contenção de Tesla com as mãos, puxando o motor junto.

O líquido azulado borbulhou, esparramando-se pelo chão.

Bernard esticou-se para trazer Edgar também, pois nada o impediria de conseguir aqueles prêmios.

– *O Messias Sombrio se ajoelha perante seu novo deus* – pronunciou. Os dedos mecânicos roçaram o vidro, o aeronavio soçobrou, quase o derrubando. Irritado, Bernard se esticou de novo, mas, dessa vez, teve de se desviar de uma flecha, que explodiu atrás de sua cabine. Assustado, recuou somente com Tesla.

– Afaste-se dos meus amigos!

O recém-chegado usava uma armadura de bronze. O elmo com um visor negro e fino e a boca tampada por um respirador duplo, de onde saíam canos para a nuca. No peitoral reforçado com couro, a roda dentada dos *da'ath*. Coxas e cintura protegidas por um saiote, grevas com sulcos para circulação de ar guardando as canelas. Ao invés de botas, usava sapatilhas de esporas e bico metálico.

– *Quem é você?* – Indagou Bernard, o painel do M.E.C.A.S. tentava ler sinais vitais da armadura, mas recebia apenas estática.

– Nadja Caldwell, *da'ath* da Canção do Silêncio, mas você não terá tempo para ver meu rosto – a voz dela se projetava com um eco sutil. Atirou de novo usando um compartimento na parte superior do antebraço esquerdo, a flecha cravou no ombro do invasor e explodiu, arrancando-o.

– *Como ousa?* – Bernard recuou mais ainda. Era a primeira vez que um *bnei shoah* vencia sua blindagem. Precipitou-se quando a mulher disparou contra a cabine, errando por pouco. Passou por baixo do Beatrix, acionando as asas na velocidade máxima e fugiu.

Dante correu, puxando Phoynikes da lateral. Stephanye cortou o cinto de Diren, deitando-o. Os ferimentos dele se abriram, manchando a camisa de sangue.

– Devemos persegui-lo! Rápido, Beatrix! – o *yoresh* pronunciara, sem raciocinar. Não percebeu o olhar enviesado de Phoynikes, que o contrariou.

– Nada disso, Farhan é a prioridade – o *kohanim* agradecia a Diren. Pousara as mãos em suas feridas, curando-as. Trazia o capitão de volta aos objetivos, por mais que também quisesse voltar.

– Mas Tesla está com eles! – A única coisa que impedira Dante fora o amigo. A curiosidade sobre Nadja foi abafada pela urgência em resgatar o filho. A preocupação com a barcalma sumia ao vê-la se reestruturar e o medo por Diren se dissipou quando os ferimentos sumiram.

– Nem mais uma palavra sobre isso, *yoresh*. Nossa missão é clara, salvar as almas dos *bnei shoah*, sem distinção – Phoynikes finalizou, revoltado com a mudança de postura do companheiro.

Por fim, a curiosidade sobre Nadja voltou. Ela estava de costas para eles, olhando pelo rombo no casco do aeronavio, que terminava de fechar. Dante estranhou a ausência de movimento no tórax e a imobilidade da armadura. Pelo menos, o retorno dela garantiria alguma felicidade ao grupo. Seu capacete emitia um zunido baixo, sinal de que a Névoa percorria os sistemas. Um dos tubos de respiração se soltara, o que, em outros tempos, a sufocaria, mas agora ela parecia indiferente.

– É bom revê-la – Dante alegrou-se, ignorando a vontade de perseguir Bernard. Largou as espadas no chão, desistira de arrumar os cabelos e o sobretudo. Havia coisas mais urgentes a resolver.

– O desgraçado fugiu – ela murmurou, a voz ainda ecoada. Ofereceu a mão esquerda, que o *yoresh* beijou com uma mesura fingida.

– Sério, baixinha. Só você sabe programar o rádio – ele finalizou.

– Bom saber disso. Sinal de que preciso ensiná-los melhor.

A voz de Nadja surgiu do outro lado do porão, limpa, acompanhada de uma exclamação geral de surpresa. Dante, por instinto, virou-se em posição defensiva. O olhar percorria do exoesqueleto a Nadja, que se encontrava de pé em frente aos tanques de contenção.

– Eita, que zona é essa? – ele se permitiu surpresa.

– Namid não me deixou morrer, Dante. Por que a surpresa? Ele fez o mesmo com seu filho anos atrás – ela ajeitou o vestido. O olhar acusador avisando o pirata de que sabia de tudo, desde a fábrica até a decisão de manter Edgar e Tesla escondidos.

– O que fazemos agora? – o pirata indagou. Prestava atenção ao exoesqueleto, o capacete abrira, revelando a mimese de rosto formada por engrenagens, fios e cabos.

– Nós temos que reunir as nove partes da alma de Namid. O Messias Sombrio é a única chance de equilibrar as forças deste mundo – Nadja sentenciou. O grupo aquiesceu, esperando as próximas palavras da inventora. Dante anuiu.

– Algum recado de Beatrix? – perguntou. Notou então o desconforto da amiga, algo raro entre os *da'ath* ao compartilharem conhecimento. Mesmo assim, obteve resposta.

– Ela mandou você parar de choramingar e fazer algo por seu filho – Nadja subiu para o quarto, deixando um pirata sorridente a ver aeronavios.

Um brado forte prenunciou a chegada de Bernard. A União voava em fileiras paralelas de aeronavios, que se separaram para dar espaço ao aerogaleão, vindo atrás com as bandeiras negras e os tambores repercutindo acima dos motores a *diesel*.

De longe, puderam ver a Canção do Silêncio buscando refúgio em uma área afastada da capital. Ignoraram, penetrando o centro de poder do império com seus veículos majestosos e seu lema entoado nas bocas dos soldados.

– A União protege o cidadão!

Bernard aproveitou a confusão para chegar despercebido. Sem um braço, perdera estabilidade, carregando o tanque com cuidado para preservar o prisioneiro. Mal podia acreditar na derrota terrível que sofrera, mas ter aquele objeto o deixaria mais poderoso.

O aerogaleão era maior do que um veículo comum, com espaço para cento e cinquenta soldados. De velas quadradas e um convés largo, suportava o peso de um M.E.C.A.S. sem perder a força. Assim que o marechal pousou, os mecânicos o cercaram, prendendo cabos em seus membros para evitar que rolasse para a amurada.

– *Onde está seu mestre?* – Bernard sibilou para Cohen, que tocava alaúde em cima de um barril. O banjo a seus pés, sem as cordas.

– Vai demorar, quer deixar recado? – o rapaz provocou.

– *Onde está aquele velho desgraçado, ele me abandonou em combate, isso é traição e não será tolerada* – Bernard cuspiu as palavras, pisando no banjo de Cohen e quebrando-lhe o braço. O rapaz olhou aquilo, pensando em uma resposta malcriada, mas o irmão mais novo interrompeu.

– Mestre Bernard, por favor. Abaris nos avisou que está movimentando toda a *Qliphoth* para encontrá-lo em Farhan. Ele planeja revelá-los como uma guarda pessoal assim que sua posição como *Abwher* for garantida – Ryszard, mais equilibrado, buscava formas de tranquilizar o convencional. Não precisavam de uma guerra entre todas as forças armadas do Quinto Império. Não agora.

Os subordinados afastaram-se ao ver o olhar feroz do marechal, exceto Sardeck, já acostumado aos rompantes de fúria.

– *Mensageiros, agora!* – ele ordenou, andando de um lado ao outro sem bengala.

Ignorava a dor na perna, respirando fundo, procurando formas de controlar a raiva. *Tehom* suprimia a consciência de Bernard sempre que podia, mas a presença da *Qliphoth* o enfraquecera. Agora ele precisava manter o corpo humano sob controle, assim como seus novos e indesejados aliados.

Distraído, mal reparou em Sardeck voltando com dois garotos, que julgou serem os mensageiros. Falou, sem esperar que anotassem.

– *Alertem a Canção do Silêncio de que, se qualquer membro da Kabalah denunciar o ataque a Safed, nós destruiremos Tesla e os acusaremos de traição por manterem Edgar em seus portões.*

Atrapalhados, os garotos anotaram o recado e partiram em uma aerogalera, um veículo com remos laterais que funcionavam para propulsão adicional ao motor à Névoa. A União convertera-os ao *Shemém*, aumentando sua capacidade de voo.

Os fogos de artifício em comemoração à derrota de *Järvenden* preencheram o céu ao redor do aerogaleão, mas Bernard deu pouca atenção àquilo. Escutava Sardeck indagando:

– E quanto à armada, senhor? – Um rojão estourou perto dos balões de sustentação do aerogaleão. Pelo menos, ele era reforçado com placas metálicas e couro. O major trocava o peso das pernas, incomodado com a chegada repentina de seu grupo, apesar de confiar no líder que os trouxera triunfantes até ali.

– *Ordene que os quatro últimos despejem os destroços de Safed ao redor de Tel Aviv depois de amanhã. Então, espalhem que a Kabalah iniciou um ataque derradeiro contra a cidade em busca de piratas aéreos, derrubando-a e alegando que os moradores eram vítimas circunstanciais* – o marechal calculara os passos, sabendo que em breve teria acesso ao Parlamento, onde deveria agir com precisão para convencer os *ggoyim* dos males da elite.

Os mecânicos ergueram o M.E.C.A.S. por um guindaste instalado na estrutura do aerogaleão. Peças novas trazidas por um carrinho de mão o cercavam, dispostas onde se encaixariam. Além disso, havia um equipamento novo, parecido com uma mochila, mas cheio de fios de cobre e pintado na mesma cor da lataria do robô.

– *Comecem* – Um dos mecânicos sinalizou para Bernard, que assentiu.

Em um movimento ensaiado, os homens encaixaram o equipamento na traseira do M.E.C.A.S. e usaram furadeiras para fixá-lo às placas protetoras.

– Um atraso pode nos prejudicar, senhor – Sardeck, acompanhado dos murmúrios de aprovação dos convencionais, declarou.

– *Chegamos a Farhan. A única coisa que nos pode derrotar é o medo de vencer, major* – declamou o marechal. Para espanto dos subordinados, não tirava os olhos do balé dos mecânicos para levar o tanque de contenção à retaguarda do mecanoide.

– A Canção do Silêncio é conhecida por desobedecer ordens, senhor – o major insistiu, desta vez sozinho. Bernard teve de respirar fundo para conter outra explosão de fúria.

– *Faça o que estou mandando, major. A função da Kabalah é servir aos ggoyim, então, que eles nos sirvam como devem* – ergueu o queixo, triunfante, quando o tanque de contenção encaixou no equipamento novo e o motor do M.E.C.A.S. rosnou conduzindo *diesel* através dos sistemas.

Herói

O rio que separava *Tel Aviv* do restante da capital permeara os calabouços militares com um odor fraco, porém insistente, que diminuía conforme os prisioneiros desciam nos labirintos abaixo do Ministério Público. A falta de janelas poderia desnortear Lukas, mas ele se agarrara ao cheiro para traçar um mapa mental até a saída, algo que só os instintos *arur* garantiam.

Lukas divisava o concreto do metal e a chuva da neve. Ao invés de confiar apenas nas narinas, usava a racionalidade *da'ath* para reforçar o mapa.

Emparelhadas, Elener e Ninzz relaxavam, confiantes de que o jovem Hawthorn deixara de ser uma ameaça. Atrás da cama metálica, Anik e sua sobrinha, Ann, seguiam atentas. Lukas sabia do estado emocional de cada uma pelos passos rígidos que davam. A ruiva ainda mancava porque sua espadasserra acompanhava o caminhar hesitante.

– Recompensa boa essa. Achei que ganharíamos mais – reclamou Ninzz ao dobrarem um corredor. O décimo nono, pelas contas do prisioneiro.

"*É hora de ir.*" Namid retornara mais forte que nunca. Lukas sentia a energia percorrendo seu corpo. Faltava pouco para escapar, as previsões *nabiyim* alertavam o momento certo.

Havia um momento na caminhada em que a perna ferida de Anik encostava-se à espadasserra, obrigando a mulher a avançar e diminuindo o espaço entre a lâmina e a tira de couro que prendia Lukas.

Viraram mais uma esquina, onde sentiu o ar quente. Lukas apostava que se dirigiam a uma porta grossa. A sensação de frescor ficou para trás e o cheiro do rio desapareceu. Chegou o momento de escapar.

A cama chacoalhou em um cascalho, o prisioneiro forçou o corpo para baixo e gritou, assustando as captoras. Por instinto, elas puxaram as armas. O espaço obrigou Anik a se posicionar de lado. Lukas aproveitou seu movimento e se jogou para a esquerda, mesmo com o rosto coberto pelo elmo metálico. Sentiu um dos dentes laminados prender na correia e forçou de novo, desprendendo-se.

– Não o deixem escapar! – a ruiva avisou, mas era tarde. Com a mão livre, Lukas puxou-a para junto de si. A espadasserra, vibrando sozinha, terminou o trabalho, soltando a outra mão.

– Qual é a desse moleque? – indagou Ninzz.

O sistema de defesa automático do corredor disparou flechas de bestas contra o fugitivo. Ele inclinou a cama e elas roçaram as correias de seus pés. Com um pouco mais de força, ele conseguiu parti-las.

– Essa foi legal, vai... – Ninzz prosseguiu, rindo com a escapada miraculosa de Lukas.

O *milicida* virou a cama, empurrando-a contra as mulheres. Espremidas pelo espaço e o equipamento, elas se prenderam no corredor. Um dos lados da cama travou na parede, o outro no escudo de Ann. Se ela quisesse avançar, deveria soltá-lo. Elener, com a cauda agitada, forçou passagem. A aliada mais nova reclamou, pois se continuasse, quebraria seu braço:

– Calma, Elener! – Anik pôs ordem no grupo, tornando visível a irritação pela nova fuga.

– Que foi, gatinha, perdeu a bolinha? – Lukas provocou.

– Ignore, Elener, ele só quer... – Anik repetiu, mas se interrompeu quando a amiga avançou contra o prisioneiro.

Descontrolada, a *arur* deu um empurrão nas companheiras, Ann soltou o escudo a tempo de evitar que quebrasse o braço. A cama rangeu, Lukas avançou também, aproveitando o tempo que a leoa demoraria a alcançá-lo.

Lukas girou em torno de Elener, passando por debaixo de seu golpe. A espada dela bateu contra a parede e vibrou, incomodando os próprios músculos da *arur*. O fugitivo agarrou a espada de vidro de Ann e golpeou-a na testa. Tonta, a garota afrouxou o escudo, que foi tomado pelo inimigo. Bem a tempo Lukas aparou o segundo golpe de Elener. Atrás, escutava Anik a plenos pulmões:

– Ninguém escapa de *Tel Aviv*!

Ela passou a espadasserra a centímetros de sua cabeça, aparando um chumaço de cabelo. Lukas se apoiou na parede e saltou de lado. Faíscas da lâmina motorizada choveram da parede quando a ruiva o perseguiu.

– Peguei você, gata – ele sussurrou, dando uma estocada na barriga de Anik.

O golpe serviu para atrasá-la, não matá-la. Confundiu Ann com uma jogada de pés, dando-lhe uma cotovelada na boca. Ninzz, ativando a maça, iluminou o corredor com chamas. Rugiu, mas seu equipamento era grande demais para ser usado ali sem colocar as outras em risco. Lukas sorriu, confiante de que ela o seguiria com a arma desativada.

Lukas perseguia o cheiro do rio. Bastava se concentrar e os sentidos o levariam à saída. Chegou a uma encruzilhada, três caminhos terminando em portas. Escapava um vento frio da primeira, uma luz fraca da segunda e o cheiro do vento da terceira. Ele respirou fundo, mas, nessa hora, uma parede metálica bloqueou seu caminho.

– Ninguém escapa de *Tel Aviv*, *milicida* – Vaz surgiu com a mochila nas costas e o cutelo em mãos.

– Me deixe sair – ele sussurrou, protegendo-se com o escudo.

– Não entendeu ainda? Eu liguei os bloqueios, só este controle ou um membro da família Ahverus podem abrir as portas agora – Vaz sorriu, maliciosa.

Lukas pouco se afetou. Estalou o pescoço, ordenando à parede:

– Abre-te.

Para espanto de Vaz, o bloqueio subiu de volta. Lukas atravessou a última porta, de onde escapava o cheiro, deparando-se com o pátio de *Tel Aviv*. Gritou aos céus por causa da raiva que sentia da irmã e do cunhado:

– Isto é o melhor que o Império pode fazer?

Relâmpagos estouraram ao seu redor. O clima esfriou e nuvens negras se formaram, prenunciando uma tempestade. Não demorou até as primeiras gotas de chuva caírem e o vento aumentar. Sua voz ecoou no pátio grande e ladrilhado, que terminava em muros altos, de onde atiradores miravam o fugitivo com baionetas.

– Você ainda não aprendeu, moleque? Nós somos a Rosa Púrpura, as caçadoras imperiais. *Tel Aviv* é inexpugnável e nós somos imbatíveis – Vaz surgiu na porta, acompanhada das aliadas, porém seus rostos traíam a desconfiança por Lukas escapar do sistema de segurança.

– Para trás, soldado. O *milicida* é assunto nosso – uma ventania sobrepujou a tempestade, trazida por um M.E.C.A.S. da União. Despencara de um aerogaleão que circundava o bairro militar, acompanhado de oito aeronavios com bandeiras negras. Apontava a mão com garras pra o fugitivo, seguindo seus movimentos.

– Quem são vocês? – Atenta, Vaz dividiu a atenção entre o recém-chegado e o fugitivo.

– Nós somos a União – anunciou uma segunda voz. Havia outra daquelas máquinas em cima do muro, apontando um canhão para Lukas.

– Nada vai deter minha vingança – o *milicida* gargalhou, apontou uma das mãos para o robô no muro e disparou um relâmpago contra ele. O impacto ativou o canhão e um míssil desabou o corredor onde a Rosa Púrpura estava.

– Albert, pegue-o! – o piloto atirador ordenou.

O dano não era grave, apenas o desnorteou. O segundo robô cravou as garras a milímetros de Lukas, que saltou protegendo-se com o escudo. Ele estreitou os olhos, revoltando-se enquanto Namid berrava em sua cabeça. "*É ele. Vingue-se! Assassino!*"

–Albert Barrow? – Lukas parou, querendo se certificar. Olhos brilhando em meio à tempestade. O escudo de vidro refletindo a cabine de comando.

– Hawthorn, achei que estava morto, mas vou me certificar que estará de verdade desta vez – respondeu o piloto, atacando de novo. Lukas escapou mais uma vez, disparou um segundo raio e acertou uma das torres de vigilância atrás dele.

No convés do aerogaleão, Bernard gesticulou em círculo com o indicador, depois abriu a mão. Os aeronavios rodearam *Tel Aviv*, abriram as comportas e jogaram os restos de Safed no rio, aumentando a destruição provocada pelo *milicida.*

– *Aguardem* – ordenou o marechal, sisudo.

Parte de seu plano envolvia Lukas, mas era uma surpresa o garoto estar em Farhan justo quando a União chegara. Aproveitaria o momento, usando-o como mais um instrumento de seu partido e rumo à liberdade de seu povo. O que precisava agora era de um desastre que reforçasse o movimento contra os *bnei shoah*, de modo a influenciar um boicote à elite por parte dos *ggoyim.* O garoto se mostrara mais habilidoso do que imaginara, mas, mesmo assim, dificilmente pareava com os M.E.C.A.S.

– *Transmitam a batalha* – ordenou pelo capacete aos subordinados.

Na mesma hora, saíram cones metálicos dos cascos dos aeronavios, semelhantes a gramofones. Replicaram o som da batalha para a capital, pondo a guarda palaciana e o exército local em alerta máximo.

– O exército tem que acabar! Os *ggoyim* são corruptos e merecem a morte! – gritava Lukas.

– Você não vai machucar estes inocentes! – respondia Albert.

– *Prenda-o, soldado. Lukas deve ser levado à justiça* – Bernard interrompeu a discussão, prevalecendo sobre os combatentes.

Observou a capital, a multidão se reunia à margem do rio, com lágrimas, enquanto soldados da União, disfarçados, espalhavam a história do ataque da *Kabalah.* Sardeck jogou o canhão fora, pois sua máquina era de apoio tático, não combate. Atacou Lukas com golpes rápidos, atingindo-o em sucessão.

– Albert! – Lukas escalou o M.E.C.A.S. de Sardeck, desviando dos últimos golpes. A proximidade impedia as garras de atingi-lo. Aproveitando esse momento, o *milicida* enfiou a espada em uma fresta no vidro da cabine.

– Gente melhor que você tentou e falhou, garoto. Acha mesmo que vai impedir a vitória da União? – Albert, em frente, buscava um jeito de tirar o adversário do amigo, mas era impossível.

– *Está na hora de ser herói* – Bernard, a distância, puxou o relógio negro do casaco e abriu-o. Dentro dele, havia uma cópia do painel dos M.E.C.A.S. Abaixou uma pequena alavanca usando a unha do indicador. As cabines de Sardeck e Albert abriram juntas.

– O quê? – surpreendeu-se o major, deparando-se com Lukas. O cinto enroscara. O major sacou a pistola e atirou, mas errou.

– Sua sorte é ter me ajudado quando teve a chance, Sardeck – disse Lukas.

Ele cortou o cinto e jogou Sardeck da cabine. Tomou seu lugar, bateu os olhos nos comandos e sua parte *da'ath* aprendeu rápido a controlar a máquina. Bateu contra Albert, tentando derrubá-lo. O militar cravou os dedos no chão, enfiou a garra nas costelas de Lukas, arrancando sua blindagem. Ao invés de persistir, o rapaz apoiou na perna dobrada do adversário e pulou, descendo todo o peso em seus ombros.

– A vingança é minha! – Esmurrou o capitão sem parar.

Bateram contra o muro. Em um gesto impensado, Albert abraçou-o e girou para trás, despencando no rio. Os robôs ergueram ondas enormes, que afogaram as pessoas à margem. Não se importaram e o duelo prosseguiu cada vez mais selvagem.

– Sua vingança é o nosso legado!

Albert, furioso, agarrou um pedaço da ilha e bateu em Lukas até a cabine rachar. O estrondo fez estremecerem as estruturas dos prédios e janelas. A cada golpe, a população tremia apavorada. No terceiro impacto, o vidro rachou. Lukas abaixou, o quarto golpe, que deveria esmagá-lo, acertou o peito do robô. Em um impulso, esticou o braço com a garra, atravessando o peito da máquina do inimigo.

– Finalmente! – Lukas triunfou, arrancando o tanque de *diesel*. O líquido acendeu um anel de fogo ao redor deles.

– Você enlouqueceu. Admito que errei, mas tenho uma nova chance agora e não vou deixá-lo machucar estas pessoas para cumprir sua vingança – Albert respondeu, os dedos apertando o manche em sua última tentativa de revidar.

– Agora você implora perdão, mas riu de mim na sarjeta!

Lukas suportou os golpes finais e as pedradas que a população lhe dava. Olhou para ela, com pena de sua tolice. Mal sabiam que eram marionetes nas mãos dos soldados. Ergueu a garra, Albert forçou os controles para trás, a fim de esquivar. Nada aconteceu. O capitão estava ao dispor do garoto.

– Isto é por tudo que você fez!

Desceu o braço. Albert, esperto, apertou o único botão vermelho de sua cabine ejetando-se no momento exato. A garra transpassou o sistema mecânico, destruindo o M.E.C.A.S. de vez.

– Não! – gritou Lukas, acompanhado da multidão revoltada.

– Assassino! – escutou uma senhora chorando.

– Pega ele! – um homem incitava.

– Chamem a União! – outro clamava.

Lukas ignorou, mesmo quando paus e pedras choveram contra o robô. Saiu da cabine, andou pelo braço e apontou a mão para os agressores, disparando um raio.

– É assim que vocês me agradecem? Livrei esta cidade do mal e vocês me respondem com paus e pedras? Voltem para suas malditas casas, traidores, e afundem na desgraça da sua vida! – Apontou de novo, mas, quando ia disparar, alguém caiu sobre ele.

– Chega, Hawthorn! – Sardeck rolou, sacou a pistola e atirou, acertando o ombro de Lukas. Apesar do ferimento, o garoto o agarrou pela gola e o jogou contra a cabine. Deitado, o major não tinha como se defender.

– Um arremedo de soldado como você nunca me prenderia – Lukas esmurrou Sardeck, incapacitando-o. Encarou o homem que o salvara por um tempo, arrependido do excesso de violência. Aquele sujeito era o único a ajudá-lo quando mais precisou e, agora, desfalecia perante seus golpes.

– Ele não, mas eu sou o herói da União! – gritou Albert, saltando da cadeira ejetada, que descia com o paraquedas.

O impacto desnorteou Lukas, que esticou as mãos para as armas de vidro. Elas voaram em sua direção, protegendo-o da avalanche de ataques. Albert atirou com a pistola de emergência, errando por medo de atingir um inocente. O próximo disparo mirava a cabeça do *milicida,* que ordenava:

– Atira!

O capitão estava dominado pela ira. Seu inimigo tentava destruir o que conquistara nos últimos meses – sua fama, ideologia, amigos e adoradores. Um sonho que escapava entre seus dedos porque um pivete mimado de família rica rejeitava a derrota. Apertou o gatilho, depositando na bala toda a raiva contida por anos de treinamento insuficiente, inveja do irmão Nikolas e desespero por ver sua única chance de ser importante escapar. O engasgo de Sardeck escapou entre os barulhos ensurdecedores da cidade.

– Major! – Albert passou por Lukas, a mancha de sangue crescendo no estômago do companheiro, permeando seu traje branco e roxo com uma terceira cor, indesejada.

"*O começo da queda.*" Namid sussurrou.

– Ele foi a única pessoa que tentou me ajudar, então cale a boca – Lukas devolveu a si mesmo. Ignorou as ordens para fugir.

– O... o que aconteceu? – indagou Sardeck, apertando o ferimento.

Não conseguiu estancar o sangue e esticou a mão para a foto da família, que repousava em cima do painel. Muito mais distante agora, as cores se tornavam difusas, enegrecidas pela dor. Lukas repassou a trajetória em sua mente. Erguera o escudo no momento do disparo. Olhou a superfície envidraçada e lá estava um risco, demonstrando que a bala resvalara e atingira Sardeck em consequência. Soltou o escudo, que rolou pelo braço do M.E.C.A.S. e pela ponta de ilha flutuante, chocando-se contra a água e desaparecendo na correnteza do rio.

– Você destruiu minha vida – Albert acusou, lacrimejando.

Sardeck fixava o olhar vazio no teto da cabine de comando, perdendo-se na própria escuridão. As mãos não tentavam mais alcançar a foto da esposa e da filha.

– Você destruiu a minha primeiro – respondeu Lukas. Largou a espada e disparou um raio contra ela, unindo os estilhaços à correnteza que os separava dos *ggoyim*.

A MÁQUINA DO MUNDO

PONTOS NEGROS EMERGIRAM ENTRE as árvores e Dante percebeu que caíra em uma armadilha. Os aerotrirremes cercaram-no antes que pudesse fugir. Eram veículos longos, com fileiras de remos impulsionados por um motor interno. O combustível, uma mistura de *Nepl* e *Shemém*, era refinado para baratear a movimentação dos piratas, que não tinham muitos recursos, nem bases.

Dante conhecia o tipo. Eram famílias banidas de Hissarlik, nação vizinha ao Quinto Império e sua maior rival no fornecimento de energias a Nordara. Na maioria, bandoleiros com alguma experiência militar que se arriscavam a atacar qualquer veículo que cruzasse seu caminho. Pelas contas, cada aerotrirreme levava setenta pessoas bem armadas.

– Precisamos de um plano melhor – Phoynikes protegeu-o bem a tempo. Um tiro passou rente à testa do capitão, desviado pela ponta do escudo de luz.

– Eu pretendia voar até eles cansarem – respondeu Dante, passando a mão no ferimento. – Obrigado.

– Disponha. O que você está fazendo? – Phoynikes agarrou-se ao amigo. O aeronavio inclinou, mergulhando na floresta abaixo. No impulso, um dos perseguidores imitou o gesto, mas seus remos bateram nas copas e o aerotrirreme destroçou-se nos troncos.

– Isso sempre funciona! – Efusivo, Dante mostrou o dedo do meio e escapou entre os sobreviventes. Ouviu um estouro ao seu lado. Stephanye recarregava os revólveres após acertar inimigos na proa da aerotrirreme mais próxima.

– Eles são muitos – ela reclamou. Uma lasca de madeira cortou sua sobrancelha. Correu até Nadja, escondendo-se entre duas caixas.

– Derrubamos um, mas o resto não vai cair no mesmo truque – a *da'ath* observou de novo. Apesar de o Beatrix ser rápido, os aerotrirremes prendiam arpéus nele, prejudicando sua estabilidade.

– Alguma ideia instantânea? – Steph abraçou Diren assim que ele chegou. Por ser o mais rápido, o *arur* repassava as mensagens entre os aliados.

– Sim. Diren, peça a Dante que diminua a velocidade, mas sem deixar os inimigos perceberem que se trata de uma armadilha. Então, avise Phoynikes para não cortar os ganchos que aparecerem até eu fazer o primeiro ataque – Nadja explicou. O companheiro esquivou-se pela ponte de comando.

Diren saltou um barril, girou sobre velas em cima de caixas, deixou o corpo escorregar até bater em um mastro e usou as pernas para se lançar para trás. Os tiros choviam ao seu redor, raspando, sem acertar. Por fim, gingou para a esquerda e direita e saltou, confundindo os atiradores. Abaixou-se, entre mais caixas velhas, e sumiu, reaparecendo atrás de Phoynikes, que reclamava.

– No meu próximo número, vou tropeçar sentado. – Enfastiado, o capitão levou um susto com a chegada de Diren. Phoynikes protegeu os dois mais uma vez, cansando-se daquela situação.

– Planos, rápido! – ordenou. Diren explicou como pôde, enroscando-se nas palavras. O *kohanim* torcia para dar certo.

– Que ideia idiota – Dante resmungou, após a conclusão. Obedeceu, disfarçando ao máximo que conseguia.

Um arpéu cravou-se na balaustrada. Em seguida, outros cinco. Piratas mais confiantes tomaram a dianteira e prenderam as armas na boca, percorrendo o caminho até o Beatrix com agilidade felina. Quando estavam no meio do caminho, Nadja sinalizou para Phoynikes, mostrando a mão para baixo com os dedos esticados, depois indicou para a esquerda mais próxima do sacerdote e levantou dois dedos.

Ele devolveu o mesmo gesto, apontando para sua direita, de modo que o escudo escondesse a ordem. Levantou, impulsionando Diren, que deu o primeiro golpe nas cordas, enfraquecendo-as, enquanto o sacerdote terminava o serviço.

O exoesqueleto repetia e a loira vinha em seguida, cortando

as cordas. Os piratas caíam ou se penduravam, pedindo socorro. Nadja cruzou com Phoynikes e os quatro giraram, se abaixando no último instante. Ainda havia uma corda, que forçava o aeronavio e os aerotrirremes a bombordo.

– Agora, Dante! – A *da'ath* berrou ao bater contra o chão.

Rapidamente, o *yoresh* girou o leme com toda a força possível. O Beatrix guinou para a esquerda, passando por baixo do aerotrirreme líder e jogando-o contra um dos auxiliares. Os piratas bateram em cascata, afundando-se em meio à floresta. Ágil, Nadja rompeu a última corda, antes que levasse o Beatrix consigo.

– Seus vermes. Da próxima, usem a Abordagem Heinrich! – Dante anunciou, mostrando o dedo do meio.

– Do que você está falando? – Phoynikes estranhou o termo.

– Nada – Dante riu.

Pararam vinte minutos depois, sem pousar o aeronavio. Cansados e com sono, não estavam dispostos a enfrentar a nevasca intensa.

– Estamos próximos demais de Eliath – Nadja colocou um mapa sobre a mesa, Stephanye trazia o bule de chá e biscoitos. A loira pegou um, simulando o Beatrix com farelo.

– É perigoso avançarmos mais que isso. Encontramos piratas hissarlianos e, em breve, os *khans* vão começar a aparecer – Phoynikes emendou, passando o dedo em cima da linha da fronteira.

– Perigoso é ser refém de um partido político opressor e ter de encontrar uma fábrica mágica no meio das montanhas. Para que fazer isso, loira? Você não disse que Namid é mais importante? – Dante quebrou um pedaço do biscoito de Nadja e colocou ao norte de onde estavam.

– Ele é, mas encontrar a Máquina do Mundo antes da União vai nos deixar em vantagem. Eu acho que ela é mais do que Sehn e Tesla entenderam, há algo vivo na máquina que a torna especial.

– Um Titã – confirmou Phoynikes, forçando-se a não bater os dentes de frio.

– Sim! Eu acho que a Máquina do Mundo é um Titã – Nadja completou, arrumando o pedaço de biscoito que Dante colocara no mapa.

– Explique-se – Phoynikes pediu.

– Para gerar vida e controlar as almas, a Máquina deve ser capaz de reconhecê-las e subtraí-las do mundo quando é necessário. Há um Titã na mitologia que faz isso; *Sheol*, o senhor dos mortos – Nadja prendeu o cabelo com um pedaço de arame.

– Complicado demais, Nadja. Só os antigos sabiam manipular a vida desse jeito – Phoynikes respondeu e o grupo consentiu, impressionado por ela saber daquilo.

– Quando estava junto a Beatrix, houve contato da minha alma com Namid e ele me informou disso. Prestem atenção, cada raça de Nordara recebe uma parte de sua energia primordial, que podemos chamar de *Méretz*. Esta energia é enviada de acordo com o corpo de cada criatura. Por exemplo, os *syrians* recebem uma parcela maior que dos humanos, por isso são longevos e fortes; já os *kyõhei* recebem uma parcela menor, que os torna menos longevos. Os *khans* são os mais propensos a magia porque recebem uma quantidade enorme de *Méretz* em sua concepção – Nadja falou. Esperou que os amigos digerissem a informação.

– Você enlouqueceu quando morreu – Dante brincou, sinalizou para ela prosseguir.

– Os *bnei shoah*, na verdade, são *ggoyim* que recebem uma quantidade de *Méretz* o suficiente para alterarem seus corpos e mentes sem diminuir seu tempo de vida. Nós nascemos no limite do que um humano comum suporta, mas há um problema em nossa concepção – Nadja analisou o mapa, traçando rotas alternativas de busca.

– Qual? – Dante ajudou-a.

– Quando morre, uma alma comum volta à Eternidade. Ela passa por um fluxo que é o principio da vida e da morte, chamado *Aleph*. No *Aleph*, as almas são purificadas e reconstruídas para voltar à vida. Este ciclo se repete sempre, mas apaga as memórias das vidas passadas das almas – Nadja finalizou a explicação.

– A base é a mesma da nossa fé – comentou Phoynikes.

– Exato, mas a Fé em Shoah não diz toda a verdade. Os *bnei shoah* foram retirados deste ciclo e nossas almas não retornam mais ao *Aleph*. Elas estão presas na Máquina do Mundo para servirem de exército ao Quinto Império – a *da'ath* convergiu todas as rotas para o mesmo ponto, um lago congelado. Desta vez, quem interrompeu foi Stephanye, assustada com a quebra de sua realidade.

– Sehn destruiu a Máquina, ele nos condenou.

– Acho que não – Nadja cortou na mesma hora. – Sem a Máquina do Mundo, nossas almas vagariam entre os vivos e mortos até encontrarem uma forma de voltarem sozinhas.

– É cedo demais para especular – Phoynikes interrompeu, mas a *da'ath* retrucou.

– Não. Estamos no momento certo, Sehn destruiu a Máquina e afogou Tesla entre as almas. Isso deveria bastar para matá-lo e salvá-las, já que o choque espiritual os ligaria novamente ao mundo dos mortos... – ela diminuiu a voz, perdendo-se em raciocínios.

– Nadja? – Phoynikes chamou.

– Hã? Ah, verdade... Mas Sehn não estava sozinho. Ele carregava Minerva consigo e a garota era uma *ggoyim*. Sua alma sabia o caminho, por instinto, para o *Aleph* – Nadja completou, sorrindo.

– Sem querer, ele salvou os *bnei shoah*. Seu sobrinho é o melhor – Dante deu um tapinha nas costas de Phoynikes, que sorriu orgulhoso.

– Você aprendeu isso com Tesla? – o *kohanim* indagou.

– Tesla e Namid. Tive um vislumbre da realidade que eles queriam mostrar. Acho que entendemos errado o que é o Messias Sombrio, por isso precisamos reunir aqueles que possuem sua alma e controlá-lo a nosso favor – Nadja disse.

– Vamos para cá? – Dante observou as setas convergindo para o mesmo ponto.

– Isso é um lago congelado – Phoynikes reclamou. Ia tirar o biscoito, mas o capitão deu-lhe um tapa na mão.

– Um lago congelado em uma área de estia? – O *yoresh* indicou as nascentes de Hellyah, que passavam longe daquela área. Nadja concordou.

– A neve cobriu o vale e derreteu no verão, tornando-se um lago – Phoynikes explicou devagar, como se falassem com uma criança.

– Alguma ideia melhor? Porque o resto dos lagos está cercado de tribos e piratas e eu não estou disposto a fracassar mais uma vez – Dante refletia o pensamento do grupo. Deveriam ter salvado Tesla a qualquer custo, sem se transformar em marionetes nas mãos de Bernard.

– Por que não estou confortável com isso? – Phoynikes coçou a sobrancelha.

– Porque você é um velho ranzinza e sua artrite dói mais no frio – Dante respondeu, entregando uma xícara ao companheiro, que aceitou de bom grado. Bebericou, fez um muxoxo e sorriu.

Quando Dante deixou o porão para conferir o convés, Phoynikes disse a si mesmo.

– Pior que está doendo mesmo...

A nevasca aumentou durante a noite, impedindo-os de avançar. Dante estranhou. Vinha do sul, região quente, e subia para o norte, mais frio, onde a temperatura diminuía conforme chegavam na fronteira com Eliath. Elaborou algumas teorias a respeito, mas guardou-as para si.

Pela manhã, varreram o convés, limparam as velas e aqueceram os motores com uma mistura de óleo lubrificante e *Nepl.* Era quase meio-dia quando levantaram voo, seguindo a rota estabelecida pelo capitão. Concentrada, Nadja só notou a chegada quando o aeronavio deu um tranco, jogando a âncora na neve. Uma matilha de lobos fugiu assustada, deixando escapar sua presa, escondida entre árvores altas e grossas.

– Tá aí nosso lago – Dante apontou.

Grande, margens inclinadas como vertentes, cheias de musgo e pequenos lagartos e com árvores imponentes ao seu redor. Pássaros brancos se espreguiçavam em seus galhos, fazendo pouco caso da barulheira do aeronavio. Como previsto, não havia cursos de água desembocando. Era uma área seca, exceto pela neve. Mais adiante, um enorme círculo de pedras, que Dante viu de relance ao procurar um local para pousar. Esbaforida, Stephanye gesticulou para Nadja da porta do porão. A loira foi checar do que se tratava, mas o *tourbillon* brilhando em seu pulso já indiciava problemas.

– Edgar está reagindo – a *yoresh* falou.

O porão brilhava, banhando por uma fraca luz do líquido de contenção. As penas que se soltaram do *arur* rodopiavam nas borbulhas. Não dava para saber se era por isso, mas o *arur* se movia devagar, mesmo inconsciente.

– Será que é a Máquina do Mundo? – Indagou Dante. – Precisamos de um modo de chegar até ela.

– Pode ser, mas não quero me precipitar e colocá-los em risco – Nadja devolveu, analisando o fluxo do tanque.

– Como desceremos? A água congelou na superfície e nenhum de nós aguentaria o frio lá embaixo – Phoynikes ajudava, ligando os cabos aos motores para dar mais força ao sistema.

– Vou enviar o exoesqueleto – Nadja franziu o cenho.

– Ele aguenta? – Dante ajudou o *kohanim* a travar uma das mangueiras. Preocupado com os rumos daquela conversa.

– Vou ligá-lo ao motor do Beatrix para garantir lubrificação e calor, depois uso um dos tanques reserva para me conter e faço a ligação psíquica com ele. Só que vocês terão de me proteger, porque, se eu sofrer um choque muito intenso, ficarei lá para sempre – finalizou.

– É melhor ser rápida, aqueles lobos estavam aprontando – Steph apontou com o cano do revólver onde a âncora caíra.

– Por que diz isso? – Phoynikes perguntou.

– Nunca vi lobos enterrando armas. – Olharam mais uma vez, havia um fosso perto dali, de onde se projetavam pontas de espadas, escudos e lanças.

Depois de quase uma hora de preparação, eles desceram o exoesqueleto. Nadja sentiu o frio ao redor de seu corpo e a visão embaçou. Ela não conseguia enxergar com perfeição, mas sua consciência estava dividida entre seu corpo humano e o metálico. A sensação era estranha e ela demorou um tempo para se acostumar. Ensaiou alguns movimentos e, por fim, andou em direção à fábrica.

Tribunal do Silêncio

Antes mesmo de Lukas ser algemado, os detalhes de seu confronto com a União se espalharam. Houve tumultos na fronteira de *Tel Aviv*. Grupos de linchamento se organizaram para retirar o *milicida* da prisão e fazer a própria justiça. Os *kiy* montaram guarda em frente ao bairro, a fim de intimidar manifestantes mais ousados.

Nesse ínterim, a convite de Aghata Drachenfels, Sehn, Maya e Kadriatus trocaram a casamata onde haviam se instalado pelos luxuosos quartos da família do guardião. Por mais estranho que fosse, nos dois meses que se seguiram nunca se depararam com os membros da família, mas viveram normalmente, como se fossem os donos da casa.

– Outra carta de Dante? – Kadriatus indagou, apoiado na varanda de seu quarto. Tinham visão privilegiada do castelo Ahsverus graças às vertentes do bairro, feito para abrigar soldados de alta classe.

– É a terceira. Ele avisa que desviaram da rota para evitar contato com a União – a irritação de Sehn exteriorizava-se em sua fala rápida e nos dedos amassando o papel.

– Por que vocês estão preocupados? A União é parte do império agora – Maya interrompeu, referindo-se à vitória esmagadora de votos para validar o partido político de Bernard.

– Eles só conseguiram tamanho poder tão rápido porque Sardeck foi assassinado por Lukas – Kadriatus falou.

Eles tinham passado os últimos meses discutindo o assunto.

Maya insistia em depor a favor do irmão, mas todos os seus depoimentos tinham sido ignorados pelo tribunal dos *ggoyim*. Ela pediu para Sehn interceder junto aos *bnei shoah* e ele entrou com uma ação de soltura, que também foi ignorada pelos juízes.

– O Império precisa de um bode expiatório, Maya – Sehn falou assim que Kadriatus terminou, sem dar tempo para a esposa voltar a suas reclamações.

– Meu irmão só está preso porque foi um militar que o acusou. Você sabe tanto quanto eu que, se essa briga fosse entre dois civis, ele estaria na rua – pouco adiantou, Maya reclamou do mesmo jeito da hipocrisia militar.

Sehn passou a mão humana na cabeça, um movimento que fazia quando estava nervoso. Kadriatus bufou e tentou replicar:

– Nós passamos os dois últimos meses indo ao tribunal e intercedendo por Lukas. Da última vez, eles quase enquadraram você também por formação de quadrilha, Maya. Pense com calma: pelo menos, fora da prisão, você ainda poderá fazer algo por Lukas.

– A União vai se encarregar de protegê-lo – Maya ironizou, tão revoltada que seus olhos estavam vermelhos.

– Eu acho que eles têm boas intenções – Kadriatus comentou em voz baixa. Cruzou olhares com Maya e previu uma tempestade de palavrões. Por sorte, Sehn conseguiu interceder.

– Pode até ser, mas não confio naquela gente. Sabiam que estão votando uma lei de desarmamento dos *bnei shoah* quando em território civil? – Sehn detalhou a nova lei, prestes a se validar graças ao medo atual da população perante a *Kabalah*.

– O imperador e os *yezirah* não se pronunciaram a respeito? – Sehn estranhou o fato de seu povo perder poder a cada dia, baseado no maior número de *ggoyim* envolvidos com a política. Pegou o jornal em cima da mesa de ferro e folheou-o.

– Pouco. Eles querem dialogar e atrasar as votações até os Parlamentares se desinteressarem pelo assunto. Minha mãe disse que os membros da elite em posição de destaque estão revoltados com as acusações sobre Safed. Inclusive, alguns deles citaram nossos nomes como referência em ações eficazes – Kadriatus devolveu.

– Como assim? – Sehn passou o jornal a Maya, quando esta lhe pediu para ver uma foto dos apoiadores de Bernard.

– A Canção do Silêncio recebeu aclamação unânime para ingressar o Círculo Interno. Ouvi meu pai dizer que o imperador aceitou, pois somos os salvadores de Desdalain – apesar da ótima notícia, Kadriatus não demonstrava empolgação alguma.

– E você não está pulando de alegria por quê? – desconfiado, Sehn indagou, com a sobrancelha direita e o canto do lábio erguidos, em um meio sorriso.

– Porque isso vai ter um preço que eu não estava disposto a pagar – Sehn escutou o amigo responder, mas perdera o foco na conversa ao ver Maya colocar o jornal de volta na mesa.

– Este homem é o pai do meu ex-noivo – Sehn e Kadriatus observaram a imagem. Cavalheiros *ggoyim* vestidos de maneira muito semelhante, com cartolas, camisas sociais, coletes escuros, calças pretas e sapatos da mesma cor. Bernard ao centro, Albert à sua esquerda. Maya apontara um homem baixo, de bigode espesso, cabelos loiros aguados e olhos grandes.

– Acho que o vi semana passada saindo do Parlamento. Jacques, não? – Kadriatus afirmou.

– Ele mesmo. Jacques Fletcher. Empresário do ramo de motores e pai do Phillip. Acho que vocês conheceram o rapaz – ela sorriu. Sehn coçou a cabeça.

– Só Dante e eu. Kadriatus ficara a bordo – lembravam-se do dia em que interromperam o casamento de Maya, livrando-a de uma imposição familiar.

A satisfação estampada em cada membro do trio diminuiu o mal-estar pela aliança entre Fletcher e Bernard. Prosseguiram a conversa, com Maya explicando que os Fletcher eram clientes do seu pai há anos e Cedwardla, mãe de Phillip, sempre insistira em unir as famílias. Karl, porém, resistira, até a filha quase morrer por causa de Edgar.

– Acho que Bernard repassou a construção de motores a *diesel* para Fletcher a fim de aumentar o poder de seu exército – especulou Kadriatus.

– Seria o melhor a fazer neste momento. Além do aumento de soldados em suas fileiras, ele ainda tiraria o domínio do *Shemém* das mãos de Hissarlik, que lhe ofereceu as primeiras tecnologias – complementou Sehn.

Um aerogaleão sobrevoava *Tel Aviv*. Na vela principal, negra, bordado em vermelho, via-se a roda dentada com asas da União. Kadriatus fitou-o demoradamente e, por fim, comentou:

– Essa porcaria é uma imitação malfeita do símbolo dos *da'ath*.

Os amigos riram, descontraídos. Mal notaram um criado entrando no quarto. Nas mãos, trazia um envelope. Kadriatus recebeu-o, pensando que era uma *maatafá*, uma carta de missão. Apesar do lacre imperial, tratava-se de um convite. Leu-o, sem disfarçar a surpresa a cada linha. Sinalizou para Sehn, mas o *mashiyrra*, percebendo a seriedade e prevendo o assunto, negou-se a acompanhá-lo para fora.

– Nada de segredos entre a gente – declarou Sehn. Kadriatus anuiu, explicou:

– Marcaram o julgamento do seu irmão para amanhã à tarde.

Dividido em três partes, o Tribunal do Silêncio era uma estrutura subterrânea em *Tel Aviv* que fazia jus às lendas populares. Para chegar até ele, era necessária a companhia de um *nookam* e uma carta de permissão, conseguida somente para aqueles envolvidos no julgamento. No geral, quando um réu ia parar ali, era por ser considerado um inimigo perigoso demais, tanto para os *bnei shoah* quanto para os *ggoyim*.

Quieto, Sehn pensava nisso enquanto Aghata Drachenfels os guiava pelo *derech*; o caminho e a primeira parte do Tribunal. Uma área ampla, cercada pela *Nepl*, fria, iluminada por lâmpadas e guardada por autômatos armados com canhões no lugar de braços. Era tão extensa que a vista não alcançava o teto e as paredes, dando a sensação de estarem em terreno aberto.

Aghata viera pela manhã, convocando o trio para o julgamento de Lukas. Era uma mulher bonita e de traços sérios, mas o sorriso traía a preocupação com o filho. Pouco conversou com eles, mas se mostrou disposta a averiguar o sumiço da Canção do Silêncio e a missão que lhe fora imposta pela União.

Estavam no fim do *derech*, ingressando uma área arborizada entre dois rios. Aghata ia à frente e o trio, apesar de concentrado para não se perder, conversava. Maya, irrequieta, discutira com Kadriatus para ele convencer a mãe da inocência de Lukas, mas o guardião se mostrava reservado quanto a isso.

– Eles têm tantas provas que poderiam nos acusar de negligência. Afinal, seu irmão é menor de idade – o *kiy* finalizou, irritado com a insistência da amiga.

A segunda parte não tinha nome, mas recebera o apelido de *paraíso*, pois era onde se colocavam os quadros com os nomes dos poucos inocentados no tribunal. Sehn leu pouco mais de meia dúzia de placas, um número ínfimo, contando que os *nookam* julgavam mais de cem pessoas ao ano.

Por fim, a terceira parte se chamava *duchan*, a tribuna. Eles pensavam tratar-se de uma sala igual à da superfície, com a mesa do juiz, o espaço para o promotor e o advogado de defesa, as cadeiras dos jurados e o cercado da plateia, mas o ambiente era muito diferente disso.

Assim como o *derech*, o teto e as paredes desapareciam na *Nepl.* O chão era de terra batida e havia raízes se espalhando entre os móveis de madeira maciça. O púlpito era de pedra, com inscrições das leis dos *bnei shoah.* A mesa do promotor era de ferro sem polimento e a do advogado de defesa, de bronze velho e retorcido.

À frente deles, a cadeira do juiz misturava ferro, bronze e madeira trançada. Suas pernas saíam de dentro da terra, como se brotassem naturalmente. O apoio da cabeça era acolchoado e terminava em uma balança metálica, que, no momento, equilibrava-se com perfeição.

Sem que o trio percebesse, Aghata se embrenhou na Névoa. Conhecendo os procedimentos, Kadriatus indicou-lhes um banco comprido, onde sentaram e aguardaram.

– Tem alguma coisa enorme atrás da cadeira – Sehn comentou, incomodado com a altura da voz no silêncio. Maya demorou a notar os contornos em meio à Névoa, mas quando seus olhos se acostumaram, desenhou mentalmente uma árvore. Kadriatus confirmou sua predição.

– A Árvore de Shoah, onde eles encarceram os prisioneiros. – Assim que o guardião terminou a frase, a *Névoa* espalhou, permitindo que vissem melhor a estrutura.

Ficou claro o porquê do chão de terra. A Árvore de Shoah era gigantesca. Sehn calculou o dobro da altura de um aeronavio e, mesmo assim, o teto não era visível. Tronco grosso, com galhos extensos que terminavam em bolas de vidro pouco menores que o quarto de Kadriatus.

– Aquilo é o que estou pensando? – Sehn indagou.

– Cápsulas de contenção, apenas dez, para os piores inimigos do Império. Aquelas duas estão reservadas para Edgar e Tesla – Kadriatus explicou, apontando as duas últimas de cima.

Mais pessoas chegaram. Eram *bnei shoah* paramentados com os símbolos de suas *sheyvet*. Tomaram três cadeiras do júri, sem cumprimentar o trio, mas o que causou espanto foi a segunda leva de jurados. Sehn estremeceu quando entraram na sala, pois eram os mesmos sujeitos na foto do jornal. O primeiro deles, Jacques Fletcher, deu uma olhadela rápida para Maya e fingiu não conhecê-la. Acompanhavam-no mais três *ggoyim*, que sentaram na frente dos *bnei shoah*. Houve mais uma troca de olhares entre um dos acompanhantes e Maya. A ruiva falou baixo para os amigos, colocando a mão na frente da boca:

– Aquele é Albert Barrow.

Prestando atenção, Kadriatus reconheceu o homem que lhe salvara a vida em Desdalain. Havia algo diferente nele. Um porte mais sério e comprometido, cabelos cortados bem curtos, os olhos levemente caídos.

– Conheço ele, um grande amigo – o guardião falou. Pensou que tranquilizaria Maya, mas a garota quase pulou nele.

– Esse desgraçado é seu amigo? Você sabia disso? – interpelou Sehn, que respondeu gaguejando.

– Kad me falou algo a respeito. Ele é irmão adotivo de um garoto que entraria em nossa *sheyvet*, mas fracassou no teste. Por quê?

Sem entender nada, afastou-se para perto de Kadriatus. Os *bnei shoah* ficaram acuados pela raiva impressa no rosto de Maya. O guardião explicou como Albert salvara sua vida em Desdalain, de maneira rápida e sem se atentar a detalhes.

– Devo minha vida a ele, Maya. É uma dívida que pretendo pagar – efusivo, Kadriatus respondeu, intimidando o casal Hadjakkis. A raiva de Maya arrefeceu. Percebera o mal-estar que causaria se brigasse mais. O importante agora era saber o destino de Lukas.

– Bernard não vai aparecer – mudando de assunto, Sehn pegou a mão da esposa.

– Como você sabe? – Kadriatus indagou, ainda alterado.

– Uma suspeita, apenas. Mas ele não quer ser visto no Tribunal do Silêncio, para dar mais destaque a Albert e Jacques – o *mashiyrra* se inclinou para frente, apoiando o queixo na mão dracônica.

Mais pessoas entraram, enchendo o espaço da plateia. Outra surpresa, uma parte dela compunha-se de radialistas, que transmitiam os detalhes para as estações da superfície.

– Só pode ser piada – Kadriatus falou ao ver aquele desrespeito às tradições. Silenciou ao ver três homens de preto vindo em sua direção.

– Uma surpresa agradável – declarou o primeiro deles. Roupas impecáveis, cabelo brilhante e perfume exalando ao redor. Kadriatus lhe fez uma mesura exagerada, baixando a cabeça ao ponto do chapéu quase cair.

– Svann Drachenfels, é uma honra – referiu-se ao pai pelo nome. Sehn e Maya repetiram o gesto, mais discretos.

– Agradecemos o acolhimento, senhor – o *mashiyrra* forçou-se a relembrar as aulas de etiqueta, apesar de lecionadas por Dante.

Svann Drachenfels era um homem de rosto sério, cada traço seu combinava de forma a lhe dar uma aparência tão bonita que intimidava. Os cabelos negros escorridos, olhos redondos e ferinos, o corpo forte, mas sem músculos protuberantes, e o andar ágil e preciso. Parecia uma versão mais velha de Kadriatus, conservando a arrogância típica da família.

– Nossa casa sempre estará aberta aos melhores do Império – ele respondeu. Em seguida, apresentou os dois rapazes que o acompanhavam.

– Meu filho mais velho, Varanus Drachenfels, *kohanim* a serviço de sua majestade, e Dayros Isnar Drachenfels, como eu, *kiy* – houve um leve desconforto na maneira em que Svann apresentou o segundo filho, como se o comparasse, discretamente, a Kadriatus.

– Muito prazer – Sehn finalizou. Se aquilo era um jogo, estava disposto a ganhar.

– Sentem-se, o julgamento começará em breve – Svann ordenou. Os filhos se organizaram por idade, Kadriatus mantendo-se ao lado do casal Hadjakkis.

– Isto não será um julgamento, nem de longe – falou, virando o rosto para os amigos, de modo que o irmão não lesse seus lábios.

– Por que acha isso? – Sehn devolveu, baixando a cabeça.

– Nunca houve transmissão de um julgamento no Tribunal do Silêncio para a população. Além disso, há a entrada dos *ggoyim* no corpo de jurados. Eles estão lá para condenar Lukas, não importam os argumentos da defesa – toda a esperança morria a cada segundo e Kadriatus queria tirá-la de Maya para fazê-la sofrer menos com a condenação do irmão.

– Ele será condenado, mas nunca será culpado – Maya afirmou, apertando a mão dracônica do marido. Um filete de sangue escorreu entre seus dedos, ela ignorou a dor. Sehn buscava algo para apaziguá-la, mas as palavras fugiram quando um soldado anunciou.

– Todos de pé para receber a excelentíssima juíza Aghata Drachenfels – os olhos de Sehn correram o salão, parando em Kadriatus, que ao invés de se erguer, parecia afundar mais no banco. Em contrapartida, Maya ficara impassível.

A toga negra escondia suas formas. Portava o livro das leis no braço esquerdo. A máscara dela era diferente. Ao invés de imitar as feições do usuário, era lisa e convexa e, por todo ângulo, refletia com perfeição quem estava ao redor. O efeito causava arrepios.

– Você se acostuma – murmurou Kadriatus, levantando rápido o suficiente para os demais não notarem sua demora.

– Sentem-se. Tragam o acusado – apesar de tudo, a voz de Aghata se projetava perfeitamente pelo tribunal.

– É a mesma habilidade de Kherlakain – Sehn comentou. Interrompeu os devaneios ao escutar barulho de correntes.

Machucadas, com braços enfaixados, testas cortadas e mancando, as mulheres da Rosa Púrpura precederam a cama metálica com o *milicida.* Preso por correntes mais grossas e cadeados do tamanho de um punho, Lukas parecia um títere de tantos controles sobre seu corpo.

– Eles o torturaram – Maya anunciou, atraindo a atenção das pessoas. Sehn a confortou, pedindo silêncio.

– Tudo que você fizer agora vai piorar a situação – o *mashiyrra* continuou certo de que a família Drachenfels observava cada movimento.

– Lukas Hawthorn, você é acusado de Destruição de Patrimônio Público, Lesão Corporal Leve, Lesão Corporal Grave, Tentativa de Homicídio e Tentativa de Homicídio consumada, com as agravantes de motivo fútil e dificuldade de defesa das vítimas – Aghata leu os crimes. A espinha de Sehn gelou, percebera que, por instinto, Kadriatus levara a mão à arma.

– Você também é acusado de Tentativa de Homicídio contra a família Talacker e Barrows e Tentativa de Homicídio consumada contra Sardeck Talacker, crime que se comprova pelas mais de cinquenta testemunhas. Tem algo a dizer em sua defesa? – Aghata finalizou.

– Não... – Lukas respondeu.

Como previsto, aquilo não era um julgamento, mas um massacre. O *nookam* promotor descreveu com detalhes como o *milicida* exterminara dezenas de soldados convencionais, arrancando-os de suas famílias e degolando-os no meio da rua. A maioria das histórias não fazia o menor sentido, outras eram mentiras inventadas pelos *ggoyim*.

– Vai ser um desastre – Kadriatus falou aos amigos, prevendo o teatro militar.

Em dez minutos, a defesa apresentara dados incongruentes, palavras desconexas e teorias que pioraram a situação do réu. Se aquilo fosse um julgamento sério, o *nookam* seria advertido por má conduta, mas este não era o caso. A farsa chegara a um ponto que Albert bocejara alto.

Cinco horas mais tarde, com a promotoria e a defesa agindo contra o réu, o julgamento chegou ao fim. Os jurados, convocados à sala secreta, deliberaram sobre a inocência do réu, mal pensando na resposta. Sehn acabara de estalar a coluna quando as autoridades voltavam a seus postos.

– Ele seria culpado até se o próprio Shoah viesse e o declarasse inocente – Sehn reclamou.

Aghata descreveu mais uma vez os crimes de Lukas e anunciou.

– O réu, Lukas Hawthorn, é declarado culpado de todas as acusações e sentenciado à Árvore de Shoah – bateu o martelo, encerrando a sessão.

Gritos de júbilo explodiram na plateia. Os radialistas relatavam cada instante, reforçando que a "justiça feita pelos *ggoyim* funcionava" e que até o império percebia seus erros.

– Ordem no tribunal! – Aghata bateu o martelo de novo. – Preparar punição!

Começou com riscos aleatórios na terra. Reentrâncias formadas pelas raízes da árvore, que percorriam o chão por todo o tribunal. A Névoa desapareceu, um dos galhos da árvore se retorcia, esticando até o púlpito do réu.

A esfera de vidro abriu. Em um movimento rápido e ensaiado, a Rosa Púrpura desprendeu as correntes do *milicida*. Lukas alongou o corpo, mas a visão o assustou tanto que recuou e bateu contra a cama.

– Que coisa horrível – Maya virou o rosto para não presenciar o encarceramento do irmão.

Kadriatus sentia o coração saindo pela boca. Estava para falar com Sehn quando sentiu o irmão mais novo colocando um bilhete em seu sobretudo. Disfarçou e retirou-o, desacreditando no que lia.

– Que foi? – Intercedeu o *mashiyrra.*

– Depois eu falo – Kadriatus devolveu, apontou com o nariz para Lukas.

A esfera abriu. O galho inclinou mais ainda em direção ao réu, que foi empurrado por Vaz.

– Falei que ia te pegar, moleque – ela se felicitou com a vitória final sobre o garoto que considerava uma presa. Depois deu uma demorada olhada para Maya.

– Eu vou sair daqui antes da primavera acabar – Lukas respondeu, mas havia medo em sua voz. Namid se recolhera, mas podia senti-lo correndo em suas entranhas.

– Nós temos que conversar muito a sério sobre isso. Ele não pode ficar preso até morrer – Sehn murmurou entre lábios.

– Por quê? – Kadriatus afagava o bilhete com as pontas dos dedos.

– Porque os portadores da alma de Namid são imortais – Sehn abraçou a esposa, dando o assunto por encerrado.

A esfera fechou, o galho subiu à posição de origem. Calculando pela inclinação, Kadriatus presumiu que, se fosse na Árvore da Vida, Lukas ocuparia o *Kether.* Achou a coincidência perturbadora, mais do que a afirmação de serem imortais.

Nepl preencheu o ambiente, ocultando a árvore e os caminhos de saída. Houve silêncio até Aghata anunciar.

– Sessão encerrada – escoltada por um *mashiyrra*, deixou o tribunal.

Maya disfarçava as lágrimas, os Drachenfels se despediram de Sehn e Kadriatus. Antes de partir, Svann ergueu a voz para o filho.

– Pense na proposta.

– O que houve? – Sehn percebeu o constrangimento do amigo.

– Ele me convidou formalmente a fazer parte dos *kiy* no Castelo. Disse que o próprio Noah me convocou – Kadriatus respondeu, sentando de novo. Cofiou a barba, despretensioso como Dante.

– Um pedido interessante, você vai aceitar? – Sehn brincou, um pouco magoado que o amigo cedesse.

– Tenho que pensar. Uma recusa dessas poderia desgraçar minha família – Kadriatus passou as mãos pelos cabelos, confuso. Queria Nadja por perto para aconselhá-lo. Pensou no Beatrix. Esperava que voltassem logo.

– Kad? – Maya o invocou de seus devaneios.

– Oi, Maya – ele se recompôs, sorrindo por ela ter voltado a chamá-lo pelo apelido carinhoso.

– Se meu irmão tivesse matado Albert ao invés de Sardeck, o que você faria? – lacrimejando, Maya falou ternamente, o que emocionou o guardião. A resposta dele foi a mais sincera possível.

– Pela minha dívida, deveria caçar Lukas e trazê-lo à justiça... mas... – interrompeu-se.

– Mas o quê? – Ela quis saber.

– Meus deveres com a *sheyvet* exigem que proteja seus membros e familiares. Não sei o que faria – Kadriatus confessou.

"*E você defenderia Lukas de si mesmo. Ou a mim, de defendê-lo?*" Maya pensou, mas guardou a frase e a resposta para si.

Méretz Kadosh

Nadja passou ao lado de um grande tonel rachado e parou em frente ao portão principal da Máquina do Mundo. A fábrica era muito maior do que ela imaginava. Na verdade, ela sabia: o que estava observando não era a máquina em si, mas uma representação dela no mundo dos vivos. Nem mesmo Sehn e Tesla tinham o conhecimento necessário para entender, mas Nadja era uma *da'ath* e isso lhe dava uma mente superior às de seus companheiros.

Ela avançou mais um pouco e os grandes portões se abriram, provocando um estrondo embaixo da água. Olhando para cima, pôde ver as ondas estourando na superfície do lago. Os cabos ficaram tensos, mas não se partiram. Ela sentiu o corpo mais distante, quase se desligando, mas prosseguiu em sua jornada.

Atravessando o pátio da fábrica, ela chegou até a porta que finalmente daria acesso ao seu interior. Duas pessoas a aguardavam ali. A primeira era uma menina baixa e sorridente; o segundo, um rapaz muito magro e sério. Ela conhecia a ambos.

– Minerva Firth e Tesla Wadencliff, o que vocês estão fazendo aqui? – Nadja perguntou com sua voz robótica. Sentiu a boca ecoando no aeronavio.

– Nós não somos Minerva e Tesla, não completamente, Nadja. Nós somos uma parcela deles, um eco de suas almas que não conseguiu se desprender da Máquina do Mundo – disse a cópia de Tesla.

– Explique – Nadja falou com seriedade, pronta para atacar ao menor sinal de perigo.

– Quando Sehn destruiu a Máquina do Mundo, ele libertou os *bnei shoah* de seu ciclo. Então, eu, Minerva, guiei os *bnei shoah* para *Ein Sof*, a eternidade. Deste modo, eles puderam completar o ciclo de mortes e renascimentos, como qualquer outra criatura mortal – Minerva explicou.

Nadja se surpreendeu, pois uma criança tão nova não deveria falar com tamanha propriedade. Então, lembrou que aquilo não era uma criança, mas algo diferente do que estava acostumada. Desconfiou até mesmo de que fosse um Titã disfarçado e resolveu esperar.

– Nós também somos *Guéshem*, o Titã vermelho, o titã da tempestade e da fúria. Você sabe, não é? A Máquina do Mundo foi criada dentro de um Titã para que sempre contasse com as energias superiores de *Ein Sof* – Tesla falou. A voz dele lembrava Diren mais novo, inocente e sincero.

– O que vocês querem? – Nadja indagou, abandonando a posição defensiva.

– Sair daqui, viver – disse Minerva.

– No que eu poderia ajudar vocês dois com isso?

Nadja se aproximou um pouco mais. Sentiu uma onda de energia emanando da Máquina do Mundo. Olhou para a fábrica e, pela primeira vez, viu-a em seu esplendor. O Titã abriu seus olhos para a verdade, para o que estava além da carne e dos sentidos. Quem enxergava eram sua alma e seu espírito.

A Máquina do Mundo era uma árvore mecânica. Uma gigantesca árvore com o tronco feito de bronze, cheia de placas metálicas, que eram como lascas. Os galhos da árvore eram colossais, de um tamanho que Nadja mal podia calcular, e terminavam em esferas igualmente grandes. Estas esferas, por sua vez, eram de vidro e continham dentro de sí uma energia azulada e brilhante. A energia vazava das esferas e caía na terra embaixo da árvore, onde havia pequenos obeliscos brancos. Nadja estremeceu, já que conhecia aquela estrutura arquitetônica.

– Desdalain – ela murmurou, percebendo que a árvore e os obeliscos obedeciam à mesma divisão da cidade.

– Méretz Kadosh, a energia sagrada, o presente de *Ein Sof* para suas criações – Nadja escutou uma voz feminina. Era uma mulher imponente e séria, mas ainda era Minerva.

– Ela está vazando, Nadja. A *Méretz Kadosh* está vazando em Nordara e causando as mudanças climáticas e geográficas. Não é a *Nepl*, nunca foi. É culpa da energia sagrada; desde que os Titãs foram aprisionados nos obeliscos de Desdalain, essa energia está se concentrando no núcleo de Nordara e vazando como um grande ferimento – a voz de Tesla surgiu por todo lado, como se sua presença envolvesse Nadja em um casulo. Ela não sentia mais o corpo humano nem o exoesqueleto, era apenas uma consciência vagando em frente à Máquina do Mundo e a Energia Sagrada.

– O que vocês querem de mim? – Ela indagou, começando a ficar desesperada.

– A *Méretz Kadosh* se espalhou, Nadja. Em breve, os *bnei shoah* não vão nascer mais apenas no Quinto Império. Eles vão se espalhar por Nordara entre todos os povos. Eles vão precisar de ajuda, instrução e conhecimento. Eles serão as criaturas mais poderosas do mundo, manipuladores da *Méretz Kadósh*, capazes de enfrentar exércitos com as mãos nuas – Minerva continuou o discurso.

– O que vocês querem de mim? – Nadja implorou.

– Liderança, Nadja. Queremos que você nos prometa ensinar, amar e proteger os futuros *bnei shoah*. Queremos que você jure por *Ein Sof* que não deixará este poder cair em mãos erradas, que você será a mentora desta geração, a protetora dos nossos segredos... Nós queremos que você seja o Emissário do Norte – a voz de Tesla era tão séria e fria que Nadja duvidou de que ele fosse um humano.

– Quem? – foi a única coisa que ela teve forças para perguntar.

– O Emissário do Norte, Nadja. Aquele que carrega os segredos da *Méretz Kadosh* e que vai ensiná-la aos seus irmãos quando chegar a hora. Prometa, Nadja, prometa e salve Nordara.

– Eu prometo – Nadja disse, sentindo a consciência se retorcer de dor.

– Obrigado, Nadja. Mas, por enquanto, esqueça o que você viu aqui. Sua hora vai chegar e você saberá quando agir. Vá para o Quinto Império e ajude seus amigos, faça o que puder para salvá-los e protegê-los. Mais do que nunca, a Canção do Silêncio precisará de você – Tesla falou.

Nadja sentiu mãos sobre ela. O toque macio de Minerva junto ao toque quente de Tesla. Houve um clarão, um nuance da Máquina do Mundo e ela estava de volta ao convés, apoiada nos braços de Phoynikes, que usava sua energia de sacerdote para curá-la.

– O que aconteceu, loira? – Dante a amparou. Atrás dele, Stephanye e Diren ajeitavam o exoesqueleto.

– Precisamos voltar para Farhan o mais rápido possível – ela respondeu, acenou para o exoesqueleto.

– Por quê? – Phoynikes interpelou.

– Porque o Quinto Império vai cair e nós precisamos estar lá para recolher os pedaços – ela olhou para o lago, brava por não poder estudar a Máquina do Mundo. Porém, se suas visões estivessem corretas, era a Máquina que a perseguiria muito em breve.

Espectro Rubro

Cuidadosa para o soldado não vê-la, Maya correu pelo beco escuro, aproveitando que a calça e a blusa de vermelho intenso confundiam-na às trevas. A espada, envolvida em panos grossos, batia contra seu corpo, sem provocar ruído.

Apesar do coração palpitante e das mãos formigando, cada movimento seu fora calculado dezenas de vezes, repassado em planos em sua mente confusa e colocados lado a lado, comparados, refeitos e eliminados. Maya pretendia libertar o irmão.

Dissera a Sehn e Kadriatus que fora à casa de uma tia que não via há muitos anos. Em seguida, pediu a uma costureira um modelo especial de roupa que permitisse caminhar em silêncio. Não havia sapatos, mas pés acolchoados com pontas de couro. Luvas somente com as últimas falanges de fora e uma máscara espelhada, semelhante à dos juízes.

– Chegou a hora – murmurou para si mesma, sentindo a força de Namid ajudando. Estranhava a presença dele. Desde o ataque de Edgar, o Messias Sombrio não se manifestava.

O soldado vigiava de um aerobarco pequeno o suficiente para entrecruzar as rotas dos maiores, sem afetá-las. Maya conhecia o modelo, apelidado de *libélula*, rápido, mas frágil e desarmado. Teria de servir, ainda mais quando a fuga começasse. Esperou um tempo até que o homem, cansado da vigília solitária, apoiasse na balaustrada e baixasse o capacete, com o ronco ressoando em seguida.

A distância entre *Tel Aviv*, o castelo de Ahsverus e o rio era o suficiente para matar o homem sem ninguém perceber. Afinal, vivo, poderia acordar e soar o alarme. Maya se sentiu tentada, mas não queria ceder aos instintos assassinos de Namid.

Segurou a espada ao contrário, entrou no aerobarco, agachou-se quando um aeronavio passou por cima da rua, iluminando-os com holofotes. Imóvel, esperou as trevas voltarem. O soldado se espreguiçou, deixou a lança cair, antes que a pegasse, sentiu um puxão e o pescoço travado.

– Quieto e você viverá – Maya tranquilizou-o. Ele esmurrava para trás, mas ela acertou-lhe as costelas. Desfaleceu, depositando todo seu peso nos braços da captora que, preocupada, verificou sua pulsação.

Maya o arrastou até um beco e remexeu seus pertences, pegando a baioneta, a lança, um molho de chaves e a pistola sinalizadora. Voltou à libélula e subiu-a, passando entre dois aeronavios sem chamar a atenção por causa da noite densa que cobriu seu convés.

A libélula percorria um caminho preestabelecido, passando sempre entre os aeronavios e circundando o Ministério Público de *Tel Aviv*, cuja iluminação fora destruída pelos M.E.C.A.S. e Lukas. O prédio principal era vítreo e possuía janelas largas o suficiente para a passagem de uma pessoa. Pelos cálculos de Maya, teria menos de cinco minutos para salvar o irmão antes que o prédio estivesse cercado por militares.

Pensou na atrocidade da Árvore de Shoah, uma punição severa demais até para os piores inimigos do império. Se conseguisse chegar até ela, libertaria mais que seu irmão, pois permitir que aquilo continuasse estava fora de cogitação.

Maya precisou fazer o caminho com a libélula três vezes até se certificar onde passaria entre as frestas da janela. A última viagem terminava. Ela fixou o ponto certo e, sem pensar em mais nada, saltou.

Rezou, lembrando que vidros reforçados interromperiam sua invasão com facilidade. No ar, percebeu que estava um pouco acima da fresta, bateu contra o vidro, que resistiu, mas trincou. As unhas forçaram o corpo. Duas delas quebraram, a mão sangrou. O chão estava longe demais para sequer pensar em desistir. Ao invés de desistir, Maya escorregou para baixo, espremendo-se por entre as janelas inferiores.

Espantou-se, pois o chão do prédio estava coberto com uma

camada grossa de neve, impossível de vir de fora. Imensas patas de lobo marcavam-na, seguindo em direção ao corredor central.

Maya resolveu ir para o mesmo lado. Descuidou-se, trocou os passos vagarosos por uma corrida alucinada. Quando percebeu, passara pelo portão que dava acesso ao Tribunal do Silêncio. Mesmo sem lembrar como chegara até ali, ingressou no *derech*, mas não havia *Nepl* ocultando suas paredes e o teto. Na verdade o local parecia menor, pois a ruiva conseguia calcular as distâncias de um ponto ao outro.

A neve levou-a até o *duchan*, a tribuna, onde outra surpresa a aguardava. Sentado, olhando para a Árvore, estava o grande lobo branco *Järvenden*. Notando a aproximação da garota ele virou a cabeça, mas não deu qualquer sinal de ferocidade ou medo. Pelo contrário, abaixou o focinho em uma espécie de cumprimento, quase até tocar o solo. Maya, por instinto, devolveu a mesura, depois parou ao lado dele.

– Também tenho alguém que amo aí dentro – falou, sabendo que o lobo entenderia. Ele raspou a pata no chão, Maya verificou, mas não havia nada que pudesse ajudá-los. Ela, por sua vez, ofereceu.

– Precisarei de ajuda para sair daqui. Quer fazer um trato?

O lobo a fitava, interessado. Balançou a cabeça para cima e para baixo.

– Se eu libertar as pessoas que estão aí, você nos ajuda a fugir?

Ele concordou.

Maya percorreu cada centímetro do tribunal em busca de uma chave, mas nada funcionava. Ficou no lugar do réu, usou o peso de *Järvenden* para empurrar a Árvore. Rezou, chamou por Lukas, mas nada adiantou. Por fim, sentou na cadeira do juiz e buscou uma visão mais ampla do ambiente.

– Esquece, nós falhamos – anunciou, trançando os dedos entre os cabelos. De cabeça baixa, deu de frente com o martelo do juiz, que na verdade, era um malhete. Vira aquele objeto outras vezes, mas nunca prestara real atenção nele. O pai possuía um e o utilizava, às vezes, em reuniões fechadas com alguns *ggoyim* e *bnei shoah* de posição elevada.

Bateu-o na mesa, em cima de uma pedra negra circular. Sentiu que ela se moveu, sem efeito. Repetiu o gesto várias vezes, usando forças diferentes. Cansada, pediu que *Järvenden* forçasse com a pata, mas mesmo o Titã desacreditava que ela conseguiria. O tempo acabava. Em poucos instantes, os soldados apareceriam.

– Será que... – murmurou, ajeitando-se. Assumiu a posição de juíza e ordenou que o lobo branco ficasse na posição de réu. Sua última tentativa, resgatou o poder de Namid do fundo da alma e sentenciou.

– Pelo poder a mim concedido pelas Leis Imperiais, eu os declaro inocentes de todas as acusações – bateu o malhete, provocando um eco que se espalhou pelo *duchan* e percorreu o tronco da árvore, reverberando nos frutos de vidro.

Os galhos se moveram para frente, enfileirando-se na tribuna. Abriram, liberando ossos e restos de roupas. Maya estremeceu, mas a antepenúltima esfera liberou um homem baixo e de pele amarelada, cabelos pretos, longos e lisos, orelhas pontudas.

– Um *Kyõhei* – a ruiva murmurou consigo mesmo. Era da raça do oriente, os misteriosos seres de Kuronaya que enfrentaram o Império no passado.

Mais uma esfera abriu, desta vez liberando uma mulher loira, usando a toga negra dos juízes. Acordada, olhou para Maya, incrédula em sua liberdade.

– Por Shoah, obrigada – conseguiu falar, em seguida rastejou até o oriental e o abraçou.

Järvenden ganiu, a quarta esfera liberara um rapaz de cabelos pretos e lisos. Ao contrário dos outros, demonstrava força e vontade, fitando o Titã com reverência e satisfação.

– Obrigado, *Järvenden*! – Ele agradeceu, pondo-se de pé.

Algo em seus olhos atraiu a atenção de Maya, que demorou pouco tempo para notar que eram idênticos aos de Sehn. Havia mais alguma coisa nele que ela não sabia explicar, um tipo de atração sentida por animais perigosos dos quais não se pode desviar o olhar, mas também não se ousa chegar perto.

– Precisamos ser rápidos, antes que os guardas cheguem – ela alertou, o homem anuiu, ajudou os outros dois a subirem no dorso do Titã.

– *Järvenden* diz que a *valkyria* salvou Vikko. É hora de retribuir o favor – ele disse.

– Ainda quero meu irmão – ela falou, a última esfera se aproximava.

De repente, entendeu quem era aquele homem – Você é Vikko, o escolhido de Eliath!

Erinjhar ficou um tempo quieto, parecia traduzir suas palavras. Depois, falou:

– Eisland, é assim que chamam minha terra? Eu sou o escolhido, sim.

Algo no modo como ele falou aquilo a fez estranhar, mas estavam com muita pressa para discutir. A última esfera abriu, liberando Lukas.

– Finalmente – Maya murmurou, abaixando-se e abraçando-o. Colocava-o em *Järvenden* quando um tiro passou rente a seu queixo.

– Deixe o prisioneiro aí e se entregue! – Soldados formavam um círculo, impedindo a fuga. Atrás deles, um M.E.C.A.S. se preparava para atirar.

– *Järvenden*! – Maya gritou esperançosa.

O lobo branco se virou, acompanhando seu olhar. Uma camada de gelo cobriu o Tribunal do Silêncio, encarcerando os soldados. Ela continuou, penetrando as frestas do robô e prejudicando seus movimentos. O Titã uivou e uma nevasca iniciou dentro do prédio.

– Precisamos ir, agora! – Maya ordenou.

Järvenden disparou de volta pelo caminho, derrubou o M.E.C.A.S., congelou uma parede e a estourou com uma cabeçada. O salão principal do ministério abriu-se à sua frente, tomado por guardas, que atiraram. Mais uma vez, o lobo uivou, criando uma parede de neve densa que prendeu os tiros. Em um átimo, passou pelos inimigos, congelando-os e saltou contra a parede, arrebentando-a.

– Uma espada! – Erinjhar pediu e puxou a arma de Maya.

Antes que a ruiva reagisse, sentiu que o rei impedira uma lâmina de acertá-la. Havia um *da'ath* montado em uma aranha mecânica que escalava o prédio, tentando detê-los. Erinjhar o afastou com golpes rápidos e poderosos. O inventor escorregou no gelo, mergulhando no rio. Sem perder tempo, o lobo avançou pela cidade, saltando nos prédios e aeronavios, congelando inimigos, uivando, controlando o frio e a noite ao seu bel-prazer.

– Eisland! – Erinjhar rosnou, acompanhando o lobo.

Janelas quebraram, aeronavios soçobraram, Farhan tremia perante o Titã, que despertara com toda sua força. A nevasca aumentou ao ponto da ruiva fechar os olhos e se encolher com a loira e o oriental. Apesar disso, Erinjhar os guiava com facilidade. Maya tinha a sensação de que nem todo o exército reunido seria capaz de impedir sua fuga. Os olhos do irmão chamejavam como brasa. Havia uma energia estranha emanando dele e se dirigindo ao lobo. Então a ruiva percebeu que também se cobria deste poder.

– Você está bem? – conseguiu ouvir a juíza recém-liberta.

– Estou! – respondeu, sem pensar em nada melhor.

Retirou a máscara de vidro, mas nem isso adiantou. Pensou que era tarde demais para eles. Depois da fuga, ela seria uma candidata forte à Árvore da Vida. Libertara uma juíza e um *kyõhei*, sem conhecer seus crimes. Levara o escolhido de Eliath e seu Titã à fronteira, sabendo da guerra que causaram. Desobedecera a uma ordem judicial, salvando o *milicida*. Torceu para que Sehn a perdoasse, porque ninguém mais o faria.

– O que é aquilo?

Dante soltou o leme, esticou a mão para a mesa auxiliar e mergulhou-a na primeira gaveta, revirando-a até achar um binóculo. Limpou a sujeira das lentes e focalizou adiante, onde a taiga começava. Em meio à nevasca, um abissal lobo branco avançava. Seu rastro cobria-se pela neve, a respiração criava uma nuvem de vapor. De vez em quando parava e farejava, olhava para trás e rosnava.

– Tem alguém montado nele – Nadja, pelo exoesqueleto, ampliava sua visão.

– Não dá pra ver quem, mas é um grupo – Phoynikes pensou em acenar, mas um lobo na taiga era um inimigo óbvio. O sacerdote era da geração que começara a lutar em Eliath e guardava rancores do norte.

– Melhor parar – Steph aconselhou.

Dante anuiu, desligou os motores, mantendo-se pelas hélices auxiliares em baixa rotação. Notou um ponto negro se aproximando pelo céu.

– Aeronavio. Não vai parar para abordagem – falou, inclinando a barcalma a bombordo para tirá-la da rota principal. Pelos cálculos, passariam por eles em minutos.

– Quem são? – Nadja indagou ao ver a rosa na vela principal. O exoesqueleto se colocou em posição de combate, por precaução.

Os desconhecidos desfraldaram a bandeira imperial, compartilhando que eram aliados. Dante imitou o gesto, baixou o lábaro da Canção do Silêncio.

– Minhas irmãs – Steph sacou uma pistola sinalizadora, mas o capitão alertou:

– Você vai alertar o lobo antes de elas terem uma distância de tiro – sabia que o Titã farejara o motor do Beatrix, esperava que isso desviasse sua atenção dos perseguidores.

– O que faremos? – Phoynikes ativara o equipamento de luz, pronto para a batalha. Buscou em Nadja e Dante uma resposta, com a tripulação dividida entre a missão que a loira impusera e ajudar a Rosa Púrpura contra o lobo.

– Eu sei que vocês estão preocupados, mas, se pararmos, colocaremos em risco a missão principal – expôs a *da'ath*, adivinhando a dúvida.

– Que missão é essa, afinal de contas? Você nos pediu para voltarmos, mas não falou o principal objetivo – Phoynikes irritou-se com o mistério desnecessário.

– Além de reunir as nove partes de Namid? – Ela devolveu, irônica. – Salvar o futuro barão de Shoah.

Teorema

Começou no terceiro *shabat* do mês. Primeiro os rumores, depois os gritos, então os protestos. Farhan foi tomada por turbas de *ggoyim* exigindo a remoção dos poderes dos *bnei shoah* e a entrega do poder do *Kether* ao parlamento até que a situação voltasse ao normal.

Albert e Bernard, de uma das janelas do castelo, viam a multidão se reunindo em torno de *Tel Aviv*. Nem eles podiam acreditar que havia tanta gente insatisfeita com o governo.

– *Os bnei shoah colhem os frutos de sua corrupção* – Bernard disse, fechando a gola da blusa. As dragonas em seus ombros brilhavam junto com as medalhas entregues pelos novos presidentes da Ordem dos Faroleiros e da Liga dos Mercadores.

– Conversei com os Fletcher. O embargo continua na capital até o *kether* aceitar nossas condições. Você acha que dará certo? – Albert devolveu. Nas mãos, a foto da família de Sardeck. Na boca, o gosto amargo da vingança que não se completara.

– *Mais do que nunca, a capital precisa de recursos. O governo deixou todo poder econômico nas mãos da Liga dos Mercadores e a pressão do embargo será capaz de fazer nosso jovem imperador tomar decisões precipitadas. Eu espero por isso* – a calma de Bernard era assustadora, como se o mundo fosse um tabuleiro de xadrez e ele fosse o dono das peças.

– Segundo os parlamentares, a Lei Sardeck entrará em vigor amanhã. Nenhum *bnei shoah* poderá portar armas em território civil nem se valer de suas habilidades sobre-humanas entre pessoas comuns

– Albert trocou a foto por uma cópia do *Tenakh* deixada no quarto onde estavam. Folheou o livro e jogou-o em cima da cama.

– *Noah tentou proteger seu povo e isso o enfraqueceu. Ele enviou boa parte das sheyvet para missões longe da capital. Só os kiy e poucos kohanim ficaram. Tem ideia da vantagem numérica que conseguimos? E este povo? Quem imaginaria que anos de abismos sociais colocariam os ggoyim contra seus protetores?* – Bernard pegou a bengala, preparando-se para sair do quarto.

– Às vezes eu acho que, mesmo sem a União, o povo teria derrubado o Quinto Império mais cedo ou mais tarde – Albert acompanhou o *abwer*.

– *Graças à União, foi mais cedo* – Bernard respondeu.

Lá embaixo, aos pés de *Tel Aviv*, a multidão gritava. O som invadia o castelo pelas janelas e os corredores vibravam com as palavras que Bernard tanto quisera ouvir.

– *Abwer* Firth! *Abwer* Firth!

– Você me traiu! – A frase acompanhou um soco que jogou Sehn para trás. O *mashiyrra*, assustado com a violência de Kadriatus, não revidou. Um filete de sangue escorreu pelo canto da boca. Sehn cuspiu revoltado, mas mantendo o controle.

– Calma, Kad. Eu também não sabia.

Sehn tentou se defender do amigo alucinado, que sacara a espada. Esquivou do golpe seguinte, sentiu a janela nas costas. Quando Kadriatus avançou, jogou-se de costas no telhado. Sehn rolou pelas telhas e tentou se segurar, mas elas soltavam. Ao menos, caiu de pé no jardim de inverno, passou pela governanta e saiu pela janela da cozinha.

Kadriatus veio em seu encalço, disparou uma flecha, que errou por pouco as costas dele. O guardião era dominado por uma fúria incontrolável que o transformara em um caçador voraz. Usava suas habilidades para derrotar Sehn, esquecendo-se de sua amizade.

– Suas mentiras acabam aqui. Disseram-me que Maya estava na casa da tia, fui procurá-la com meus irmãos e ela nem passou por lá – Kadriatus acusou. A segunda flecha atingiu a coxa de Sehn, que tombou.

– Ela também mentiu pra mim! – Sehn berrou, enfurecido.

Sentia-se traído pela esposa e pelo amigo. Ouviu um rugido dentro de si, mas ignorou-o. Pegara um galho para se defender quando o guardião golpeou de cima para baixo. Aproveitou e desferiu-lhe um murro no estômago. Reuniu forças e se afastou, caindo no meio do mato.

– É costume dos Hadjakkis mentir para a *Kabalah*, não é? Assim fizeram com Namid, depois com Edgar e agora com Maya – Kadriatus avançou pelo matagal em busca do antigo *sepher*.

– Você aceitou a *hatzbaá* – Sehn replicou.

– A democracia deve ser a base de um governo justo – Kadriatus devolveu. Pelo som, atacou de novo, atingindo o ombro dracônico de Sehn. A lâmina não o feriu, mas, se o guardião a virasse, degolaria o alvo.

– Meus pais mentiram para salvar sua vida, ingrato – Sehn replicou, cerrando os dentes.

Pegou o amigo pela cintura e o jogou para o alto. Deu-lhe uma joelhada entre as pernas e uma cotovelada na têmpora com o cotovelo negro. Antes do segundo golpe, Kadriatus se recuperou. Moveu o corpo para o lado e estocou a katana, atingindo o braço humano de Sehn. O sangue escorreu por sua camisa e o *mashiyrra* fraquejou, mas desferiu um gancho de esquerda. Kadriatus aguentou o golpe, cego de ódio. Soltou a espada, desferiu socos rápidos nas costelas de Sehn, finalizando com um murro em seu ombro ferido.

– Você está preso, Sehn! Por contribuir com a fuga de Maya e Lukas Hawthorn e manter em segredo Edgar e Tesla nos porões do Beatrix – Kadriatus rugiu. Cego de raiva, mal se lembrara da *hatzbaá* e dos motivos que levaram Sehn a mentir.

Grifos pousaram ao seu redor. Svann e Dayros, acompanhados de mais vinte guardiões, apontaram arcos para Sehn. Desnecessário, uma vez que o *mashiyrra* não tinha forças para lutar.

– Um verdadeiro guardião é fiel ao seu Império, antes mesmo da *Kabalah* – Svann falou, desmontando. Pela primeira vez na vida, abraçou o filho com afeto.

– Você me traiu primeiro – Sehn murmurou enquanto Dayros e Varanus algemavam-no. Se Kadriatus ouviu, ignorou.

– Vamos julgá-lo novamente, Hadjakkis. As ações de sua esposa colocaram em risco o futuro de Nordara – Svann acusou.

Sehn não reagiu quando os *kiy* o prenderam às patas dos grifos por correntes. Alçaram voo em formação de seta e se dirigiam ao Ministério Público. Estava destruído após a fuga de Maya. Pensando nela e revoltou-se de novo. Se a esposa pedisse, a ajudaria a salvar o irmão, mas pelos modos corretos. A mágoa crescia aos poucos enquanto era guiado pelo corredor.

O rastro de destruição deixado por *Järvenden* e Maya era enorme. Quase sorriu de orgulho. Ensinara-a bem. Absorto em seus devaneios, nem notou o final do percurso e os soldados algemando-o ao púlpito. Só acordou quando Aghata martelou.

– Isso é tudo que tem a dizer, Kadriatus Drachenfels? – A juíza interpelou, inclinara-se para frente, revoltada com as declarações.

O tribunal era composto pela família de Kadriatus e mais vinte guardiões, indo contra todas as leis da *Kabalah*. Porém, Sehn sabia o que estava acontecendo. Eles precisavam de alguém para culpar, um nome para ser amaldiçoado e sofrer as consequências dos erros que eles mesmos tinham gerado.

Kadriatus denunciava os crimes da Canção do Silêncio. Explicava sobre a Máquina do Mundo e seu funcionamento, contava como acharam Tesla e Edgar e como os mantiveram protegidos, mesmo quando tiveram o apoio da Rosa Púrpura. Insistiu em proteger o grupo de Vaz, comentando várias vezes sobre sua bravura em Safed. Sehn revoltou-se ao notar que o espaço onde seu advogado deveria estar se encontrava vazio. Esperava, ao menos, que o teatro fosse bem organizado.

– Repita as acusações para que este tribunal decida a pena apropriada – Aghata se recompôs, notando que abandonara o porte sério de um juiz. Sehn teve curiosidade em saber se o rosto dela também exprimia tamanha revolta ou se aquilo era somente encenação. Entendeu, por fim, como Lukas se sentira.

– Sehn Hadjakkis liderou a Canção do Silêncio, induzindo-a a esconder do Quinto Império a sobrevivência de Edgar Crow e Tesla Wadencliff, colocando em risco a vida de milhares de cidadãos em proveito próprio – Sehn escutou o amigo recitar, mas não teve coragem de encará-lo. Lembrou-se do tio querendo entregar os prisioneiros. Será que se orgulharia de Kadriatus?

– Continue – Aghata, atenta a suas reações, ordenou.

– Ele também escondeu os planos de Maya Hawthorn, sua esposa, para salvar o *milicida* – Kadriatus orgulhou-se da última declaração. Porém, seus olhos não ousavam se virar para a esquerda, em direção ao acusado.

Era difícil saber o que se passava por trás da máscara da juíza. Aghata, de mãos cruzadas em frente ao rosto, parecia uma estátua. Depois de muito silêncio, ela declarou:

– Sehn Hadjakkis, tem algo a dizer em sua defesa?

Sehn pensou em envolver Kadriatus, colocá-lo como um dos réus, mas era besteira. Estava cansado de vinganças e brigas internas. Sabia o que viria a seguir e que não poderia fugir. Só restava partir com dignidade.

– Eu sou o *sepher* da Canção do Silêncio e responsável por todas as decisões citadas neste julgamento. Meus companheiros apenas seguiram ordens, como lhes é devido – pronunciou.

Aghata assentiu com a cabeça. Tanto ela quanto Sehn tinham noção de que as palavras dele serviriam como alívio para os *bnei shoah*, que se sentiam pressionados desde o início da Lei Sardeck.

– Kadriatus Drachenfels provou sua lealdade ao Quinto Império, denunciando estas traições e colocando o dever acima da amizade. Declaro-o inocente das acusações que envolvem a Canção do Silêncio, desde que concorde em abandoná-la e ingressar na Guarda Imperial – Aghata ofereceu, sabendo que a medida, apesar de legal, geraria reclamações posteriores.

– Aceito – Kadriatus pronunciou.

– Sehn Hadjakkis, por manter segredos do Quinto Império, por colocar os objetivos pessoais acima dos objetivos da nação, por proteger os maiores inimigos da *Kabalah*, por ensinar nossas artes a uma *ggoyim*, por planejar a libertação do *milicida*, por planejar a fuga do Titã *Järvenden* e por apoiar a fuga do emissário dos Khans, Vikko *Guéshem Ruach*, o Espírito da Tempestade, eu o condeno à Àrvore de Shoah.

Aghata bateu o martelo. Sehn notou que Kadriatus fez um movimento involuntário de negação, mas parou quando Svann o fitou. O silêncio que imperava na sala foi quebrado pelo movimento do chão se movendo e a Árvore de Shoah emergindo. Dois de seus galhos estavam quebrados, a copa rachara e o caule tinha um rasgo enorme.

Sehn avançou para entrar na esfera, mas Aghata o interrompeu.

Um dos guardiões avançou jogando o chapéu tricorne no chão

e abrindo o sobretudo. Kerlakain ficou nua, pouco se importando com os olhares repreensivos dos *kiy*. Ela acariciou o rosto de Sehn.

– Namid morreu em você, eu posso sentir. Mas você é especial, Sehn. Você é diferente dos *bnei shoah* – Ele se lembrava dela como uma mulher assustadora que lhe contara o segredo de Namid. Uma figura de névoa que falava por enigmas e frases soltas. Agora, porém, quem olhava para ele era uma garota jovem e bonita, com um corpo que lembrava Nadja antes do exoesqueleto.

Sehn esbugalhou os olhos de susto. Teve que pensar um pouco para entender o que estava acontecendo. Kerlakain segurou sua cabeça entre as mãos e deu um grito agudo, que fez seu corpo formigar. Ele achou ter ouvido a voz da mãe em resposta. Tentou usar os poderes de *mashiyrra* para se proteger, mas a energia brilhou ao redor de seu corpo e se apagou.

Quando a dor passou ele estava de joelhos, chorava feito uma criança e encarava a esfera de vidro. Arrastou-se, viu o próprio rosto refletido e tentou mais uma vez invocar seus poderes de *mashiyrra*, mas eles não estavam lá, ele não era mais um escolhido, um portador da *cherev kadosh*, a espadasserra.

Um guardião parou ao lado de Desdalain e entregou-lhe uma enorme sacola preta. Ela a abriu, virou-a em cima de Sehn. As peças da espadasserra de sua mãe choveram sobre ele.

– Você é perigoso demais. – ela falou. A voz estava estranhamente controlada, como se estivesse com sono.

Jogado dentro da esfera de vidro, não teve forças para reagir. A mente se partira e o coração estava em frangalhos. Os olhos de Kerlakain brilharam, sua expressão mudou. Havia algo a mais nela, uma segunda presença que Sehn conhecia, mas não podia acreditar que estivesse livre.

– *Desdalain* – ele murmurou o nome do escorpião gigante que fora derrotado junto com *Tehom*.

Era impossível que tivesse sobrevivido, mas não conhecia os limites dos poderes dos Titãs para ter certeza. A angústia o tomou quando a mulher se afastou, ordenando que a esfera se fechasse. Primeiro houve um ruído. Depois, o movimento dos galhos e, então, o vibrar da árvore. A escuridão chegou aos poucos, densa, calma e dominadora.

3 - Eres הֶרֶס

Eu sou irmão dos dragões
e companheiro das corujas.
A pele que me recobre é negra
e meus ossos estão calcinados pelo calor.

Jó, capítulo 30, versículos 29-30

Ataques

Três dias após o julgamento de Sehn, os M.E.C.A.S. da União invadiram o espaço aéreo de *Tel Aviv* e cercaram o castelo Ahsverus, apesar dos protestos dos guardiões.

– *Nós não estamos mais seguros nas mãos dos bnei shoah* – Bernard pronunciou de seu robô. Desarmado, portava uma bandeira branca presa ao ombro esquerdo. Ao seu lado, flutuando graças a turbinas nas costas, estava Albert.

– Afaste-se, marechal!

Svann colocou-se em seu caminho, retesando o arco negro. Experiente, o líder dos guardiões separara suas forças para abordarem cada um dos robôs ao mesmo tempo, no caso de um ataque. Aeronavios circundavam *Tel Aviv*, impedindo a aproximação de mais convencionais.

– *Vocês nos atacam quando tentamos proteger o imperador! Enquanto o inimigo se aproxima pelo norte, a elite luta entre si! Digam, guardiões, não é verdade que a Canção do Silêncio abrigou Edgar Crow e Tesla Wadencliff em seus porões?* – O marechal apontou em uma direção qualquer para aumentar a carga dramática de suas palavras.

– Você está preso, Bernard Firth. Por conspirar contra o império e desafiar as leis da *Kabalah!* – Svann anunciou, disparando uma flecha no ombro do robô.

– *É esse o livre-arbítrio que o exército garante ao cidadão?* – Bernard indagou. A flecha entrara pela blindagem e cravara entre as engrenagens do braço esquerdo.

– Mentiroso desgraçado – murmurou Svann, sinalizando para os grifos abordarem. Kadriatus, empolgado por finalmente ser parte da *sephirah*, liderou.

– *Digam, meus irmãos. Depois de* Safed, *eles merecem nossa devoção?* – o M.E.C.A.S. abriu os braços em um gesto exagerado.

Kadriatus estremeceu, atrás dele havia um tanque de contenção.

– Nadja? – Forçou a vista. O corpo preso era quase da altura da namorada. O coração acelerou; precisava salvá-la a qualquer custo.

– O que está fazendo? – Dayros reclamou ao ver o irmão saindo da formação. Kadriatus inclinou o corpo para a esquerda e pulou em um aeronavio. Sinalizou para os tripulantes e sua montaria passou por debaixo do casco, pronta para pegá-lo se a abordagem desse errado.

Bernard e Svann continuavam o duelo.

– *Por mais que estejamos acostumados a obedecer, está na hora de tomarmos o controle. O milicida escapou, graças a uma bnei shoah, e levou consigo o Titã e três foragidos da justiça. Eu lhes pergunto, meus irmãos, que justiça é esta que liberta o bandido e prende o cidadão de bem em suas casas?* – Bernard apontou para os grifos.

– Os culpados já foram punidos – encarou Svann. Deixou o olhar escapar em direção ao filho.

– *Seu filho foi punido?* – Bernard devolveu com escárnio.

– Esse desgraçado vai começar outra guerra civil. Preciso impedi-lo – Kadriatus aproveitou a distração de Bernard e correu pelo convés. Quando o aeronavio passou ao lado do marechal, agarrou uma de suas placas.

– *Para o bem do Quinto Império, declaro estado de sítio e destituo os guardiões de sua responsabilidade. Cabe agora aos ggoyim defender os interesses desta nação e prezar por Noah Ahsverus.*

– Blasfêmia! – Svann e o filho, Dayros, avançaram. Os guardiões enxamearam os M.E.C.A.S., atacando-os de lados diferentes. Os aeronavios dispararam junto com os aerogaleões, enchendo o céu com vermelho-fogo.

– Juntos somos fortes! – Kadriatus enfiou a katana entre as frestas de Bernard, cortando fios e cabos. *Diesel* vazou em seu rosto, mas o guardião continuou.

Svann empoleirou-se nos ombros da máquina. O grifo arrancava suas placas com o bico e o guardião dava-lhe flechadas no peito. Dayros, ajudando o pai, puxava um dos braços, que tentava atingi-lo com mísseis.

– *Vocês pagarão por isso!* – Bernard agarrou o grifo de Dayros pelo pescoço e o girou até estalar. O autômato faiscou e o guardião pulou, agarrando-se ao irmão.

– O joelho, ataque o joelho! – Kadriatus ordenou. O pai o ignorou, envolvido na luta contra o marechal.

– Ninguém derrota a *Kabalah!* – bradou, quando o grifo arrancou o vidro da cabine. Bernard puxava os manches para se afastar e gritou:

– *Qliphoth!*

Outra corneta soou no castelo, abafando a primeira. Um dos aerogaleões afastou-se da luta e se dirigiu para a torre principal. Acelerou e, a metros de distância, soltou-se do balão de ar, cravando-se como uma imensa flecha na torre principal.

– Invasão! – Alertou Kadriatus. O M.E.C.A.S. tremeu, derrubando-o. Por sorte, o grifo o pegou.

O castelo Ahsverus vibrou com o impacto. As cornetas silenciaram e os holofotes iluminaram o mesmo ponto, formando uma engrenagem entre as nuvens. Parecia o símbolo da União, mas quebrado ao meio.

Desesperado, Kadriatus continuou. Passou no convés de outro aeronavio, derrubando alguns inimigos e ignorando outros. Incitou o grifo a empinar. Um tiro passou por baixo deles, mirou o atirador e acertou-o com uma flecha. Rápido, subiu atrás do Castelo, afastado pelo sistema de segurança.

O som da batalha distanciou quando o castelo subiu. Os motores forçaram velocidade máxima, somando camadas de *Nepl* às nuvens naturais, onde o guardião pouco enxergava. Guiado pelos instintos, Kadriatus desviou de uma hélice enorme, mas bateu contra uma parede.

Ao invés de diminuir, fez o grifo escalar em alta velocidade, passando pelo buraco e disparando sete flechas, que se prenderam às reentrâncias das mãos mecânicas. Não esperou o resultado, impulsionou o animal para trás, descrevendo um arco para entrar de uma vez.

– Por Shoah, pelo império, por Nadja!

– Sem prisioneiros! – Abaris liderou um contingente de Necromantes. Usavam túnicas vermelho-sangue e cinturões metálicos com bolsinhas de couro. As botas, com cravos de ferro.

– Cantem mal até eles caírem! – replicou Cohen, acompanhado pelo banjo e seus comparsas. As balas refletiam em suas auras, criadas a partir de suas músicas. Soldados convencionais, fiéis à família imperial, atingiam uns aos outros com os disparos.

– Mais um pouco e eles fazem o serviço pela gente – o moreno brincou. Dedilhava com tanta confiança que não notou os sacerdotes virando a esquina e se pondo à frente dos atiradores.

– Parem de atirar! Fogo amigo! – Gritou um *kohanim*, tomando a liderança. Suas armas feitas de luz chamavam a atenção dos adversários.

– Phoynikes – murmurou Abaris.

– É um prazer revê-lo, necromante. Avise seu dono de que a Máquina do Mundo pertence aos *bnei shoah* e ficará conosco até a morte – Phoynikes respondeu. Em seguida, organizou seus homens para uma barreira mais forte.

– Encantadores, abram caminho! – Foi a vez de Ryszard.

Seus seguidores eram jovens acompanhados de estranhos animais, como corvos com cauda de serpente, linces aladas ou cães de rabo flamejante. Eram tantos que a *Qliphoth* foi obrigada a recuar para deixá-los passar. Eles bateram contra a parede de escudo dos sacerdotes, iniciando um empurra-empurra brutal. Phoynikes e seus aliados cutucavam com as espadas por baixo dos escudos, enquanto os atiradores buscavam pontos de mira. O espaço no corredor os ajudou a impedir o avanço, mas, se qualquer um deles caísse, seria o fim.

– Os reforços estão chegando! – Phoynikes anunciou.

– Iniciar Protocolo Imperial – berrou Abaris.

O necromante jogou o pó negro em uma parede, desfazendo-a. Os outros o seguiram, deixando a batalha principal para Ryszard e Cohen, que juntaram forças para derrubar os adversários. Porém Phoynikes era um estrategista terrível e um soldado devotado que fazia frente aos invasores.

Kadriatus passou por cima deles com o grifo. Acertou os líderes com um golpe violento e rolou, passando pelo buraco provocado por Abaris. Escutou os inimigos alardearem, mas a urgência em salvar o imperador era maior. Não pensou em Phoynikes e muito menos na Canção do Silêncio; seu foco era Noah, a quem devia lealdade.

Cavalgou em direção à torre principal. Pela janela, acompanhava a batalha entre os militares. Reforços chegavam para ambos os lados e *Tel Aviv* ardia. O Beatrix surgiu, acertando os aerogaleões mais ousados com tiros de canhão. Dois M.E.C.A.S. se aproximavam dele pelo bombordo, mas o guardião não esperou para ver, pois Abaris cruzava o corredor adjacente, próximo demais do quarto real.

– Parado!

Não esperou o homem se virar e sacou o arco, atirando e varando o ombro do adversário. Mais sacerdotes apareceram, liderados por Diren e uma morena, que Kadriatus demorou a reconhecer como Stephanye. Pela primeira vez na vida, se sentiu parte da Guarda imperial, ainda que o preço a pagar fosse a liberdade de seu melhor amigo. Estremeceu quando Diren e Stephanye vieram em seu auxílio, pensando se os sacrificaria também, se fosse necessário.

– Eu completarei a missão, cuidem do resto – Abaris ordenou aos necromantes, que avançaram contra os sacerdotes. Deu uma olhadela rápida para Diren e um sorriso de escárnio.

– Filhote... – murmurou.

Cohen e Ryszard apareceram. O rosto dos garotos estava coberto de sangue, Cohen perdera o instrumento musical e Ryszard trazia uma baioneta imperial. Namer rugia enquanto uma de suas asas pendia solta e um dos caninos quebrara ao meio.

– Se cairmos, não será sem luta – Abaris pronunciou.

Entrou no quarto do imperador, mas, quando ia trancar a porta, sentiu um empurrão e Stephanye entrou violentamente. A garota girou no ar disparando com os revólveres e correu pela parede para se afastar. Ryszard tentou atirar, mas uma flecha de Kadriatus rasgou sua mão. Ele recuou quando o grifo entrou bicando.

Abaris tomou a dianteira, pegou a bolsinha de couro na cintura e jogou todo o pó negro no grifo. A criatura estremeceu, a cabeça foi jogada longe por um estouro, as asas caíram e as pernas se dobraram quando as engrenagems perderam os parafusos. Kadriatus saltou e chutou o velho. Rápido, puxou uma flecha da aljava e a cravou em seu ombro ferido.

– Trouxe um presente para você – brincou o guardião. Abaris esmurrou-lhe o queixo, tirando seu fôlego. O golpe seguinte o desnorteou.

– Você não pode me derrotar – Abaris o empurrou, chutou seu estômago, puxou uma gaveta do armário e acertou Kadriatus nas costelas.

O guardião rastejou. Pelo canto do olho, viu Isza e Noah se escondendo atrás da lareira. Escutou Namid em seu interior, oferecendo poder para vitória, mas ele recusou, como fizera várias vezes antes. Manteria em segredo aquele poder, mesmo que isso lhe custasse a vida.

Abaris tomou-lhe a katana e mediu a arma. Desceu-a, mas as machetes de Diren impediram a decapitação. O *zeev* uivou em desafio, empurrando o avô para trás. Cohen fora abatido e jazia embaixo do armário; Ryszard estava ocupado demais com Stephanye.

– Sai daqui! – Diren deu um encontrão no velho, jogando-o contra a janela principal. Abaris soltou a katana, agarrou a cortina para não cair. Escapou do segundo golpe do neto, soltando-a e caindo de bunda no chão.

– Seus pais ficariam orgulhosos – Abaris murmurou.

Fugindo dos M.E.C.A.S., o Beatrix passou pela janela. Dante, Aghata e uma terceira pessoa atiravam com os canhões laterais.

– Drachenfels, Seolferwulf e Hadjakkis. Todas as aberrações da Canção do Silêncio se juntam para ver a queda do império – Abaris aproveitou a distração e esmurrou Diren na barriga. Prendeu-se à sua cintura e, ao invés de jogá-lo para trás para que caísse da janela, impulsionou-o para a frente, tirando-o do quarto. A porta se fechou com um estrondo, mas Diren não se deixou intimidar, cravou uma das machetes nas costas do velho e torceu. Dominado pela fúria e pelo medo de perder Stephany, lutava como um animal.

– Do jeito que eu queria – Abaris sorriu.

Empurrou o neto, retirou a machete das costas e a cravou no estômago dele. Diren cambaleou para longe. Outro pedaço do castelo explodia, revelando o abismo entre eles e *Tel Aviv.* Kadriatus surgiu como um relâmpago, chutou o velho no rosto e desviou o contra-ataque. Em uma ação rápida, jogou um cobertor em Abaris, amarrando-o.

– Acaba com ele! – ordenou a Diren.

Diren buscou forças para um ataque derradeiro, mas o sangue fluía de seu corpo com tanta rapidez que ele ajoelhou. O avô se libertou, gritando.

– Tudo que a *Kabalah* constrói, a *Qliphoth* destrói – ele cravou a machete mais uma vez em Diren. Daria o terceiro golpe, se Kadriatus não se jogasse na frente do amigo e segurasse as mãos do adversário.

– Não! – protestou.

– Este foi o pior erro da sua vida, Drachenfels – Abaris não lutou, pousou as mãos sobre as de Kadriatus.

– O que você... – o *kiy* começou a falar, mas os braços formigaram e o peito ardeu.

Dedos se retorceram e a palma da mão vibrou. De repente, as manoplas douradas desmontaram, rolaram engrenagens pelo chão, molas voaram e uma roda dentada prendeu no assoalho. Gritou de agonia, lágrimas brotando no rosto, a sombra de Abaris crescendo, vindo com a katana.

– Vocês perderam – o velho apontou para o salão.

O último sacerdote tombava, Diren sangrava até a morte e Stephanye sumira. Kadriatus pensou em Sehn, na forma como aparecera milagrosamente em Desdalain e atingira o escorpião gigante com a moto. Sentiu falta do amigo, torceu para outro salvamento, mas ele não veio. Ao invés de golpear Kadriatus com a própria arma, Abaris quebrou a katana no joelho e colocou-a de volta na bainha do guardião. Prendeu seu arco a tiracolo e gargalhou.

– Nenhum guerreiro deve morrer sem suas armas – agarrou Kadriatus pelos cabelos e o puxou até o buraco na parede. De lá observou os M.E.C.A.S. enfrentando o Beatrix. A barcalma dava sinais de cansaço, então era questão de tempo até a derrota. Um clarão explodiu nos céus de Farhan, formando o símbolo da União. Abaris, triunfante, gritou no ouvido do prisioneiro:

– Nós tomamos sua cidade e seu imperador. Agora, tomaremos suas vidas! Obrigou Kadriatus a se ajoelhar, apoiou o pé em suas costas e finalizou. – Em breve, suas almas!

Kadriatus sentiu a bota forçando-o para a frente. Tentou se segurar, mas não havia mãos para ajudá-lo. Bateu em um cano de Névoa, o antebraço ardeu, o mundo girou, achou que Sehn gritava por ele, mas podia ser o vento assoviando enquanto caía da torre. O corpo retorcido, sem forças, clamava por ajuda. Namid surgia de novo, mas não se curvou àquele poder que tanto odiava. A água do rio se aproximou. Fechou os olhos, pronto para afundar. Ouviu um guincho estridente e sentiu um tranco no pé. Um grifo arremetia-o para longe da morte.

– Vai ficar tudo bem, meu amor. Eu prometo – a voz de Nadja soara distante, metálica e fria.

O garoto com a túnica vermelho-sangue avançou contra Phoynikes, mas foi repelido por um golpe forte que quase o dividiu em dois. O sacerdote tomou a frente de seus companheiros, liderando-os em uma tentativa desesperada de resgatar os moribundos.

– Precisa haver uma saída – Phoynikes dizia a si mesmo, coordenando a marcha da parede de escudos.

Os sacerdotes que caminhavam com ele eram os que ficavam no Castelo Ahsverus e os especialistas em defender o imperador, mas nem isso foi o suficiente para impedir a traição. A tapeçaria do corredor vibrou em chamas, desprendendo-se como uma enorme cobra, que tomou o carpete e espalhou uma parede flamejante entre o quarto do imperador e o salão. Um grifo explodiu contra a parede exterior, criando mais um buraco. Dois soldados distraídos caíram por ele, levando consigo uma mesa. Phoynikes avançou com o escudo e a espada em meio à turba.

Aeronavios cercavam e atiravam no castelo. O calor ficou insuportável quando os canos de *Nepl* estouraram. Paredes tremiam e se despedaçavam, criando novas salas e novos corredores que davam para lugar nenhum.

– Recuem passo a passo – Phoynikes ordenou aos companheiros, que obedeceram sem questionar.

Havia uma aura de derrota ao redor dos *kohanim* que era quase palpável. Em sua mente, Phoynikes sabia que nem metade daqueles soldados sairia viva, mas tinha que lhes dar alguma chance. O castelo se inclinou, a guarda dos sacerdotes abriu, mas os soldados convencionais também estavam despreparados para a mudança. Eles caíram para o lado em uma onda humana, que submergiu dentro das cortinas de fogo. Phoynikes viu seus companheiros ajudando os soldados a se equilibrarem, assim como viu o oposto. Um grito de surpresa escapou da multidão ao seu redor quando o castelo começou a virar para o outro lado.

– Que Shoah nos proteja – Phoynikes girou o corpo e saltou para trás de uma coluna quando um piano enorme escorregou em sua direção, espatifando-se em milhares de pedaços. O instrumento emitiu uma última nota desafinada e desapareceu pelo buraco na parede. Dois *kiy* voaram por ele, mas não houve tempo de segurá-los.

– O imperador escapou – ouviu alguém gritar.

O alívio durou pouco e o castelo rodou um pouco mais rápido para a esquerda. Phoynikes recuou até encontrar um corredor menor, onde dois garotos aguardavam com lanças. O maior deles tinha uma harpa presa na cintura, o menor usava a túnica cor de sangue.

O sacerdote avançou rápido e cravou a espada na coxa do garoto de vermelho, girou o corpo e cortou as mãos do músico. Eles ajoelharam gritando, mas não houve clemência, exceto pelo golpe final, rápido e preciso.

– Achei que a *Kabalah* era mais misericordiosa – Abaris falou. O velho se apoiava em uma coluna para poder ficar parado. Uma de suas mãos segurava um punhado de pó, a outra trazia uma lança.

– Você matou aqueles meninos muito antes, Abaris, quando os trouxe para esta guerra – Phoynikes arfou. A espada e o escudo brilhavam, mesmo sob as chamas.

– Também matei suas crias da Canção do Silêncio e seus monstrinhos no Cenóbio de Ahator. Agora vou matar seu imperador e seus ideais, Phoynikes.

Abaris avançou e jogou o pó negro nas armas de Phoynikes. O sacerdote se defendeu com o escudo, que rachou, mas aguentou o segundo golpe do atacante. Abaris era forte. Cada murro dele parecia uma martelada. Movia-se com destreza, tentando circular Phoynikes, mas o sacerdote estava preparado. Acertara duas vezes o inimigo na barriga e o vira sangrar e recuar. Seu estilo de luta era o mesmo do irmão e do sobrinho, uma dança de guerra que combinava golpes rápidos com gingado.

– Fique parado – Abaris reclamou.

Phoynikes deu uma cambalhota para trás e o chutou na boca. Em seguida, o sacerdote avançou com outro chute, mas era uma finta para acertar com a espada. A lâmina rasgou a túnica do necromante, revelando seu peito cheio de cicatrizes. Em seguida, o sacerdote apoiou na parede e pulou por cima de Abaris, golpeando-o com o escudo. Estava pronto para emendar mais um golpe quando seu escudo emitiu um chiado e brilhou com mais intensidade ainda.

– Minha vez – Abaris estalou os dedos.

O escudo de Phoynikes vibrou e se apagou. Então, explodiu em uma nuvem negra, que devastou o braço do sacerdote. Phoynikes gritou de dor, com o cotoco sangrando ao ponto de criar uma enorme poça aos seus pés. A visão embaçou e ele perdeu o ritmo da luta.

– Como eu disse, tudo que a *Kabalah* constrói, a *Qliphoth* destrói – Abaris o chutou para trás e arremessou outro punhado de poeira em sua armadura.

– Você não vai derrubar os Hadjakkis tão fácil, Abaris – Phoynikes murmurou, engatinhando pelo corredor. Jogou a espada fora, mas ela explodiu com violência perto de seu rosto.

– Eu vou desmontar você, como fiz com seu exército – Abaris falou, mas não atacou.

– A *Kabalah*... – Phoynikes tateava à frente. O rosto coberto de fuligem, os olhos inutilizados. Cuspia as palavras em meio ao sangue e à dor. Ele parou próximo a um grande buraco na parede, mal conseguindo ouvir Abaris se aproximar.

– Não passa de um erro, nós viemos corrigi-lo – Abaris não se deu ao trabalho de erguê-lo.

Phoynikes tentou fugir, mas o chute o acertou no estômago e ele rolou. Primeiro sentiu uma ventania, depois o barulho de dezenas de aeronavios. Então veio o frio da morte, que foi interrompido pelo calor de sua armadura. Só, então, ele percebeu que o calor não vinha dela, mas das chamas que a cobriam. Por fim, a escuridão.

Wadencliff

Anik ajustou o monóculo de três lentes e apoiou o rifle em um tripé. Observou o alvo correndo pela taiga e se misturando ao ambiente. Se esperasse demais, perderia a chance de acertá-lo.

– Permissão para atirar – pediu e escutou Vaz.

– Negada, estamos longe demais e a nevasca vai atrapalhar.

Bufando, a *mashiyrra* repôs a arma. Queria Stephanye ali. A garota era uma atiradora profissional que jamais erraria o alvo.

– A desgraçada usa nossas táticas para escapar – Vaz esmurrou o timão. Irritada chamou Ann.

– O que faremos? – a novata ajeitava as armas. Envergonhada por perder as suas para Lukas. Buscava redenção com as veteranas.

– Trazer o lobo de volta, matar o resto – Vaz retrucou, com pena da autocomiseração da garota. Balançou a cabeça e revirou os olhos quando ela bateu continência.

– Sim, senhora!

– Aeronavio à frente! – Ninzz gritou da carranca. Junto a Elener, as *arur* seriam a força de ataque principal quando chegasse o momento da abordagem.

– Levantar a bandeira. Não quero que uma *sheyvet* desavisada atire na gente. Velocidade máxima – Vaz ordenou, as companheiras obedeceram e se agarraram à balaustrada. O aeronavio tremeu ao acelerar e passou pelo outro tão rápido que elas não viram suas bandeiras.

– Notícias da capital – Ann recuou para a cabine de comando. Da janela, viu uma mensagem chegando ao telégrafo.

– O que foi agora? – Vaz aguardou a leitura. Era um pedido de ajuda contra um ataque surpresa, iniciado pelos *ggoyim.*

– Precisamos decidir rápido, o lobo parou. Se voltarmos, perderemos seu rastro – Anik comentou, receosa de que a decisão errada prejudicasse a *sheyvet.*

Vaz calculou os riscos, havia mais soldados em Farhan do que em campo aberto. Não recebera notícias que preocupassem e acreditava que a *Kabalah* resolveria tudo sozinha.

– *Järvenden* é o objetivo principal. Acerte-o – ordenou.

– Afirmativo – Anik preparou o rifle mais uma vez, baixou a cartola no rosto e, da aba frontal, desceu o monóculo de três lentes que amplificava sua visão. Mirou, acertou a pata esquerda do Titã.

– Abordagem em dez segundos! – Vaz guinou o aeronavio a estibordo, descreveu um círculo, baixando a altura. Passou entre as árvores e as *arur* saltaram, atingindo Erinjhar e a garota loira com a máscara de juíza.

– Sem prisioneiros – a *sepher* emendou, liberando as guerreiras para a matança.

Deixou Anik no comando e pulou, sacando o cutelo e atingindo Maya no peito. A lâmina resvalou no couro grosso de suas roupas e puxou suas mechas do lado esquerdo, mas a ruiva aguentou a pancada e desceu pronta para o embate.

– Você não entende, ele é meu irmão! – Maya colocara-se na defensiva. Pelo canto de olho, viu Erinjhar enfrentando Elener e Ninzz. Para seu azar, Lukas e o outro homem ainda não estavam em condições de lutar. Syrah, a juíza, cuidava deles.

– Mais um motivo para você dar o exemplo, Hawthorn. Nós sabíamos quem você era, mas resolvemos esperar para ver onde estava sua lealdade. Mas isso era de se esperar de uma falsa *bnei shoah* – a negra desestabilizou Maya com um golpe frontal, girou a espada em torno da lâmina inimiga e quase a arrancou de suas mãos. Porém, no último instante, Maya resistiu e puxou a obsidiana para si.

Järvenden uivou, aumentando a nevasca. Fez menção em avançar, mas Maya o impediu com um gesto.

– Jurei protegê-los e é isso que vou fazer.

– Você está defendendo um Titã, mulher! – Vaz explodiu de raiva.

– Ele fez mais por mim do que a *Kabalah* inteira. Saia do meu caminho – Maya ameaçou.

– Eu teria vergonha de ser da sua família, Hawthorn – Vaz devolveu, analisando o ambiente para a melhor abordagem. Juntava neve com o pé para jogar na ruiva assim que ela se distraísse.

– Não sou uma *bnei shoah* – Maya devolveu, surpreendendo-a. Atacou, a neve bateu em seu peito, desviou o cutelo de Vaz e girou o pulso, forçando a base da arma contra a adversária. Colou seu ombro ao dela e travou a perna por trás da perna robótica. Empurrou, batendo-a contra o chão.

Antes que a morena se recuperasse do golpe, a ruiva cravou a espada ao lado de sua cabeça, demonstrando que poderia matá-la quando quisesse. Ao invés de se render, Vaz girou apoiando-se com o ombro e tentou dar uma rasteira em Maya. Seu estilo de luta muito parecido com o dos Hadjakkis não foi surpresa para a ruiva, que saltou bem a tempo.

– Conheço esta dança, Vaz. Aprendeu com os Hadjakkis, é? – A fugitiva sorriu.

– Minha família os ensinou – Vaz respondeu.

A mochila passou por baixo das pernas de Maya e puxou-a, no mesmo instante a *da'ath* chutou sua canela. Não queria derrubá-la, então pegou impulso e apoiou uma das mãos. Com mais altura, rodopiou e trançou Maya em uma chave de pernas que a imobilizou. Espantada, viu Erinjhar derrotar Elener e Ann. Só lhe faltava Ninzz, que lutava como uma selvagem. O rei aproveitava seu descontrole para cansá-la. Maya conhecia a tática. Se a garota relaxasse receberia um golpe mortal e nem saberia por onde viera.

De repente, o lobo branco uivou com mais força. A nevasca aumentou até Maya não ver um palmo à frente do rosto. Sentiu as mãos doendo e as costas, apoiadas na neve, ardendo. Uma camada de gelo envolveu as mulheres, Vaz afrouxou o aperto e Maya escorregou até se afastar.

– Você não vai fugir! – a morena berrou, sua mochila entrevara no gelo.

– Diga ao Quinto Império que a *ggoyim* que aprendeu a ser *bnei shoah* nunca mais voltará – Maya anunciou, a ponta da espada negra roçava o pescoço da *da'ath*.

– Alguma mensagem para o marido da traidora? – Vaz indagou maliciosa quando Erinjhar derrubou Ninzz. Maya enrubesceu e respondeu baixando o tom.

– Não é o que você está pensando – desculpou-se, apesar de desnecessário.

– Deixe disso, ruiva. Bandidos exercem fascínio sobre moças de família. Dante pode afirmar – a morena confidenciou. Maya franziu o cenho, com a desconfiança surgindo.

– Qual seu sobrenome?

– Wadencliff, a seu dispor. Prima do senhor Dante Wadencliff, infelizmente – ela provocou com uma mesura, que lembrava muito o capitão.

– Temos que ir – Erinjhar puxou-a, apontou para o sul. O horizonte exibia uma faixa alaranjada, apesar de a noite começar.

– Um incêndio – Maya falou, com vontade de voltar, mas o rei a impediu. A mochila libertou Vaz, que, ao invés de prosseguir o ataque, perguntou.

– Namid ainda vive em você?

– Sim – Maya respondeu.

– Então, um dia, eu caçarei você até o *Sheol*, mas hoje o império precisa da Rosa Púrpura – a mochila dela desprendia as aliadas. Confusas, as garotas deixaram Maya e seu grupo montarem em *Järvenden*.

– Podemos pegá-los! – Ann tomou a frente, incentivando.

– Deixem que partam. Farhan precisa de ajuda – Vaz não esperou respostas. Subiu pela escada de cordas do aeronavio, sabendo que acatariam suas ordens. Ao se distanciarem da taiga, ela olhou uma última vez para trás e percebeu *Järvenden* em cima de uma colina. Os olhos do lobo refletiam o laranja intruso no crepúsculo.

– Este não será nosso último encontro, Namid Ahsverus. Não permitirei que tire a liberdade de Maya Hawthorn do mesmo modo que fez com Tesla Wadencliff. Meu afilhado merece o sacrifício – a morena prometeu.

O aeronavio da Rosa Púrpura desviou dos tiros dos M.E.C.A.S. e fez a volta em *Tel Aviv*. Antes de pousar, Anik queria reconhecer o terreno e descobrir o que acontecia, mas, muito antes disso, as guerreiras tiveram certeza de que precisavam ajudar a *Kabalah*.

– Os convencionais declararam estado de sítio e entraram no

castelo. Os *kiy* e os *kohanim* se recusaram a ceder espaço, desconfiando das intenções de Bernard – Anik explicou, repassando o que ouvira no rádio.

– Mentirosos – Vaz respondeu. – Se quisessem apenas proteger Noah, cercariam o castelo sem tentar invadi-lo. Eles armaram para culpar a *Kabalah*. Olhem o rio.

As mulheres observaram pedaços de ilhas fincados no rio ou despejados a esmo ao redor de *Tel Aviv*. Havia até casas e pequenos aeronavios entre os destroços.

– Anik, coloque-nos perto do quarto de Noah. Estou vendo uma movimentação estranha por lá – ela apontou.

Bernard digladiava-se com dois grifos tentando alcançar o quarto de Noah. Alguns andares abaixo, um M.E.C.A.S. se chocou contra a parede do castelo e o piloto foi alvejado por um guardião.

– É Kadriatus? – Anik forçou a vista.

– Ele mesmo, mas o imperador é mais importante – ralhou Ninzz.

Contrariada, Anik acatou as ordens e subiu com o aeronavio, procurando a melhor rota para escapar dos ataques. Os grifos, reconhecendo as aliadas, cobriram-nas. Esperta, Ann disparou com os canhões derrubando dois M.E.C.A.S. no percurso.

– Ali! – Elener apontou.

Uma das paredes, derrubada pelos inimigos, deixava antever o que se passava. Cerca de vinte *kohanim* organizavam uma parede de escudos para proteger Noah e Isza do ataque inimigo. O inimigo avançava usando uma técnica que desconheciam. Do outro lado do salão, Kadriatus e Diren enfrentavam um velho de roupas vermelhas. A batalha entre eles era feroz e ninguém ousava se aproximar. Passando entre as colunas, Stephanye enfrentava outro atirador e um tigre negro com asas.

– Eles não vão suportar muito tempo. Anik, Ann, reforcem as paredes de escudo. Elener, resgate o casal imperial.

Vaz tomou o controle do aeronavio, desviou de um veículo bem a tempo e depois notou que era o Beatrix escapando de um M.E.C.A.S.

– Pegaram Steph! – Anik se desesperou.

No salão, principal Stephanye era cercada por convencionais traidores. Ela atirou, mas eles revidaram. Balas choveram ao redor da morena, que se escondeu atrás de uma pilastra.

– Rápido! – Ann saltou próxima à parede de escudos.

Nunca vira inimigos como aqueles, que arremessavam um pó negro que corroía seu equipamento. Anik amarrou uma corda à cintura e pulou. A perna ferida vacilou no impacto, mas ela golpeou um homem no rosto. Os *kohanim* forçaram os inimigos a recuar.

– Rápido, irmãs! – ordenou Vaz, cobrindo o Beatrix enquanto ele mudava para a forma humanoide.

Elener não usou corda. Aproveitou a aproximação involuntária e pulou entre os inimigos, golpeando-os. Os homens de roupas vermelhas bateram contra a parede e diminuíram o ataque. A vitória estava próxima, mas a missão da *arur* era outra. Ela correu entre as pilastras enquanto o velho de roupas vermelhas quebrava a espada de Kadriatus no joelho. Os sacerdotes, derrotados, jaziam ao seu redor. As amigas, seu último baluarte, resistiam à onda de soldados que vinha pelo corredor principal.

– Majestade – Elener reverenciou Noah, que pôs a esposa grávida em seus braços. A imperatriz *syrian* estava protegida por um pesado manto, mas Elener pôde ver parte de sua pele negra. O contato com o sol poderia matá-la em instantes.

– Salve minha esposa e meu filho – o *Kether* ordenou.

– Devo salvar a família – a *arur* começou, mas ele lhe deu um tapa.

– É uma ordem! – Noah respirava fundo. Para Elener, ele parecia cansado, com olhos profundos e ombros curvados. Ela anuiu, tomou cuidado com Isza, mas a abraçou com firmeza. Usando as garras, a *arur* escalou a parede lateral do castelo por um cano de *Nepl*. As palmas das mãos arderam, mas ela suportou a dor e aguardou o aeronavio se aproximar. Podia sentir a Imperatriz tremendo em suas costas, mas se controlou o suficiente para dominar a situação.

Um barulho chamou sua atenção no quarto, Anik e Ann recuavam, formando um círculo de proteção para Noah. O velho, um rapaz com banjo e um loiro lideravam o ataque, Elener pensou em ajudá-las. Por cima deles, viu Stephanye erguer Diren, ambos sangravam muito e ela sabia que estavam condenados. Focou-se na missão, pedindo a Shoah que os amigos vivessem.

– Tire a Imperatriz daqui! – Anik esmurrou um dos inimigos e mergulhou a espada no outro. O velho e o rapaz quase a prenderam contra a parede, mas ela foi mais rápida e se libertou.

– Aqui, irmã!

Vaz jogou-lhe duas cordas. A primeira possuía um colete, que Elener prendeu em Isza; a segunda guardou para si. Tentando ser educada, empurrou a imperatriz para frente, acompanhou-a no salto para o vazio, rezando a Shoah para que a corda estivesse bem presa do outro lado. Um míssil voou rente a elas, explodindo a torre principal. O Beatrix segurava Bernard enquanto Albert, também paramentado, atingiu o castelo e se preparava para o segundo disparo.

– Anik! –Vaz desesperou-se.

Acabara de jogar a corda para as sacerdotisas. A ponta voava a esmo, perto do entulho formado pelos restos do quarto imperial. De repente, Anik emergiu das pedras, envolveu o pulso na corda e tentou se puxar. Com a outra mão, segurava Ann, mas, pela posição do pescoço da garota, era óbvio que estava morta.

– Ajudem-na! – Ninzz pegou a outra ponta, amarrou ao mastro principal. Um estrondo chamou sua atenção. Boquiaberta, viu o castelo inclinar para a esquerda e levar o aeronavio consigo.

– Eu... Te... Liberto... Kadriatus – Vaz leu os lábios de Anik. A *kohanim* beijou a testa de Ann e soltou a corda.

Vaz engoliu ar, o solavanco do aeronavio a jogou de costas no chão. Reuniu forças para se levantar. Metade do castelo de Ahsverus ruía diante de seus olhos e a outra metade descia para *Tel Aviv*, desaparecendo entre as densas nuvens de *Nepl* e as chamas do *Shemém*.

Êxodo

Karl, sentado na cadeira de balanço no alpendre da mansão, acabara de preparar o cachimbo quando o carro de vidros escuros saiu da estrada e veio em sua direção. Não reconheceu o motorista até ver o símbolo de um pistão no capô. Depois, lembrou-se da família Fletcher e se arrependeu de ter deixado a baioneta no armazém.

Pararam em cima de um orquidário recém-preparado por Allan. As portas do carro se abriram e Jacques desceu acompanhado do filho único, Phillip. Desde o fracasso do casamento dele com Maya, nenhum dos Fletcher retornara o contato com os Hawthorn.

– Senhor Hawthorn, prazer em revê-lo – Jacques acenou com a cabeça, muito menos entusiasmado que das outras vezes. Karl observou que ambos possuíam braçadeiras douradas com uma engrenagem vermelha bordada.

– Faz tempo, Jacques. Gostaria de um chá com amigos? – Karl ofereceu.

– Lamento, terei de recusar, tanto o chá quanto a amizade – Phillip riu perante o destrato do pai. Karl não deixou por menos.

– A multa pelo casamento já foi paga, Jacques. Achei que trataríamos deste assunto como cavalheiros – levantou, abrindo e fechando as mãos devagar para se controlar.

– Ah, sim, ela é um de meus assuntos hoje. Vim devolver o cheque – Phillip avançou quando o pai lhe deu a folha, virou as costas para Karl.

O patriarca Hawthorn não soube o que dizer. Era muito mais

rico que os Fletcher e aquele dinheiro faria mais diferença para eles do que para os Hawthorn. De qualquer modo, colocou o cheque no bolso da camisa.

– Mais alguma coisa ou posso mandar meu mordomo levá-lo à saída? – perguntou, quase rosnando de ódio.

– Como eu disse, este é um dos assuntos. Agora, eu gostaria de comprar sua fábrica, Karl. Sei que as finanças ruins e a falta de mão de obra afetaram suas vendas. Estou disposto a ser generoso, apesar de nossas diferenças éticas.

Desta vez, Phillip correu para o carro enquanto o pai falava. Voltou com uma pasta marrom e duas canetas-tinteiro. Karl recebeu a papelada em mãos, na capa da pasta o símbolo da empresa Fletcher acompanhado da mesma roda dentada em suas braçadeiras.

– Você só pode estar brincando – jogou a pasta em Phillip. O rapaz, nervoso, virou-se para esmurrá-lo, mas conteve-se pela ordem do pai.

– Não faço mais brincadeiras, Hawthorn. Meus investidores gostariam de agregar os seus negócios à nossa nova empreitada – Jacques retrucou. Karl imaginava quem eram os tais investidores, óbvio que os criadores daquele símbolo que portavam com tanto orgulho.

– Avise a eles que prefiro falir a me vender – Karl retrucou, esperando o ataque de Phillip. Desejou que o rapaz tentasse, pois extravasaria a raiva nele.

– Serei sincero, Karl, esperava mais de um homem de visão como você. Apesar de nossas diferenças éticas, seu tato para negócios sempre foi apurado – Jacques comentou sem deixar o outro saber se era ironia.

– Seu garoto está louco para conhecer meu tato – Karl replicou.

– Vou deixar a questão em aberto, mas saiba que, em breve, nenhum amigo de *bnei shoah* terá um casebre para chamar de lar. Quando isso acontecer, saiba que terá um lugar especial na minha linha de produção, limpando esteiras com o resto dos meus empregados – Jacques puxou o filho pelo ombro, voltaram para o carro e, atropelando uma roseira, partiram.

Karl recolheu o contrato espalhado no alpendre. Por curiosidade, verificou os termos, eram normais, dando-lhe poder de decisão para investimentos, mas retirando-o da liderança, caso desagradasse os investidores. Sem querer, checou o valor oferecido pela fábrica e quase caiu da cadeira de balanço.

A luz do quarto tremeluziu antes de piscar e queimar. Na cama, Karl observou o fenômeno com interesse. Cansado das reclamações da esposa, evitava passar as manhãs ao seu lado, trabalhando até tarde e levantando-se após ela sair para a casa da irmã.

– Só me faltava essa.

Entediado, deixava com o irmão mais novo, Johan, as finanças da empresa e se concentrava no processo judicial contra sua família. Uma carta chegara quatro dias antes, convocando-o a depor no Ministério Público e explicar-se sobre denúncias de suborno e obstrução da justiça.

Arrumou-se para trabalhar, pegou o jornal em cima da mesa da sala, entrou no carro e seguiu para a fábrica. Tomou um caminho diferente, desviando das ruas entulhadas e dos guindastes. Desdalain cicatrizava as últimas feridas deixadas pelos Titãs. A prova disso eram os *ggoyim* aparentados com Legisladores ou militares convencionais deixando a cidade. Karl perdera mais da metade de seus funcionários, esforçando-se para manter o ritmo de produção, crescente no último mês.

Chegou perto do meio-dia, notou retardatários entrando no galpão. A situação estava difícil, Farhan ausentava-se de informações e os militares recolhiam suas armas, depositando a segurança da cidade na milícia e na população. Era um milagre que Desdalain não se afundara em guerras internas.

Ignorou a gritaria no saguão e sentou em uma poltrona no mezanino. Folheou o jornal, estranhando a notícia da primeira capa "Canção do Silêncio é destruída por traidor". Verificou a data, de dois anos antes. A foto principal com os veteranos e recrutas da *sheyvet* e, em destaque, Edgar Crow, o traidor.

– Porcaria – arremessou o jornal longe. Daria uma bronca no mordomo quando voltasse. Os olhos pesaram, a mudança de rotina exauria sua resistência. Cochilou por um instante, acordou com a gritaria.

– Fogo, fogo! – Levantou-se. Uma das janelas do galpão quebrara e havia um grifo mecânico em cima da esteira de produção. Correu para ajudar enquanto a segurança puxava o bicho de lado.

– O que houve? – Perguntou à enfermeira, que cuidava de um moribundo. O rapaz tinha cabelos pretos e usava as roupas dos guardiões.

– Ele arrebentou a janela e caiu aqui, não acertou ninguém, mas quebrou a máquina – ela apontou, depois puxou as mangas do casaco da vítima, espantou-se, era maneta.

– Tem outro lá fora – o segurança puxou Karl pelo braço, pararam na porta metálica por onde entravam os caminhões de carga. No pátio, havia um soldado de armadura metálica, imóvel. Um dos seguranças chacoalhou seu ombro, ele tombou para trás e o capacete rolou, não era uma pessoa, mas uma máquina autônoma.

– Traga-o para a esteira e chamem os mecânicos para consertarem – Karl ordenou.

– É seguro, senhor? – O segurança replicou.

– É a *Kabalah*. Claro que é seguro – bravo, o patriarca ajoelhou-se ao lado da enfermeira. – Como ele está?

– Em choque, deve ter sofrido uma dor muito intensa. Não morreu por milagre – ela verificou a pulsação.

– Acho que o conheço – Karl anuiu, lembrou-se do jornal velho.

– Kadriatus Drachenfels, o General Dourado – comentou perplexo. O rapaz que salvara Desdalain dos Legisladores era um herói para a população.

– Senhor, tem mais deles vindo – um dos seguranças retornou esbaforido por carregar o exoesqueleto até a linha de montagem.

Karl ordenou que levassem Kadriatus para o ambulatório e chamassem um médico. Acompanhou o segurança, passou pelo local onde o exoesqueleto estava e notou um pingente em forma de roda dentada perdido a seus pés. Colocou-o e subiu na boleia aberta de um caminhão para ver melhor.

– São milhares – espantou-se.

O horizonte alaranjado salpicava-se de pontos negros, crescentes em alta velocidade. Karl divisou aeronavios, aerogaleões e veículos personalizados da *Kabalah*. Lábaros imperiais a meio-mastro e bandeiras negras de luto chamaram sua atenção.

Os aeronavios pousaram, jogaram as rampas e os soldados desceram. Centenas de soldados de elite feridos acomodaram-se pelo pátio, sem pedir permissão a Karl para usar sua fábrica como abrigo.

Um dos veículos arremeteu, batendo contra as árvores na floresta atrás do terreno. Outro, em chamas, foi abandonado pela tripulação.

– O que está acontecendo? – Karl berrou. Amparou um *mashiyrra* com a espadassserra despedaçada e o rosto cortado do queixo à testa.

– A União tentou cercar o castelo imperial, nós impedimos e eles nos atacaram com uma tecnologia nova. Pegaram Noah... eles... oh, por Shoah, eles exterminaram os *kiy* e os *kohanim*. Não há mais *Kabalah* – o *mashiyrra* ajoelhou e chorou desesperado com a situação.

Karl sentiu um aperto na garganta, o dia claro foi tomado pela sombra dos aeronavios despedaçados que cobriam Desdalain. Dezenas de *sheyvet* chegavam, relatando ataques em cidades menores e Farhan sitiada. Captando conversas aleatórias, soube que o *milicida* fora salvo por uma figura apelidada de Espectro Rubro, que também soltara prisioneiros políticos importantes, como o Titã *Järvenden*.

– Maya... – o restante da frase morreu na garganta, pois reconhecera o Beatrix em meio aos fugitivos.

A barcalma pousou desajeitada entre os aliados. Seu tamanho avantajado obrigou Dante a colocá-la um pouco afastada e a descer as velas assim que tocaram o chão. A manobra tirou a vantagem de uma decolagem rápida, em caso de necessidade, mas foi suave o suficiente para garantir o bem-estar da tripulação.

– Aqueles malditos traidores! – o *yoresh* esbravejou assim que a rampa de acesso caiu em cima de um carro.

Silente, Karl observou centenas de refugiados descerem, escoltados pela elite.

– Dante, o que aconteceu? – Tocou em seu braço, o *yoresh* reclamou.

– Calma, antes que você o quebre de vez – a careta de dor indicou a indelicadeza do *ggoyim*. Karl se desculpou.

– Você não sabia, tudo bem. Tem gente pior que eu por aí – Dante respondeu.

– Onde está minha filha? – Karl perguntou. Ao notar a expressão dele, a espinha gelou.

– Ninguém sabe – apesar de otimista, Dante soou rancoroso.

– O que aconteceu em Farhan? – Karl desconfiou, rezando para que os filhos não fossem responsáveis por aquilo. Quem respondeu foi uma menina loira e baixa, que ele nunca vira, mas teve a sensação de conhecer.

– Maya salvou Lukas, revoltando os *ggoyim*, que iniciaram um ataque traiçoeiro – ela terminou, mas havia algo pendente no ar.

– Então? – Karl pediu.

– Então que é tudo mentira, senhor Hawthorn. Foi um pretexto da União para declarar estado de sítio – a menina continuou, Karl se lembrou dela. Nadja estava na foto do jornal com a Canção do Silêncio.

– Precisaremos de ajuda, há algum rádio por aqui? Temos de convocar as outras *sheyvet* antes que elas se dirijam para Farhan – a loira pediu, afastando-se em direção à fábrica. Pelo modo que seus olhos brilhavam ao se deparar com o maquinário, era uma *da'ath*.

– De onde veio isso? – Nadja parou de repente, tocou o pingente em forma de engrenagem no peito de Karl.

– Seu amigo, Kadriatus, acabou de chegar. Minha enfermeira está cuidando dele – Karl mal terminou de explicar e Nadja correu para dentro da fábrica.

Ela perdera o contato com o exoesqueleto porque ele se afastara demais. A última memória era de salvar o amado e partir com ele para o único lugar que era seguro, mas não sabia se tinham chegado aonde queria. Pelo jeito, não, mas fora o suficiente para se salvarem. Karl correu atrás dela, deparou-se com a loira abraçando Kadriatus em seu leito na enfermaria.

– Eu disse que ia ficar tudo bem, meu amor – ela murmurava e, para espanto do Hawthorn, o exoesqueleto mimetizava o gesto no fundo da sala.

Ahsverus

ABARIS ESTOUROU A PORTA do quarto imperial, acertando um soldado e jogando o pó negro em outro. Alguém atirou, mas Cohen aparou a bala com o banjo. Bernard, assustado, sacou a espada da bengala, mas Namer pressionou-o contra a janela.

– Mais um passo e veremos se seu dragão ainda pode voar – Abaris intimou.

Ryszard protegeu o imperador com o próprio corpo. Segurava duas espadas curtas e corvos brancos sobrevoavam sua cabeça, sinal de que os encantadores estavam por perto.

– *Espero que isso não seja um contragolpe, Abaris. Detestaria ter de me desfazer da Qliphoth* – Bernard provocou. Sentiu *Tehom* se recolhendo, então reuniu toda força de vontade que ainda possuía e o manteve o mais longe possível de sua consciência.

– Vou levar o imperador embora. A *Kabalah* precisa dele e nós vamos desequilibrar esta guerra com seu desaparecimento – Abaris explicou, mais calmo. Ordenou a Namer que soltasse o marechal.

– *Impossível, ele será pai em breve e a maldição acabará com seu corpo. Noah deve ficar no castelo para que o povo acredite que está seguro. De acordo com meus planos, avisarei que a Kabalah sequestrou o príncipe herdeiro e quer dar um golpe na União* – limpando o traje, Bernard explicou.

– Seu plano é uma bobagem, Bernard. Você já possui Farhan e a maldição não passa de uma falácia – o rosto de Abaris era uma incógnita para o marechal, ele buscava mentiras em suas linhas, mas tudo que encontrava era uma sisudez insana.

– *O que está dizendo? Todos conhecem a maldição. Tehom condenou os*

Ahsverus a jamais conhecerem seus filhos – confuso, pela primeira vez em meses, Bernard devolveu.

– Há algo que você precisa saber, Bernard, sobre a fundação da *Kabalah* e a alma dos *bnei shoah* – paciente, Abaris puxou uma cadeira para si, ignorando os protestos de Noah, que tentava se desvencilhar de Cohen.

– *Nunca o vi tão abatido* – Bernard considerou matar o imperador, mas queria usá-lo como moeda de troca no futuro. Abaris desconsiderou a observação, explicando.

– Seus relatórios sobre a Máquina do Mundo estão errados, por se basearem no entendimento de Tesla Wadencliff. O que aconteceu, na verdade, é que, no começo do mundo, os Titãs desejaram ter filhos e pediram a *Chalom*, o Titã do sonho, que lhes concedesse este desejo.

Bernard ouviu atento a cada palavra, esfregando a ponta da bengala com o polegar. A consciência do dragão se mantinha em silêncio, como se testasse se Abaris falava a verdade ou se trazia novas mentiras.

– Os primeiros filhos dos Titãs eram os *senoi*, seres pacíficos que aprenderam as artes antigas com seus pais. Na época, astronomia, matemática, biologia e química eram tratadas com reverência e respeitadas pelos aprendizes.

Perdido em sua narrativa, Abaris não notou o silêncio no quarto.

– Os *senoi* repassaram este conhecimento às raças vindouras, *khans*, *kyõhei*, *ggoyim* e *syrians*. Construíram com eles os templos antigos, amando os Titãs como seus pais. Nessa época, houve o Primeiro Êxodo, quando alguns Titãs se espalharam pelo mundo e outros se estabeleceram na região do Quinto Império.

– *Por que eles nos escravizaram?* – Bernard aproveitou que *Tehom* estava concentrado demais na narrativa e perguntou. Ele sentiu que o dragão ainda temia o homem e resolveu que era hora de ser livre.

– Tenha um pouco de calma – ralhou Abaris. – Desta reverência entre Titãs e mortais, gerava-se uma parcela da energia da eternidade, a *Meretz*. Esta energia mantinha as almas dos envolvidos purificadas e sempre em contato com o *Aleph*, o princípio da ressureição.

Bernard sentiu a consciência de *Tehom* tentar voltar ao controle, mas ele resistiu. Nunca estivera tão perto de seus sonhos de controlar o império e se ver livre dos *bnei shoah*, não entregaria tudo ao Titã tão facilmente.

– Essa purificação acontecia porque os Titãs ligavam-se diretamente à *Almah*, a essência do mundo. Com a *Meretz* se renovando, os povos antigos aprenderam a dominar a magia, nada mais do que a manipulação das artes antigas.

Então Abaris notou o mal-estar do *ggoyim*. Fingiu ignorar.

– Algo aconteceu aos Titãs do Quinto Império e eles pararam de manter contato com a *Almah*. Isto acarretou na ausência de magia em nosso território e na loucura de nossos criadores. Em menos de dez anos, eles escravizaram os *ggoyim* e exterminaram os *senoi*. As artes antigas foram proibidas, sob risco de morte, passadas entre os escravos como uma tradição perigosa, que eles temiam perder.

Abaris estalou as costas, inclinou a cabeça para trás, piscando para Cohen.

– Entretanto, um *senoi* sobreviveu e criou o primeiro *bnei shoah*, *Nabiyim*, e o enviou para o domínio de *Tehom* com a profecia sobre a criança que libertaria o mundo. O boato se espalhou e, movidos pelo instinto de sobrevivência, um grupo de *ggoyim* fugiu de seu mestre, refugiando-se em Hellyah.

– *Onde construíram a Máquina do Mundo* – Bernard adivinhou. A testa coberta de suor pelo esforço para manter *Tehom* sob controle. Era sua vez de ditar as regras.

– Não. A máquina já estava lá quando chegaram, pois os *senoi* a usavam para experimentos com a *Meretz*. Estes *ggoyim*, sob influencia do *senoi* e da profecia descobriram que os Titãs também possuíam pais, que era a *Netzach*, a Eternidade, e *Sof*, o Fim. Então eles manipularam estas energias criadoras para criar um Titã em forma humana – Abaris esperou que, desta vez, o marechal acertasse.

– Shoah – o nome se espalhou pelo quarto. Noah, exaurido, ergueu a cabeça. Bernard perguntou. – Por que ele está assim?

– Ele está morrendo – Abaris sentenciou.

Ordenou que Cohen ajudasse o imperador a se deitar. Prosseguiu, sob a atenção do grupo:

– Os Doze Mestres das Artes Proibidas juntaram-se a Shoah para derrotar os Titãs. O que os livros pregam é que apenas o Messias e seus seguidores enfrentaram os antigos, mas, na verdade, era um exército de elite de trinta mil *bnei shoah*.

Abaris notou a movimentação de Ryszard, o pupilo chamara Namer para perto. A narrativa chegava ao fim.

– Após a vitória, os Mestres perceberam que os *bnei shoah* eram perigosos demais para viverem. Eles decidiram matá-los usando fórmulas químicas e balancearam a Máquina do Mundo para produzir apenas dois mil guerreiros por vez. O fato das almas da elite nunca retornarem à Eternidade deixou-as diferentes e, por isso, nunca houve uma *Kabalah* em outros reinos.

Ryszard, fingindo tomar ar, apoiou na janela próxima ao buraco na parede.

– Surpresos com o resultado de suas pesquisas, os Mestres cometeram outra atrocidade. Separaram um clã *ggoyim*, os Sheyvet, e escolheram uma de suas mulheres para ser a esposa de Noah. Em outro movimento arbitrário reduziram a linhagem genética dos *bnei shoah* somente aos Sheyvet, que acabaram se separando em grupos menores, até que o sentido da palavra se perdeu, tornando-se um título para os esquadrões militares.

Agora, erguendo o calcanhar, Abaris contemplava Bernard e Albert.

– A *Qliphoth* surgiu neste dia. Revoltados com as ações de seus companheiros Mestres, dois deles fugiram, levando consigo os planos reservas para a criação de quatro *sephiroth* que não foram aprovadas para a *Kabalah*.

– Os Encantadores, os Artistas, os Necromantes e os Homens Santos – palpitou Albert, pela primeira vez.

– E neste ponto, Shoah engravida sua esposa, Chayim Sheyvet. Porém, a partir do momento em que a criança se desenvolve, o Messias definha. Ao povo, os Mestres disseram que *Tehom* amaldiçoara os Ahsverus, mas a verdade era que os próprios criadores do imperador alteraram seu código genético por segurança, a partir do momento que concebesse um herdeiro, a alma do imperador era passada a ele. Por isto Tesla achou que Noah era a reencarnação de Shoah. De fato, ele é, mas não se lembra.

Na cama Noah, soltou um gemido. Bernard ordenou a Albert que lhe oferecesse água.

– *O que acontece se matarmos Noah durante a transferência de almas?* – O marechal perguntou.

– Seria loucura, o *Kether* é a estrutura principal da *Kabalah*, mas também mantém os Titãs aprisionados. Morrendo durante a transição, ele seria destruído de uma vez por todas. Por isso devemos... – Abaris não terminou a frase e Bernard se levantou e chutou seu rosto. O impacto foi tamanho que o velho voou para o outro lado da sala.

– Não seja idiota! – Abaris protestou.

Ryszard deslocou-se para impedir, mas Albert agarrou-o pelo colarinho e o arremessou longe. Correu e saltou sobre o garoto com os joelhos em seu estômago. Cohen, desnorteado pela mudança de planos, sentiu o murro de Bernard e caiu enrolando-se no cobertor.

– Bernard, não! – Abaris tentou jogar o pó negro no líder da União.

– *Sim!* – Bernard cravou a espada no peito do imperador. A consciência do dragão negro urrava dentro dele.

Noah engasgou, segurou seus braços, fechou os olhos e morreu. Por um momento, o quarto mergulhou em silêncio, rompido por um feixe de luz chiante projetado da boca do cadáver. Bernard sentiu uma tontura violenta, se apoiou em Albert, largou a espada e levou as mãos às têmporas.

– Não o ouço mais... – Bernard resmungou em tom comemorativo.

– Quem? – Albert perguntou, tomando cuidado com um possível ataque da *Qliphoth*.

– *Tehom*... O maldito dragão se foi – depois de muito tempo sob o domínio do Titã, Bernard pôde expressar uma alegria exclusiva sua.

O aeronavio da Rosa Púrpura passou por cima das planícies do que restara do Quinto Império, mas seu motor fazia um ruído estranho e as velas tinham se soltado havia mais de duas horas. Vaz segurava o leme sem a empolgação de outrora. Queria se mostrar forte para as companheiras, mas as lágrimas escaparam e um soluço involuntário a invadiu. Seguia outros aeronavios da *Kabalah* e, sem perceber como, chegara a um campo de refugiados em Desdalain. Era começo de noite e o sol desaparecia no horizonte esfumaçado.

Ao seu redor, centenas de *bnei shoah* eram transportados em macas ou largados no chão, esperando ajuda médica. Havia *ggoyim* tentando estancar os ferimentos mais graves, mas Vaz notou que jamais seria o suficiente para ajudar a todos. Ela mesma não reparara em um corte no braço, mas recusou ajuda enquanto irmãos morriam à sua frente.

– Imperatriz! – Elener gritou ao seu lado. Vaz girou nos calcanhares e, empurrada por dois *kohanim*, viu uma multidão cercar Elener e a Imperatriz. Forçou-se a andar na direção das duas, mas o corpo desobedecia.

– Vaz, me ajude! – Elener gritou mais uma vez.

Vaz se irritou, por que a amiga gritava tanto? Eram a Rosa Púrpura, uma das *sheyvet* mais famosas do Quinto Império, então nada tinham a temer, nem mesmo a morte. Vaz sorriu para ela, sentindo, a cada passo, seu mundo se despedaçar. Longe, entre o oceano de velas, divisou o símbolo da Canção do Silêncio, decidiu que depois iria conversar com o primo.

– Ela está morrendo! – Ouviu de novo.

Quis ordenar à amiga que se calasse. Ficou parada, os sacerdotes enxameavam ao redor de Elener. Vaz achou aquilo uma bobagem, a grande *arur* não sofrera ferimentos graves. Aproximou-se, passando como um fantasma entre os soldados. Eles lhe deram passagem e algo em seus rostos, pela primeira vez desde *Tel Aviv*, lhe despertou um sentimento. Mais uma vez, Vaz sentia medo. Quando ela viu Elener abraçada ao corpo negro da Imperatriz, quis chorar e espernear, chamar por ajuda e desejar ser salva por alguém mais forte. Porém, a única coisa que conseguiu foi perguntar:

– O que aconteceu?

– A criança, Vaz... A criança estava nascendo... – Elener explicou.

– Não pode ser – Vaz recusou a verdade, mesmo vendo a enorme mancha de sangue sob Elener e Isza.

– Ela estava nascendo, irmã, o *Kether*. Eu vi, juro por Shoah... – Elener esmoreceu, o corpanzil leonino se dobrou de tristeza.

Vaz respirou fundo, vendo o vento arrancar o lábaro da Rosa Púrpura do mastro principal de seu aeronavio. Ela bem que pensou em correr atrás dele, mas desistiu. Estava cansada daquilo.

Barão Hadjakkis

Exausto, Diren escavou os destroços do castelo Ahsverus para salvar a vida da mulher que amava. Puxou Stephanye, ainda que o sangramento minasse suas últimas forças. A aparência de ambos era lastimável. A roupa abrira, a calça perdera as proteções dos joelhos, uma das pernas sangrava e o pé direito mal suportava seu peso. As perfurações no estômago ardiam, mas algo dentro dele o mantinha vivo, a mesma força que o salvara quando Edgar os traíra. Namid.

Encontrou um escudo prateado e visualizou o rosto. O olho esquerdo inchado, a boca estourada, um corte vinha do queixo a orelha. Tentou falar, a voz saiu rouca e a garganta ardeu. Agarrou Stephanye e a levou para fora de *Tel Aviv*. O que sobrara era só uma lembrança do império.

Não podia parar, pois, em breve, os convencionais da União começariam as buscas no castelo. Passou por cima de uma porta metálica, andou até o muro de *Tel Aviv* e caiu no rio que cercava o bairro militar. Nadou até a outra margem, quase desistindo no meio do caminho, mas isso significaria desistir de Stephanye também. Quando saiu na outra margem, viu duas garotas prensadas contra parede e soldados convencionais revistando-as.

– Você não tem esse direito – reclamou a mais baixa delas enquanto as mãos do soldado deslizavam por seu corpo.

– Você acabou de perder o direito de falar, também – o soldado a esmurrou, a garota sentou chorando e se encolhendo.

Diren sentiu vergonha. Poderia acabar com eles com apenas

dois golpes, se estivesse pleno de suas forças. No estado atual, seria apenas mais um a apanhar. Escutou sons de tapas, empurrões e protestos. Abraçou Stephanye e deixou uma lágrima de revolta escapar. Enxugou-a, pediu a Shoah que a namorada sobrevivesse. Esperou por quase quinze minutos entre lágrimas, gritos e outros sons que preferiu ignorar. Saiu do esconderijo sozinho ao ver os soldados indo embora.

– Por favor, não – a mais alta das garotas pediu ao vê-lo se aproximar.

– Tá bem? – Diren ganiu, ergueu as mãos para mostrar que estava desarmado.

– Foge, moço. Eles tão espalhados, matando *bnei shoah* e jogando os parentes em um trem que ninguém sabe para onde vai. Foge logo – a mais baixa delas explicou, ajudando a amiga a prender a alça do vestido.

– Desdalái – Diren falou. Voltou para buscar Stephanye, mas o fato era que nem sabia direito para que lado ficava a cidade.

– Obrigado – elas sumiram pelos becos, deixando o *arur* sozinho.

Diren foi para o outro lado, mas, assim que virou a esquina, se deparou com vinte soldados convencionais. Rápidos, acertaram-no com pancadas violentas que o levaram ao chão. Ele odiou o modo como olhavam para Stephanye.

– Demos sorte hoje! É o segundo amaldiçoado que pegamos! – Eles engatilharam as armas. Diren analisou o território em busca de pontos de fuga, mas o corpo não aguentaria. Fechou os olhos, aceitando o fim.

Namid protestou dentro de sua mente. Escutou um rugido. As balas ricochetearam ao seu redor, confuso, Diren avançou contra eles, esmurrando os dois mais próximos e chutando o terceiro. O restante atirou de novo, o *arur* escapou sem saber como.

– Ele é rápido! Todos juntos, *komandos!* – Um dos soldados reclamou. Colocou a arma em frente ao peito para protegê-lo do murro. Pouco adiantou, o punho quebrou a arma ao meio e o jogou na parede.

"*Esquerda.*" Diren escutou a voz, desviou de uma lâmina e deixou-a passar por baixo do braço, prendendo-a. Depois, deu uma cotovelada na boca do soldado. Vendo a derrota, os inimigos fugiram, Diren buscou seu salvador, mas estava sozinho. "*Ajude-me, Seolferwulf.*" A voz retornou, Diren percebeu que ecoava dentro de sua mente. Estranhou, o corpo estava recuperado, passou a mão nos ferimentos, até o inchaço do olho sumira.

– Namid? – indagou, assustado com a possibilidade de o Messias Sombrio voltar.

"*Você destruiu meu corpo, Seolferwulf. Preciso de um receptáculo para minha alma e você servirá.*"

– *Tehom*? – Diren perguntou, com o coração acelerado e os sentidos mais aguçados que o comum. Sabia que estava mais forte, ágil e resistente, mas temia o preço por essa melhoria.

"*Recupere meu corpo.*" A alma do dragão ordenou.

– Salva Sté – pediu.

"*Toque-a.*" *Tehom* ordenou e ele obedeceu. Uma energia negra saiu de seu corpo quando tocou a amada. Os ferimentos dela se fecharam e ela acordou sorrindo.

– Oi, *zeev.*

– Sté – Diren a beijou, fungou seu pescoço e abraçou-a. Por dentro, agradeceu a *Tehom* pela ajuda. Seus instintos o impediam de julgar se fizera a coisa certa, mas Stephanye estava viva, então acreditaria no Titã. Tiraria proveito da situação. Lembrou-se do trem mencionado pelas garotas, que talvez pudesse servir para fuga.

– Dedálai – ele falou. Por sorte, a namorada aprendera a entender seu vocabulário simplificado.

Não tentaria enganar o Titã, já que, com ele dentro de sua mente era óbvio, que sabia tudo que pensava. "Ajuda?" Perguntou a si mesmo, esperando a resposta do dragão. "*Ajude-me a recuperar meu corpo, Seolferwulf.*"

Assim que ouviu a resposta, Diren se levantou e guiou Stephanye até a estação de trem. Ao invés de entrar, foi para o prédio vizinho. Olhara para o trem, para onde milhares de pessoas eram empurradas contra a vontade. Os gritos de protesto chegavam até eles, a namorada chamou sua atenção.

– Diren, veja as estrelas.

No braço dos que entravam no trem, havia um pano azul com uma estrela de seis pontas. O símbolo era dos *mashiyrra*, mas era comum ser usado para identificar todos os *bnei shoah*. Os vagões não eram os de passageiros, mas os de carga. Maiores, feitos de metal, sem bancos ou qualquer tipo de conforto. Havia apenas frestas de ventilação, insuficientes para toda aquela gente em um mesmo ambiente. Os parentes mais rebeldes eram tirados das fileiras e empurrados até um galpão, de onde saía um barulho que Diren conhecia muito bem.

– Tiros – Stephanye murmurou. Escutaram os *kommandos* pelos alto-falantes espalhados nos postes.

– A União Protege o cidadão. Vamos enviá-los aos *felder*. Mantenham as fileiras, não se exaltem. Estamos aqui para protegê-los – o tom monocórdio parecia o eco de uma máquina.

Diren abaixou a cabeça, *Tehom* invadiu seu corpo com força total. O dragão rugia e se debatia furioso, tomando o controle. Ele agarrou a mão de Stephanye.

– *Siga-me, guerreira* – falou.

Os rádios chiaram. Os soldados mexeram na frequência, tentando encontrar a estação imperial. Diren sorriu para si mesmo. Em poucos minutos, a mesma coisa acontecia em todas as faixas. Esperou mais um pouco, a locomotiva apitou. Guiou Stephanye até o outro lado do prédio, pois era loucura enfrentar quase mil *kommandos* de frente. Por sorte, eles eram confiantes demais e poucos deles embarcaram no trem. Esperaram o último vagão e saltaram, agarrando-se aos buracos de ventilação. Os passageiros gritaram por ajuda, Diren os ignorou.

– Nós deveríamos libertar essas pessoas – Stephanye reclamou.

– *Liberte-as agora e os kommandos vão exterminá-las antes que saiam do vagão. Tenha calma, mulher* – Tehom respondeu pelo *arur*. A garota se assombrou com o tom grosseiro na voz e com a frase bem formulada.

Os alto-falantes chiaram de novo. Stephanye levou as mãos aos ouvidos e a voz de Diren ecoou pelos aparelhos.

– *Meu nome era Diren Grey, mas meus irmãos me conheciam também como Diren Seolferwulf. Meus pais eram Asha Grey e Dralghen Seolferwulf. Eles morreram cumprindo seu dever e protegendo o povo* – Diren começou o discurso, induzido pelo dragão. Eles correram por cima do trem e, ao chegarem na locomotiva, calcularam o número de soldados e se prepararam para o ataque. Os *kommandos* estavam distraídos com a transmissão não autorizada.

– *Por anos a Kabalah sacrificou sua liberdade em prol do Quinto Império. Nós sangramos, sofremos e morremos para garantir aos seus filhos noites de sono tranquilas.*

Diren pulou no vagão, rasgando os soldados com suas garras. Stephanye o seguiu, puxando as baionetas dos derrotados e atirando nos outros.

– *Quando os khans desceram pelas montanhas de Hellyah, nós baixamos nossas viseiras e marchamos. Quando os syrians tentaram cobrir nosso sol, levantamos nossos aeronavios e voamos. Quando os minotauros e centauros chegaram pelo mar, nós os afogamos.*

Diren passava pelos soldados com golpes precisos e mortais. A namorada jamais o vira lutar daquele jeito, começou a desconfiar, mas salvar os prisioneiros pareceu mais importante. Depois que a confusão acabasse, indagaria sobre suas ações e o julgaria. Agora não era hora para isso, pois ele precisava de apoio.

– *Kuronaya enviou seus samurais, seus ninjas, seus shu-gen-já para derrubar o Quinto Império. A Kabalah os impediu com a própria vida. Lutamos por vocês, por seus filhos, por sua liberdade.*

A locomotiva apitou, passaram por cima de uma ponte, saindo de Farhan. Divisaram uma bifurcação. A placa apontava o caminho para a esquerda, Desdalain, o da direita levava aos *felder*, os campos. Aerogaleões estavam parados na fronteira da capital, ostentavam o símbolo da União nas velas principais. Diren ficou olhando para a gigantesca alavanca na beira da estrada, ela se moveu sozinha, mudando a rota de *felder* para Desdalain.

– *Vocês nos traíram. Mataram nossos irmãos, tiraram nossas terras, queimaram nossas casas. Vocês traíram nossa confiança e preferiram se aliar aos herdeiros dos Legisladores, aos loucos e a um tirano que os levará à ruína. Se querem assim, que seja, mas não vamos nos curvar e deixá-los matar nossos filhos* – a voz de Diren continuava nos alto-falantes.

Stephanye observou os aerogaleões. Eles não se moveram quando o trem tomou a rota para Desdalain. Ela esperava um ataque, mas talvez os pilotos estivessem tão absortos no pronunciamento quanto ela.

– *Nossos maiores inimigos estavam dentro de nossas casas. O Quinto Império não existe mais. A Kabalah não existe mais. O Baronato de Shoah não é mais parte do Quinto Império, porque o Quinto Império não existe mais.*

Stephanye se assustou, segurou o namorado pelos ombros. Diren estava de olhos fechados, a boca se movendo devagar, mas cada movimento era a sentença final de seu povo.

– Declaro Desdalain, Latig, Tosten e as demais cidades do norte minha pátria, um refúgio para aqueles que desejam escapar da tirania. Não me importam nomes, nem títulos, nem história. Só me importam a vida e a liberdade.

Diren respirou fundo, abriu os olhos, abraçou Stephanye:

– Meu nome é Tehom Hadjakkis. Eu sou o primeiro Titã, *o profeta do Novo Messias e o verdadeiro Barão de Shoah.*

Akhena

A explosão levou Maya a olhar por cima do ombro e o instinto a fez apertar as mãos de Erinjhar, com quem viajava abraçada para se proteger do frio. *Järvenden* controlava a tempestade de neve para esconder seu rastro, apesar de ela achar isso desnecessário.

– O Quinto Império morreu – ela murmurou, enfiando o rosto em meio aos cabelos de Erinjhar.

– Quer parar? – Ele ofereceu.

– Precisamos seguir em frente, escolhido. – ela respondeu.

– Eu não sou escolhido, senhora. Eu menti – ele parou o grande lobo. Viraram-se e foi possível ver o castelo Ahsverus despencando no centro de Farhan. Milhares de pontos negros voavam para longe, fugindo das explosões.

– O que você quer dizer? – Maya indagou. Chorou quando a grande bola de fogo eclodiu e uma nuvem de *Nepl* e *Shemém* se espalhou pelo céu da capital. Sons abafados de uma batalha que ela não podia ver chegavam aos seus ouvidos.

– Seus soldados cercaram meus irmãos. Apresentei-me como Vikko para eles me prenderem e deixarem os verdadeiros amigos soltos – Erinjhar falou com um orgulho que lembrava Kadriatus. Mas, ainda assim, um pouco diferente. Era o orgulho de proteger os mais fracos que a atraiu.

– Quem é você, afinal de contas? – ela continuou perguntando, muito mais para afastar a mente das chamas alaranjadas que crepitavam no horizonte do que para saber quem era aquele homem.

– Só um batedor de família pobre. Meu nome é Erinjhar – confessou pronunciando o "jh" como "RR".

Ele conduziu *Järvenden* para longe. Depois de duas horas em marcha, chegaram à fronteira. A base militar do Quinto Império se extendia até sumir de vista, mas estava vazia. Eles passaram com tranquilidade, parando para descansar depois de mais uma hora de corrida. Desmontaram e *Järvenden* invocou a neve para curar seus ferimentos. Erinjhar se aproximou do grande lobo, conversando com ele na língua bárbara.

Maya soltou os cabelos para ajudar a aquecer. Separou-se de Erinjhar e foi ver o irmão. Febril, o sono de Lukas vinha acompanhado de tremores. Às vezes, ele abria os olhos, fixando-se no céu, sem falar nada. Então voltava a dormir. Erinjhar explicara que aquele era um dos efeitos da prisão, destruir mentes mais fracas. Syrah e Tsutomo conversavam em voz baixa em uma língua que Maya não entendia. Aos poucos, o homem recuperava suas forças. Ele sorriu quando a ruiva se aproximou.

– *Arigatô* – ele falou em voz baixa. Syrah traduziu.

– Obrigado.

– Está tudo bem? – Maya se ajoelhou à sua frente, passou a mão no cabelo do *kyōhei* e devolveu o sorriso.

– Ele vai sobreviver, ele é um *Hibakusha* – Syrah afirmou, abraçando-o. Maya desconfiou que houvesse mais do que amizade ali, mas era educada demais para perguntar. Pelo menos gostara das palavras em língua estrangeira e de sua nova *sheyvet*. Até pensou em um nome para eles, depois percebeu que era besteira, pois não eram *bnei shoah*.

Imaginava quantas histórias aquele grupo teria para contar, quanta cultura partilhariam em breve e o quanto eles sabiam sobre a *Kabalah*. Teve saudades da Canção do Silêncio, mesmo que, de vez em quando, se sentisse, apenas, "a esposa do *sepher*" ao invés de um membro efetivo. A sensação de liberdade era maravilhosa, já que não havia pais ou marido para ditar-lhe regras. Só a espada, a vontade e a confiança para provar a todos que era capaz de dominar a situação.

– Você vai se orgulhar de mim – murmurou segurando a faca de prata.

– Eisland – Erinjhar apontou, parando ao lado dela. O vento frio do norte soprava, o sol já não era tão poderoso naquela região.

– Eliath – Maya falou o nome daquelas terras em sua língua.

– Eisland – Erinjhar insistiu.

Pegou sua mão e a conduziu para *Järvenden*. Avançaram por mais duas horas, encontrando torres metálicas de vigilância, postos avançados, bases e cidades imperiais. Todos estavam vazios, exceto por roedores que fuçavam os sacos de grãos.

A terceira cidade pela qual passaram era uma mistura da arquitetura de alvenaria dos *ggoyim* com as casas de madeira dos *khans*. Os tetos de palha dividiam espaço com telhas alaranjadas e cercas brancas. Perto da entrada de uma casa, havia um aeronavio tombado; em outra, um tanque de guerra; e na rua principal, escudos, espadas e cartuchos de bala.

– Eles foram embora de repente – Maya explicava ao grupo. – Veem? Não há marcas de tiro nas paredes e os cartuchos estão vazios. Aquela espadasserra ainda está com a carga completa – ela desmontou, pegou a arma para si, dividiu as outras entre os amigos e cobriu o irmão com um colete à prova de balas.

Alto-falantes presos aos postes da cidade emitiram um chiado e, de repente, a voz de Diren tomou a cidade em um pronunciamento que Maya achou impossível ele fazer. Porém, era verdade. Passara tempo demais com o *zeev* e podia reconhecê-lo a distância. Sentiu um calafrio com o tom ameaçador, tentou entrar em contato, mas o sinal desapareceu. Apertou o cabo da espada negra e quis voltar, mas desistiu, pois parte da culpa era sua.

– Minha *pakke* não está longe – Erinjhar comentou aproximando-se em *Järvenden*.

– Temos que prosseguir, Erinjhar. Não existe mais Quinto Império, eu não tenho mais casa – ela respondeu, esticando a mão para subir no lobo.

– Fique comigo, se quiser – ele a puxou.

– Não quero ficar, quero meu lar de volta. Meu marido e meus irmãos esperam por mim – Maya envolveu os braços na cintura dele, tentando entender que proposta fora aquela. Sua frase soara exatamente como Sehn ou Kadriatus. Agora que estava longe, percebia os laços fortes que uniam a *sheyvet*.

Correram por mais uma hora até chegarem a uma planície onde tudo era branco. O céu era a única faixa azul que dava sinais de existirem outras cores. Desmontaram, *Järvenden* subiu uma colina e ficou observando o horizonte norte. Erinjhar ficou ao seu lado, ainda conversando na língua dos bárbaros.

Pela primeira vez, Maya pensou nos Titãs e nos Deuses. *Tehom* e *Desdalain* transmitiam medo e loucura quando estavam por perto. *Järvenden* era diferente. Transmitia confiança e amor, como um pai severo e zeloso. Ela gostava da presença dele, do modo como seu corpo a protegia e daqueles olhos brilhantes e alegres lendo sua alma.

– Nossos Titãs são demônios, os seus são abençoados – ela comentou, aproximando-se dos dois.

– Titãs podem voltar a ser Deuses, sem Névoa. A Névoa é loucura e morte de Deuses, mas Império não vê – Erinjhar devolveu.

Maya pensou em uma resposta. Descobriu que não tinha. Crescera usando a Névoa e era incapaz de imaginar o mundo sem ela. Escolheu as palavras que melhor explicariam o que era o combustível, mas parou ao sentir o chão tremendo.

– O que é isso? – Perguntou ao escutar *Järvenden* emitindo um longo uivo. O lobo desceu a colina em direção ao campo aberto.

Um gigantesco urso branco caminhou na direção do lobo. Era muito maior que *Järvenden* e suas patas afundavam na neve, formando crateras. Tão logo ele se afastava delas, cobriam-se de neve. A pelugem era tão branca que se destacava no campo. O focinho era de carvão e os olhos de ouro. As garras brilhavam como diamantes. Ele ficou a uma boa distância do grupo, sentado esperando.

– *Baresak* – Erinjhar se ajoelhou. Maya não soube o que fazer, teve vontade de acompanhar o *khan*, mas algo dentro de si a mandava ficar de pé e encará-lo de volta. O urso notou, rugiu para ela, depois para o lobo.

Järvenden rugiu de volta. Maya sentiu o coração bater cada vez mais forte. Deu o primeiro passo em direção aos Deuses.

– Não chegue aí! – ralhou Erinjhar.

– Cale a boca – ela devolveu irritada. Hipnotizada pelo poder do urso, pouco escutou do *khan*.

– Os mais novos devem respeito aos mais velhos. Nenhum Deus

está acima de *Järvenden*, ajoelhe-se quando ele exigir. Ele é o pai do mundo.

– *Og jeg er en del av det* ... E eu sou parte dele – ela devolveu. Respirou fundo, falara na língua bárbara.

O urso dividia atenção entre a mulher e o lobo. Remexia-se inquieto, batia a pata no chão em alerta. *Järvenden* rosnou em alerta. Maya percebeu que o lobo a defendia porque, sem saber como, entendia os sinais das criaturas. Uma grande sombra chamou a atenção do trio. Com o susto, Maya deixou a espada negra cair. Teve vontade de correr de volta para Erinjhar, mas era tarde demais, pois a nova criatura pousara atrás dela, impedindo seu caminho.

– *Akhena Strigidae* – Erinjhar sinalizou.

Era uma coruja das neves. Penas brancas e laminadas, bico de madeira antiga, olhos de pérola. O corpo forte, a cauda terminava aos poucos em uma chama azulada. *Baresak* virou-se na direção da coruja. Inclinou o corpo quase até a cintura, em sinal de respeito. Maya escutava Erinjhar.

– Deuses se honram pela idade e influência. Mas todos amam *Järvenden*, o pai-salvador. Peça perdão e se curve até o chão, Espectro Rubro.

Akhena devolveu baixando a cabeça quase na mesma altura que o urso. Em seguida os dois se viraram para *Järvenden*, que os reverenciou primeiro com um aceno quase imperceptível.

Baresak voltou às quatro patas e abaixou a cabeça, quase tocando o chão com o focinho. Akhena abriu as asas, recuou uma das patas e piou, imitando o gesto na mesma proporção. Maya se impressionou com o amor que sentiu entre as divindades. Era uma capacidade de renúncia e paixão que apenas Sehn tivera a capacidade de despertar em seu íntimo. Os Deuses se viraram em sua direção, espantando a lembrança. Assustada, ela buscou a espada. Os animais olharam para a lâmina negra, depois para a ruiva.

– *Synd* – murmurou Erinjhar, de longe.

– Eu não preciso de piedade – Maya respondeu, curvou-se para os três até a altura da própria cintura.

Järvenden bateu a pata duas vezes no chão. *Baresak* rugiu. *Akhena* piou. Em um movimento em conjunto, os três recuaram as patas esquerdas e se curvaram até que seus focinhos tocassem a neve.

Um prelúdio para

O Baronato de Shoah

O Emissário do Leste

Oranyam

A NOITE SEGUIA BELA com um luar suave se espalhando pelas águas de Oranyam. A cidade se estendia acima de uma gigantesca lagoa e, ao invés de ruas, possuía rios por onde deslizavam pequenas embarcações. Os quarteirões eram plataformas suspensas por grandes balões de ar, semelhantes aos dos aeronavios do Quinto Imperio, e hélices despontavam muito acima das nuvens presas por grossas hastes metálicas.

Cinco gôndolas seguiam pelo rio principal. Em cada uma delas, havia homens de armaduras leves e azuladas, feitas de pequenas placas de borracha que imitavam escamas de peixe. Assim como as luvas, usavam saiotes e botas, que possuíam nadadeiras nas pontas.

Sombra de Inverno olhava para os membros da Ordem das Profundezas com um misto de vergonha e admiração. A vergonha era porque se julgava forte e não queria ter pedido ajuda àqueles homens para salvar seu povo; a admiração era por conhecer sua história e os feitos incríveis que os colocavam como alguns dos mais admiráveis no exército.

Ela, com seus olhos desiguais – um verde, outro azul – sentia-se incomodada na forma como a encaravam. Falavam uma língua estranha, na qual ela pescava algumas palavras e tentava entender o sentido. O único a falar no idioma *khan* era Djakutá, o mais alto e o mais sisudo. Como todos os *yorubas*, ele possuía a pele negra e o cabelo trançado.

– Você tem certeza que Shangô irá me atender a essa hora da noite? – Ela falou. O silêncio dos tripulantes a incomodava. Só era quebrado pelos remos contra a água.

– Não há hora para aqueles que são imortais – Djakutá devolveu.

Havia algo nele que lhe dava segurança. Uma postura firme, isolada e inspiradora. Como se apenas estar à sua sombra fosse o suficiente para ser uma pessoa melhor. Sombra de Inverno entendia o porquê de seus seguidores o chamarem de *mariwó*, campeão.

– A Ordem Astral também veio. Eles precisaram analisar a criança, para saber se você falava a verdade – Djakutá terminou, fechou o manto azul-escuro sobre o corpo. O pouco que ela sabia sobre os militares *yorubas* era que se dividiam em ordens, cada uma com uma especialidade diferente, que misturava um elemento da natureza e uma perícia bélica.

Sombra de Inverno também conhecia a Ordem Astral, um grupo de *yorubas* especializados em prever o futuro com base nas constelações. Era sabido que os *yorubas* perseguiam a imortalidade, da mesma forma que mariposas voavam para a luz. De acordo com os ensinamentos do *Egungun*, a imortalidade deveria ser alcançada e esta raça deveria governar acima de todas as outras.

O grupo passou por baixo de uma gigantesca ponte e, depois, entrou no Templo dos Puros, uma construção esbranquiçada e quadrada, sem portas. Djakutá acenou para Sombra de Inverno e eles pularam na água, mergulhando por baixo do muro. Quando ela achou que não teria mais fôlego, foi puxada para cima e caiu ajoelhada em meio aos soldados.

– Um pequeno sacrifício para aqueles que são realmente dignos – Djakutá comentou.

Sombra de Inverno anuiu, se levantou e o seguiu pela alameda de arcos. Atravessaram um labirinto de corredores, onde ela tentou se localizar, mas as janelas estavam escuras e as paredes eram idênticas. Frustrada, se deixou conduzir. Os soldados a cercavam, ela se sentiu desconfortável. Levou a mão à cintura, mas lembrou que suas armas foram confiscadas quando entrou na cidade.

Chegaram ao salão principal poucos minutos depois, onde um *yoruba* alto estava sentado em uma cadeira de prata. Sombra de Inverno o reconheceu de imediato, Aláàfin Òyó Shangô era a figura mais importante de Oranyam.

– Kawó-Kabiesilé – ela saudou. Pôs-se de joelhos e abaixou a cabeça. Um rastro de água indicava que Shangô também passara por debaixo do templo. Djakutá e os outros membros da Ordem das Profundezas sacaram as espadas. Ela sabia que a palavra ou gesto errado decidiriam sua vida.

– Levante-se, faz anos que não vejo um *khan* – Sombra de Inverno esperava uma voz troante e imperativa, mas o imperador dos *yoruba* soava muito mais como um pai, afetuoso e severo. Quando ergueu a cabeça, percebeu que Shangô já a analisara da cabeça aos pés e, provavelmente, a conhecia melhor do que seus irmãos.

Se Djakutá tinha a força e o porte para inspirar os *yoruba*, Shangô era a essência da cultura. Era mais alto que Djakutá, a cabeça careca e os olhos profundos. Quando se moveu, parecia que chamas serpenteavam ao seu redor e relâmpagos estouravam a seus pés.

Durante muito tempo, Sombra de Inverno escutara as histórias sobre os *yoruba*, os *kuru'pir* e os *caapora*. Para ela, crescida nas montanhas de Eliath e sempre conhecendo a guerra contra o Quinto Império, era impossível crer na paz interior, mas Shangô era a prova viva de que estava errada.

– Majestade, o profeta voltou, mas o Quinto Império decidiu matá-lo – ela falou a primeira coisa que lhe veio à cabeça, ignorando o discurso que ensaiara dezenas de vezes.

– Eu sei, filha. Por isso você está aqui, para ver a criança de minha esposa dos ventos, minha Iansã – ele sorriu e, por um instante, a mulher de olhos díspares achou que ficaria tudo bem; que não havia com o que se preocupar.

– Por favor – quando deu por si, Sombra de Inverno estava implorando.

– Meus astrólogos dizem que as constelações sumiram – ele comentou o fato com a mesma tranquilidade que um amigo falaria da chuva.

– Um mau presságio, majestade. Da última vez que isso aconteceu, os deuses estavam furiosos com os mortais – ela explicou, sentindo-se uma tola no fim.

– Perdão, Shangô, mas a Ordem Astral já confirmou que a menina é uma ameaça à Nordara. Os *Babaojé* decidiram matar a criança ao raiar do dia – Djakutá interrompeu.

– Continue, pequena loba – Shangô ignorou. Sombra de Inverno não conseguiu desobedecer ao pedido.

– Os druidas de meu povo dizem que quando as constelações somem é porque algo de muito ruim está acontecendo no mundo dos Deuses – Sombra de Inverno falou, mas queria perguntar da menina. Ela era seu objetivo.

– Gosto quando meus súditos conhecem o mundo além da guerra. Muito antes de você chegar, eu já planejara seu destino, Sombra – Shangô sorriu. Passou a ponta dos dedos no queixo de Sombra de Inverno, que tremeu de satisfação. Seus olhos se encontraram e ela sentiu calor.

Uma porta se abriu atrás da cadeira onde o *yoruba* estava sentado e uma garota baixa e de cabelos armados caminhou na direção dos dois. Estava de mãos dadas com uma criança com não mais que três anos.

– Pai, quem é essa? – A garota perguntou, havia uma curiosidade infantil nela que atraiu a atenção de Sombra de Inverno. A garota levantou a criança e a abraçou. Shangô explicou com a calma fraternal de sempre.

– O nome dela é Sombra de Inverno, filha. Ela irá conduzi-la à sua nova casa, onde você será a regente pelo verdadeiro messias ou, na língua dos filhos de Shoah, Namid Ahsverus.

GLOSSÁRIO

Abwer – líder militar ou representante do povo.

Aleph – o principio, a ressureição.

Arur – Amaldiçoados, dotados de membros monstruosos.

Bnei shoah – os filhos de Shoah, a elite social.

Brit – um voto, promessa ou pacto.

Cenóbio – local de treino dos filhos de Shoah.

Chalom – o Titã do sonho

Cherev – espada-arco, um presente que Sehn ganhou de seu pai.

Choref – inverno

Da'ath – os Inventores.

Ed – o vapor, energia obtida através da queima de carvão ou pressão em motor.

Esh – o Fogo Sagrado, onde são queimados os pertences de uma *Sheyvet.*

Ein Sof – a eternidade ou Deus.

Gan – Jardim de Guerra, onde a *Kabalah* desenvolve suas habilidades.

Golem – da mitologia hebraica, uma criatura artificial criada por um mago.

Ggoyim – o povo livre, a maior população do Império.

Hafraá – perturbação, quando um dos grupos da elite militar sofre muitas baixas e é retirado de missões até recuperar seu contingente.

Hatzbaá – uma votação na *sheyvet*, onde o voto do *sepher*, o líder, vale dois pontos.

Kabalah – a elite do exército.

Kavod – Dia sem Glória, decretado quando uma *sheyvet* morre ou é expulsa do Império.

Kether – o Imperador, sempre um membro da família Ahsverus.

Ketubá – o contrato de casamento, considerado sagrado no Império.

Kidushin – casamento, um dos mais importantes rituais do Império.

Kitel – uma mortalha branca usada pelos noivos no casamento. Representa pureza.

Kiy – Guarda Palaciana, os protetores do Imperador.

Kohanim – os Sacerdotes, a elite religiosa.

Kommando - termo técnico para soldado convencional.

Kyōhei – o povo do oriente.

Lorrêm – a Infantaria. Os maiores guerreiros do Império

Maatafá – a carta sagrada, que costuma ter ordens dos *Yezirah* ou do Imperador.

Mashiyrra – os Escolhidos, guerreiros sagrados.

M.E.C.A.S – Módulos da Elite de Combate, Ataque e Supressão, robôs gigantes de guerra, criados pela União.

Meretz – a energia da eternidade

Milchamá – guerra ou combate.

Mishkafáin – óculos de lentes grossas e armação reforçada, feitos para proteger soldados e trabalhadores.

Mitzvah – ritual iniciático dos filhos de Shoah, que os torna cidadãos.

Nabiyim – os profetas, capazes de ver o futuro.

Nephelins – almas corrompidas que não voltam à Eternidade e enlouquecem.

Nepl – a Névoa, combustível usado no Império

Neshamah – o espírito, a ligação com a Eternidade.

Nookam – os Juízes da *Kabalah,* responsáveis pelas leis Imperiais.

Órix – um tipo de pássaro, com sangue de óleo.

Pará – uma espécie de bovino que, quando assustado, pode ficar invisível.

Qliphoth – a anti-*Kabalah*, uma antiga força militar criada para destruir a elite do Quinto Império.

Ruach – alma, aquilo que define o indivíduo.

Shémem – diesel, combustível tecnologicamente avançado, inventado e utilizado por Hissarlik e Latakia.

Senoi – o povo sonho, também conhecidos como *trolls*.

Sepher – o líder das *Sheyvet.*

Sephiroth – *Sephirah* – Cada uma das divisões da *Kabalah.*

Sheol – o Inferno, também é o nome de um Titã.

Sheyvet – cada um dos grupos da elite do exército.

Syrians – o povo da noite, imortais que se alimentam de sangue, mas enfraquecem na luz do sol, podendo até morrer.

Teffilin – linhas de seda que são amarradas sete vezes no pulso dos noivos no casamento. Simboliza a união eterna.

Tenakh – o livro sagrado dos *bnei shoah* e dos *ggoyim.*

Yezirah – os líderes da *Kabalah.* Um para cada *Sephirah.*

Yom-shishi – o último dia da semana.

Yoresh – os Espíões. Mestres do disfarce. Furtivos, assassinos.

Zeev – lobo, no idioma *bnei shoah.* Apelido de Diren.

Palavras no idioma dos *khans*.

Afkast – o verbo "retornar" no idioma *khan*.

Berserker – uma variação do termo *ulfserker*.

Død ou *nåde* – morte ou misericórdia.

Jhar – um líder tribal dos *khans*.

Khans – o povo do norte, capaz de se transformar em lobo.

Hårete – uma ofensa, algo como "peludo" ou "bola de pelos".

Järvenden – Titã patrono dos *khans*, um lobo gigante de neve.

Krakki – o mesmo que menino ou criança.

Krigare – o líder político de um grupo de *khans*. Contraponto do *jhar*, o chefe de guerra.

Pakke – um grupo, ou matilha, de *kahns*.

Sirkel – duelo de honra dos *khans*.

Ulfserker – guerreiros abençoados com uma fúria incontrolável em batalha.

Uppssalla – o salão sagrado dos *khans*, onde realizam suas festas e encontros.

Valkyria – as sacerdotisas-guerreiras da elite militar do norte.

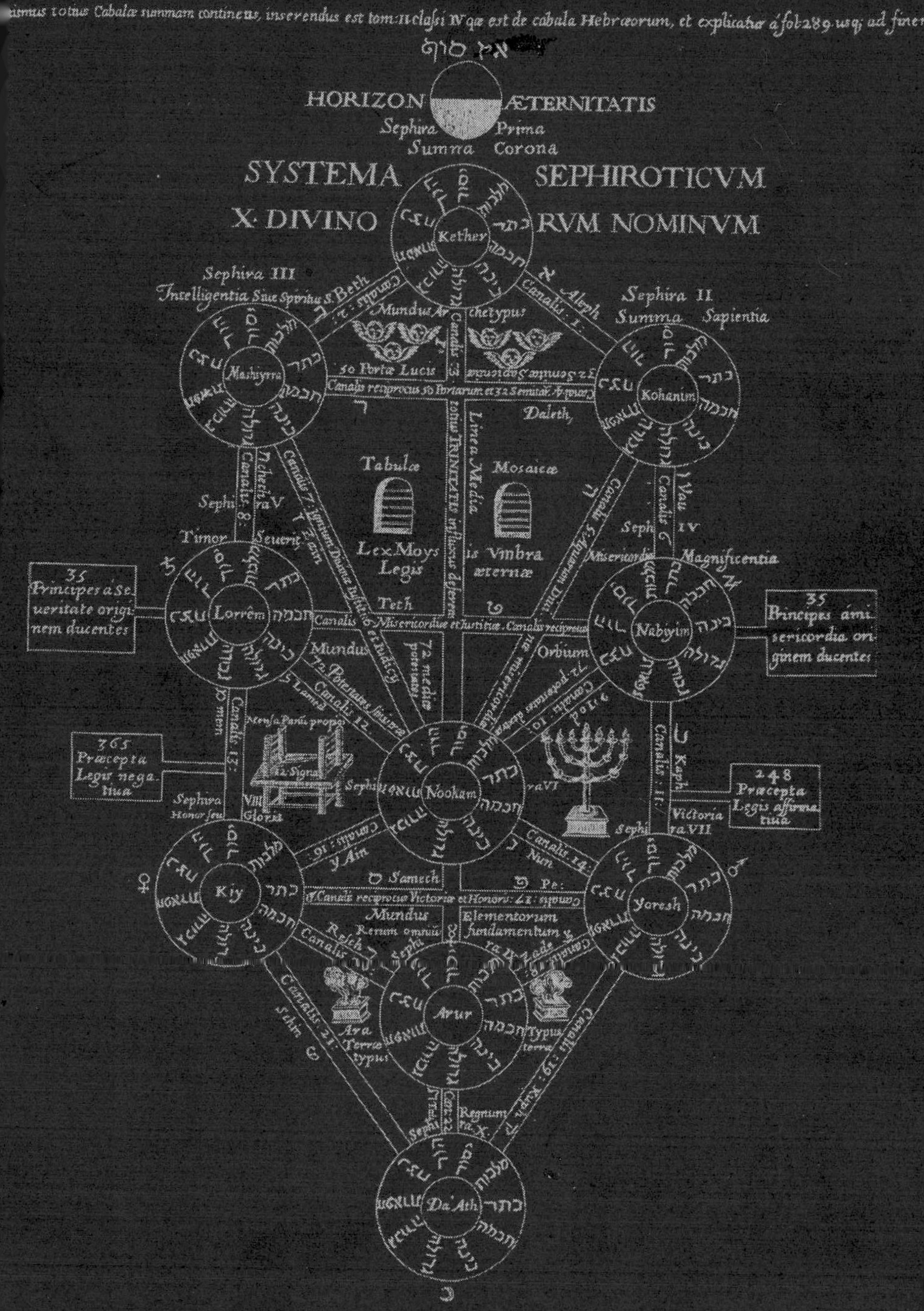

Este livro foi impresso em papel pólen bold na
Printing & Internet Solution S/A em fevereiro de 2014.